’22年版

5日で攻略！ Webテスト

成美堂出版

“Webテスト”ってどんなもの？

最近の就職試験では、自宅のパソコン等でテストを行う Web テストがよく使われています。Web テストの結果により、企業は学生を**「ふるいにかける」**といわれています。実際に受検者の7 ～ 8割が落ちることもあります。いったいどんなテストなのでしょうか。

テストの種類
いつでもどこでも受検できる
玉手箱
WEB テスティング
TG-WEB
Web-CAB
リクルーティングウィザード
その他
指定会場で受検する
テストセンター (SPI、C-CAB、C-GAB など)

受検のタイミング
企業ごとに違うのが特徴
選考の比較的初期段階で行う企業が多く、結果次第では会社説明会にすら出られないことも！

受検の科目(例)
①長文読解の言語テスト (国語・英語) ②計数(非言語)テスト ③性格テスト
合格ラインは、 各企業の判断でさまざま ⬇ **落とす理由に使われる！**

玉手箱

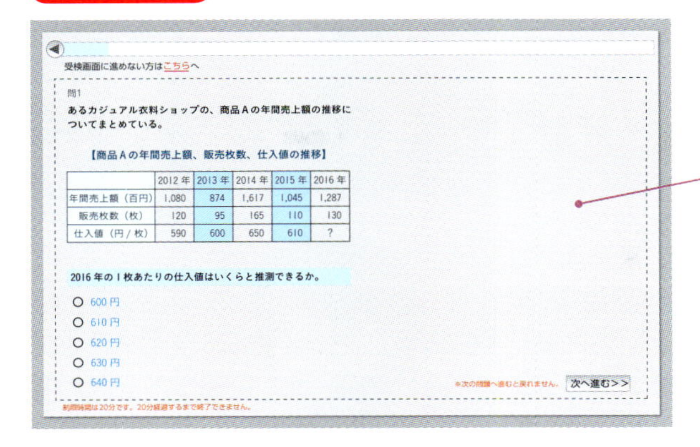

受検画面に進めない方はこちらへ

問1
あるカジュアル衣料ショップの、商品Aの年間売上額の推移についてまとめている。

【商品Aの年間売上額、販売枚数、仕入値の推移】

	2012年	2013年	2014年	2015年	2016年
年間売上額（百円）	1,080	874	1,617	1,045	1,287
販売枚数（枚）	120	95	165	110	130
仕入値（円/枚）	590	600	650	610	?

2016年の1枚あたりの仕入値はいくらと推測できるか。

- 600円
- 610円
- 620円
- 630円
- 640円

次へ進む>>

日本SHLが提供するWebテスト。計数・言語・英語問題が出題される。

WEBテスティング

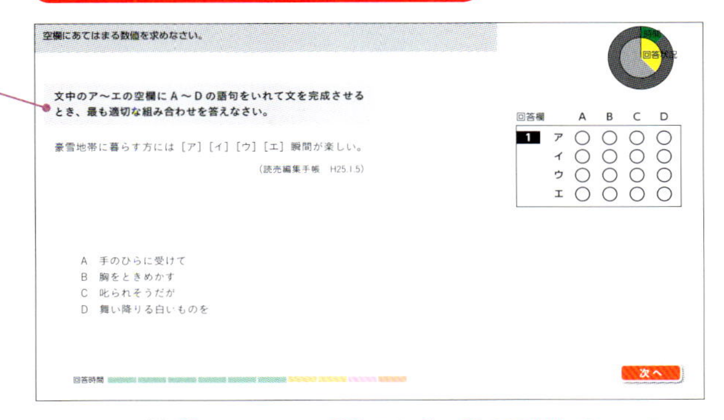

空欄にあてはまる数値を求めなさい。

文中のア～エの空欄にA～Dの語句をいれて文を完成させるとき、最も適切な組み合わせを答えなさい。

豪雪地帯に暮らす方には［ア］［イ］［ウ］［エ］瞬間が楽しい。

（読売編集手帳　H25.1.5）

回答欄	A	B	C	D
ア	○	○	○	○
イ	○	○	○	○
ウ	○	○	○	○
エ	○	○	○	○

A　手のひらに受けて
B　胸をときめかす
C　叱られそうだが
D　舞い降りる白いものを

回答時間

次へ

リクルートマネジメントソリューションズが提供するWebテスト。SPIに近い問題も出題されるが、独自の問題も多数出題される。

その他「TG-WEB」「Web-CAB」「リクルーティングウィザード」「CUBIC」……といったWebテストもあります。問題の傾向や制限時間、難易度はさまざまです。

Webテストを実施する企業の多くが、「玉手箱」か「WEBテスティング」を利用しているともいわれている。
本書はこの2種類のテストをばっちり掲載。1冊で両方の対策ができるんだ！

本書を使えば 5日で完成！ 玉手箱・WEBテスティング対策!!

種類が多く、序盤のふるい落としに使われることが多いので、多数の学生が不安を持っているWebテスト。すべてに対策を立てるのは難しいので、まずは本書を使ってメジャーなWebテスト「玉手箱」「WEBテスティング」対策を完璧にしましょう。

1～2日目で玉手箱を攻略!!

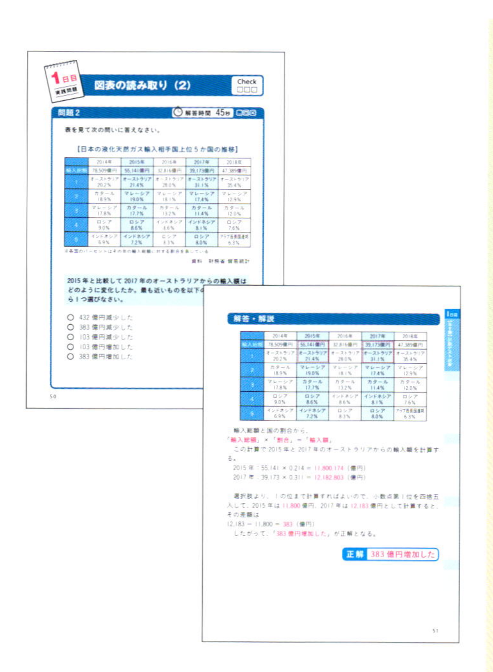

1日目 実践問題

図表の読み取り（2）

Check □□□

問題2　解答時間 45秒

表を見て次の問いに答えなさい。

【日本の液化天然ガス輸入相手国上位５か国の推移】

	2014年	2015年	2016年	2017年	2018年
輸入総額	78,509億円	55,141億円	32,816億円	39,173億円	47,389億円
1	オーストラリア 20.2%	オーストラリア 21.4%	オーストラリア 28.0%	オーストラリア 31.1%	オーストラリア 35.4%
2	カタール 18.9%	マレーシア 19.0%	マレーシア 18.1%	マレーシア 17.4%	マレーシア 12.9%
3	マレーシア 17.8%	カタール 17.7%	カタール 13.2%	カタール 11.4%	カタール 12.0%
4	ロシア 9.0%	ロシア 8.6%	インドネシア 8.6%	インドネシア 8.1%	ロシア 7.6%
5	インドネシア 6.9%	インドネシア 7.2%	ロシア 8.3%	ロシア 8.0%	アラブ首長国連邦 6.3%

※各国のパーセントはその年の輸入総額に対する割合を表している

資料　財務省 貿易統計

2015年と比較して2017年のオーストラリアからの輸入額はどのように変化したか。最も近いものを以下から１つ選びなさい。

○ 432億円減少した
○ 383億円減少した
○ 103億円減少した
○ 103億円増加した
○ 383億円増加した

50

解答・解説

	2014年	2015年	2016年	2017年	2018年
輸入総額	78,509億円	55,141億円	32,816億円	39,173億円	47,389億円
1	オーストラリア 20.2%	オーストラリア 21.4%	オーストラリア 28.0%	オーストラリア 31.1%	オーストラリア 35.4%
2	カタール 18.9%	マレーシア 19.0%	マレーシア 18.1%	マレーシア 17.4%	マレーシア 12.9%
3	マレーシア 17.8%	カタール 17.7%	カタール 13.2%	カタール 11.4%	カタール 12.0%
4	ロシア 9.0%	ロシア 8.6%	インドネシア 8.6%	インドネシア 8.1%	ロシア 7.6%
5	インドネシア 6.9%	インドネシア 7.2%	ロシア 8.3%	ロシア 8.0%	アラブ首長国連邦 6.3%

輸入総額と国の割合から、
「輸入総額」×「割合」＝「輸入額」
この計算で2015年と2017年のオーストラリアからの輸入額を計算する。
2015年：55,141 × 0.214 ＝ 11,800.174（億円）
2017年：39,173 × 0.311 ＝ 12,182.803（億円）

選択肢より、1の位まで計算すればよいので、小数点第1位を四捨五入して、2015年は11,800億円、2017年は12,183億円として計算すると、その差額は
12,183 − 11,800 ＝ 383（億円）
したがって、「383億円増加した」が正解となる。

正解　383億円増加した

51

1日目

玉手箱・計数テスト対策

「四則逆算」「図表の読み取り」「表の穴埋め」の３パターンを掲載。特に「図表の読み取り」「表の穴埋め」に苦手意識を持つ人は多い。ここで必要な情報を見極める目を養い、しっかり慣れておこう。

2日目

玉手箱・言語テスト／英語テスト対策

「言語テスト」は、いわゆる国語の問題。英語は長文読解だ。どちらも難易度はそれほど高くはないものの、分量が多く、スピードが求められる。ある程度の長文に普段から読み慣れておこう。

3～5日目でWEBテスティングを万全に!!

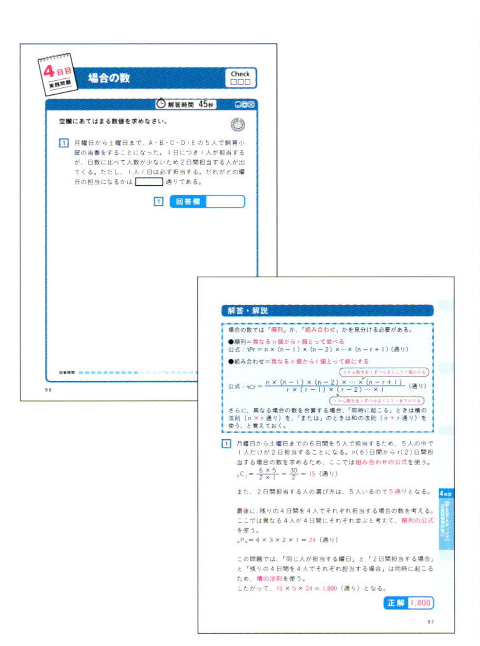

4日目 実践問題

場合の数

Check □□□

解答時間 45秒

空欄にあてはまる数値を求めなさい。

1 月曜日から土曜日まで、A・B・C・D・Eの5人で飼育小屋の当番をすることになった。1日につき1人が担当するが、日数に比べて人数が少ないため2日間担当する人が出てくる。ただし、1人1日は必ず担当する。だれがどの曜日の担当になるかは［　　］通りである。

1 回答欄

96

解答・解説

場合の数では「順列」か、「組み合わせ」かを見分ける必要がある。

●順列＝異なるn個からr個とって並べる
公式：$_nP_r = n \times (n-1) \times (n-2) \times \cdots \times (n-r+1)$（通り）

●組み合わせ＝異なるn個からr個とって組にする

公式：$_nC_r = \frac{n \times (n-1) \times (n-2) \times \cdots \times (n-r+1)}{r \times (r-1) \times (r-2) \cdots \times 1}$（通り）

nから数字を1ずつ小さくしてr個かける

rから数字を1ずつ小さくして1までかける

さらに、異なる場合の数を合算する場合、「同時に起こる」ときは積の法則（n×r通り）を、「または」のときは和の法則（n＋r通り）を使う、と覚えておく。

1 月曜日から土曜日までの6日間を5人で担当するため、5人の中で1人だけが2日担当することになる。n(6)日間からr(2)日間担当する場合の数を求めるため、ここでは組み合わせの公式を使う。
$_6C_2 = \frac{6 \times 5}{2 \times 1} = \frac{30}{2} = 15$（通り）

また、2日間担当する人の選び方は、5人いるので5通りとなる。

最後に、残りの4日間を4人でそれぞれ担当する場合の数を考える。ここでは異なる4人が4日間にそれぞれ並ぶと考えて、順列の公式を使う。
$_4P_4 = 4 \times 3 \times 2 \times 1 = 24$（通り）

この問題では、「同じ人が担当する曜日」と「2日間担当する場合」と「残りの4日間を4人でそれぞれ担当する場合」は同時に起こるため、積の法則を使う。
したがって、15×5×24＝1,800（通り）となる。

正解 1,800

97

3日目

WEBテスティング・非言語検査対策①

3日目と4日目でWEBテスティングの非言語検査を学習しよう。3日目では「割合の計算」「方程式」「整数問題」「金銭の計算（損益算など）」「速さ」「数量・順序関係の推論」を習得！

4日目

WEBテスティング・非言語検査対策②

4日目では「位置関係の推論」「場合の数」「確率」「図表の読み取り」「集合」「規則性の問題」をピックアップ。WEBテスティングの非言語検査では、多岐にわたる問題が出題されるので、多くのパターンに触れておこう。

5日目

WEBテスティング・言語検査対策

5日目は、WEBテスティングの言語検査。ここでは「熟語」「3文の完成」「文章の並び替え」「適語の補充」「適文の補充」「文章の完成」「長文」を掲載。問題のパターンをここでしっかりと押さえておこう！

問題に特徴のある
WEBテスティングは、
3日間使って、
しっかりマスター!!

5日間で対策完成!!

さらに

本番を想定した 実力模試に挑戦！

２つのテストに慣れたら、本番を想定した“実力模試”にチャレンジしてみましょう。本番に近いスタイルで問題をたくさん解くことができます。制限時間、解答時間も参考にしながら、さまざまなタイプの問題に対応できる力を養ってください。

玉手箱

問題３　解答 別冊 P56　解答時間 70秒

次の文章を読んで、筆者の訴えに最も近いものを選択肢の中から１つ選んでクリックしなさい。

今、日本の社会には「希望」がないと言われています。

たしかにテレビから流れるニュースは殺伐としたものばかりで、日々の我々の生活も忙しい。仕事に追われ、連日のスケジュールをこなしていくのに精一杯です。

そうした中で「希望」とは、いったいどこから生まれてくるものなのか。

「希望」とは空白から生まれるものです。未来が空白の状態から「希望」は生まれるのです。

だからもし、今僕たちが「希望」を持てていないとすると、それは僕たちがあまりにも「未来」を知りすぎているからかもしれません。

たとえば、自分が子どもだったころを思い出してみてください。幼い頃、僕たちにはスケジュールなんて無かったはずです。明日の夕方何時に、どこで誰と何をしているか。あるいは二週間後の何曜日、何時にどこで何をしているか。そんなことは誰も予定に組み込んでいなかったはずです。あるいは青春時代はどうでしょう。僕が甘美な理想を抱いた大学生だった頃、そんな未来の予定など分かってはいませんでした。一年後、自分がどこで何をしているかなんて想像もできなかった。

それが大人になった今は、すべて分かっています。数日後、一週間後、一ヵ月後、自分がどこで何をしているか、僕たちは未来を把握しています。スケジュール表にすべて書き込んであるからです。そこには「空白」のときなど、ほとんど存在していません。一年後ですら、さすがに多少変化はあるでしょうが、基本的にはそんなに状況は変わっていないはず。それを前提のこととして、我々は日々の生活を送っているのです。

僕たちは「未来」のことも、今の延長線上にあるものだと思ってしまっている。でもそれでは単なる予定であって、本当の意味での「未来」とは言えません。

やはり「空白」こそが「希望」の母なのです。一年後に自分がどういう行動をして、新たに何を受け入れているか。それが自分でも完全に予測はできていない。そういう精神の「空白」状態から、新たな「希望」や創造は生まれるのです。

（茂木健一郎『「赤毛のアン」に学ぶ幸福になる方法』講談社文庫）

- ○ A　今の延長線上にあるものは単なる予定であり「未来」ではない。
- ○ B　未来の中に「空白」を作れば新たな「希望」は生まれる。
- ○ C　大人になると「空白」のときなど、ほとんど存在しなくなる。
- ○ D　今の時代に「希望」がないのは「未来」を知りすぎているからである。

実力模試　【玉手箱】言語テスト

204　205

※一部の問題は実際のテストと問題数が異なります

多くの人気企業が採用していることで有名な「玉手箱」を、本番を想定したイメージで掲載。さまざまなパターンの問題を掲載しており、どんどん問題に慣れることができる。

● WEBテスティング ●

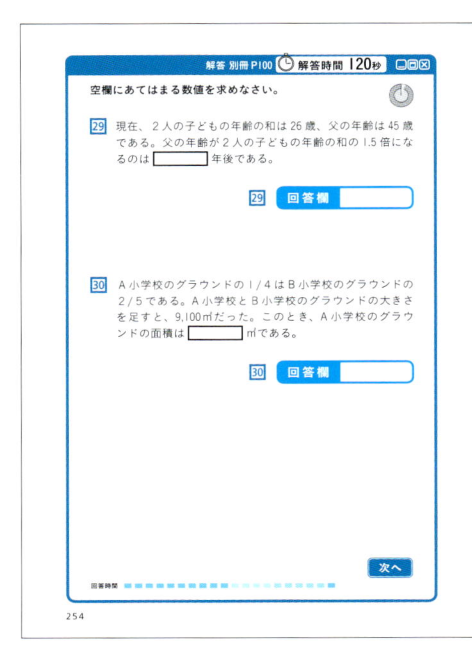

解答 別冊P100　解答時間 120秒

空欄にあてはまる数値を求めなさい。

29 現在、2人の子どもの年齢の和は26歳、父の年齢は45歳である。父の年齢が2人の子どもの年齢の和の1.5倍になるのは［　　］年後である。

29 回答欄

30 A小学校のグラウンドの1/4はB小学校のグラウンドの2/5である。A小学校とB小学校のグラウンドの大きさを足すと、9,100㎡だった。このとき、A小学校のグラウンドの面積は［　　］㎡である。

30 回答欄

次へ

回答時間

254

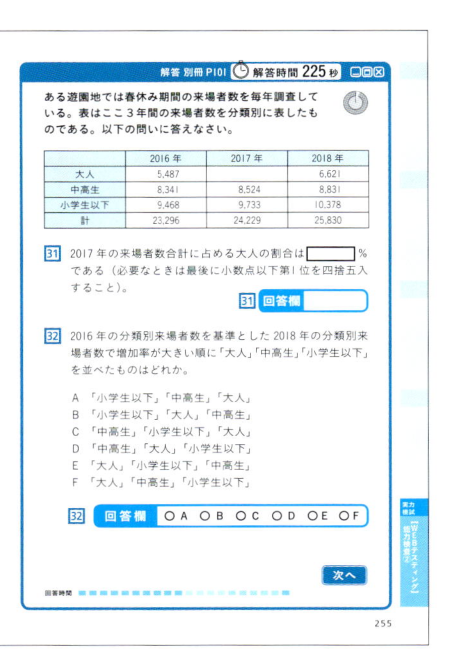

解答 別冊P101　解答時間 225秒

ある遊園地では春休み期間の来場者数を毎年調査している。表はここ3年間の来場者数を分類別に表したものである。以下の問いに答えなさい。

	2016年	2017年	2018年
大人	5,487		6,621
中高生	8,341	8,524	8,831
小学生以下	9,468	9,733	10,378
計	23,296	24,229	25,830

31 2017年の来場者数合計に占める大人の割合は［　　］%である（必要なときは最後に小数点以下第1位を四捨五入すること）。

31 回答欄

32 2016年の分類別来場者数を基準とした2018年の分類別来場者数で増加率が大きい順に「大人」「中高生」「小学生以下」を並べたものはどれか。

A 「小学生以下」「中高生」「大人」
B 「小学生以下」「大人」「中高生」
C 「中高生」「小学生以下」「大人」
D 「中高生」「大人」「小学生以下」
E 「大人」「小学生以下」「中高生」
F 「大人」「中高生」「小学生以下」

32 回答欄　○A ○B ○C ○D ○E ○F

次へ

回答時間

実力模試【WEBテスティング】能力検査②

255

SPIの一種だが、出題内容がペーパーテストやテストセンターとも違う、独自のテストであるのが特徴。そのぶん、対策は立てやすい。本書で多くのパターンに慣れることで、本番にどんな問題が出ても驚かないように準備しておこう。

まだまだある

本書を使いこなして テスト対策は完璧！

P43～122の5日間完成プログラムでは、原則、解答・解説が見やすい見開き展開。解答・ポイントを付属の赤シートで隠しながら、どんどん問題を解いていけます。また、本書後半の実力模試の解答・解説は取り外せる別冊となっていますので、使いやすさ抜群です。もちろん別冊も解答・ポイントを隠せる赤シート対応だから、学習効率大幅 UP！

3つの特徴で繰り返し学習を!!

〈その１〉

別冊解答・解説つき！

実力模試は別冊解答・解説を用意。本番を意識した問題を集中して解いたあとは、別冊の解答・解説でしっかりとおさらいをしておこう。

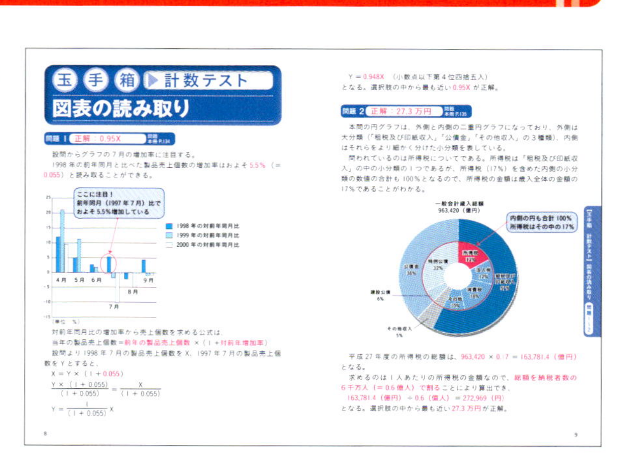

玉手箱 ▶計数テスト

図表の読み取り

問題 1 正解：0.95X 問題 本冊 P.134

設問からグラフの７月の増加率に注目する。

1998 年の前年同月と比べた製品売上個数の増加率はおよそ 5.5%（＝0.055）と読み取ることができる。

対前年同月比の増加率から売上個数を求める公式は、

当年の製品売上個数＝前年の製品売上個数 ×（１＋対前年増加率）

設問より 1998 年 7 月の製品売上個数を X、1997 年 7 月の製品売上個数を Y とすると、

$X = Y \times (1 + 0.055)$

$\frac{Y \times (1 + 0.055)}{(1 + 0.055)} = \frac{X}{(1 + 0.055)}$

$Y = \frac{1}{(1 + 0.055)} X$

$Y = 0.948X$（小数点以下第 4 位四捨五入）

となる。選択肢の中から最も近い 0.95X が正解。

問題 2 正解：27.3 万円 問題 本冊 P.135

本問の円グラフは、外側と内側の二重円グラフになっており、外側は大分類（「租税及び印紙収入」「公債金」「その他収入」の３種類）、内側はそれらをより細かく分けた小分類を表している。

問われているのは所得税についてである。所得税は「租税及び印紙収入」の中の小分類の１つであるが、所得税（17％）を含めた内側の小分類の数値の合計も 100％となるので、所得税の金額は歳入全体の金額の 17％であることがわかる。

平成 27 年度の所得税の総額は、963,420 × 0.17 ＝ 163,781.4（億円）となる。

求めるのは１人あたりの所得税の金額なので、総額を納税者数の６千万人（＝0.6 億人）で割ることにより算出でき、

163,781.4（億円）÷ 0.6（億人）＝ 272,969（円）

となる。選択肢の中から最も近い 27.3 万円が正解。

間違えた問題は繰り返し練習して、慣れておこう。別冊の解説を読むだけでも理解度は違うはず。

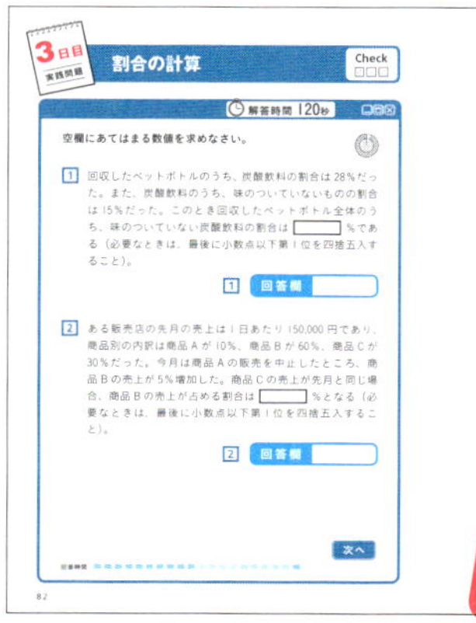

3日目 実践問題

割合の計算

Check □□□

解答時間 120秒

空欄にあてはまる数値を求めなさい。

1 回収したペットボトルのうち、炭酸飲料の割合は28%だった。また、炭酸飲料のうち、味のついていないものの割合は15%だった。このとき回収したペットボトル全体のうち、味のついていない炭酸飲料の割合は□%である（必要なときは、最後に小数点以下第1位を四捨五入すること）。

1 回答欄

2 ある販売店の先月の売上は1日あたり150,000円であり、商品別の内訳は商品Aが10%、商品Bが60%、商品Cが30%だった。今月は商品Aの販売を中止したところ、商品Bの売上が5%増加した。商品Cの売上が先月と同じ場合、商品Bの売上が占める割合は□%となる（必要なときは、最後に小数点以下第1位を四捨五入すること）。

2 回答欄

次へ

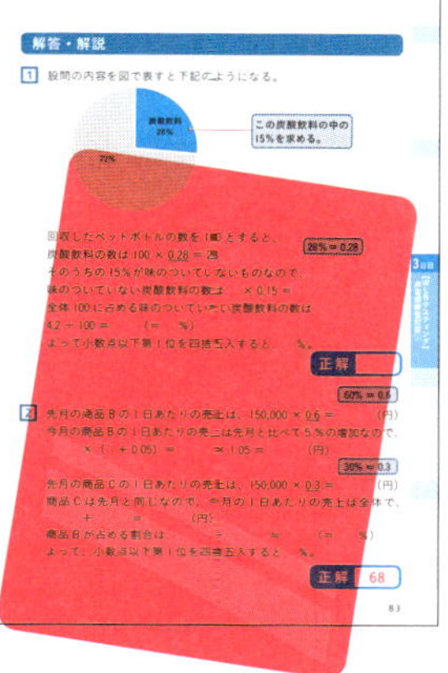

解答・解説

1 設問の内容を図で表すと下記のようになる。

この炭酸飲料の中の15%を求める。

正解

正解 68

〈その２〉

答え合わせに便利な赤シートつき！

繰り返し学習できる便利な赤シートつき。解答を隠して反復練習することで、苦手な問題形式にも徐々に慣れてくるはず。別冊解答・解説も赤シート対応なので、ヒントを隠して思考能力を養おう。

〈その３〉

テスト情報もわかりやすく解説

「そもそもWebテストとは何か？」。Webテストにはどういう種類があって、それぞれどういう対策が必要なのかを詳しく解説していく。実際のテストがどんな画面で表示されるかもわかって、臨場感たっぷり。

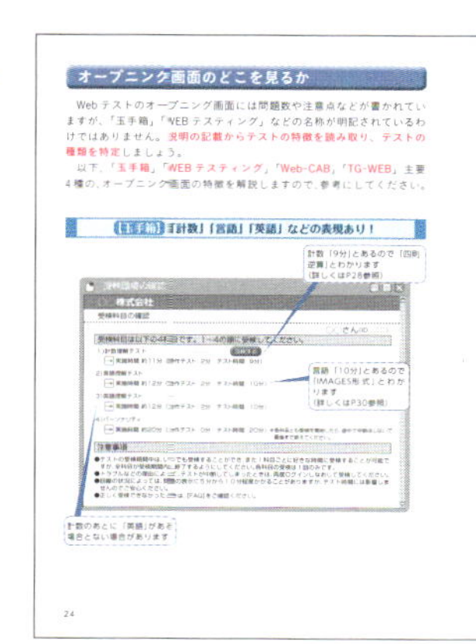

オープニング画面のどこを見るか

Webテストのオープニング画面には問題数や注意点などが書かれていますが、「玉手箱」「WEBテスティング」などの名称が明記されているわけではありません。説明の記載からテストの特徴を読み取り、テストの種類を特定しましょう。

以下、「玉手箱」「WEBテスティング」「Web-CAB」「TG-WEB」主要4種の、オープニング画面の特徴を解説しますので、参考にしてください。

【玉手箱】「計数」「言語」「英語」などの表現あり！

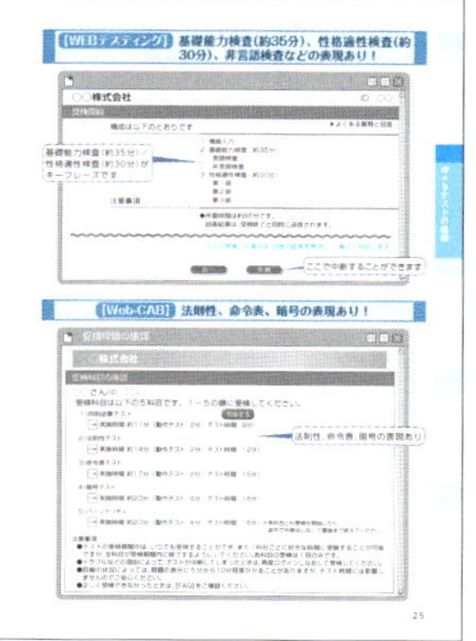

【WEBテスティング】基礎能力検査(約35分)、性格適性検査(約30分)、非言語検査などの表現あり！

【Web-CAB】法則性、命令表、暗号の表現あり！

この１冊で、Webテストは向かうところ敵なし！　制限時間内で解答する練習を積んで、本番になってもあわてないように、しっかりと対策をしておこう。

はい！　この本に真剣に取り組んで、自信をもって、本番に臨みたいと思います。

はじめに

多くの企業の就職試験で、能力検査と面接試験が行われます。そのため、就職活動に臨む際に能力検査の対策は必須になっています。

昔は「能力検査＝ペーパーテスト」であり、Webテストの対策を行っている学生は少数でした。しかし、現在ではSPI試験のWebテスト（WEBテスティング形式）も幅広く使用されており、玉手箱やTG-WEBといったSPI以外のWebテストも存在感を増しています。**近年は大手企業を中心に、学生のエントリーが集中する人気企業ほどその利便性からWebテストを採用する傾向がありましたが、2020年は新型コロナウイルスの影響でWebテストを実施する企業がさらに増える傾向が強まっています**。就職活動における能力検査の対策として「ペーパーテスト」と「Webテスト」の両方を行うことが現在のトレンドといえます。

しかし、学生側では、ペーパーテストの対策を優先し、Webテストの対策が後回しになりがちです。まずはペーパーテストの対策を行うという方針は必ずしも間違いではありませんが、Webテストの対策が後手に回ってしまう傾向は否めません。また、Webテストについての情報量が少なく実践的な対策を立てていない学生も少なくありません。就職活動の直前期になり、本命の企業の能力検査がWebテストであることに気づき、あわててしまったという声も毎年聞かれます。

本書では、Webテストで大きなシェアを占めている**玉手箱**と**WEBテスティング**に焦点を絞り、**実際に企業で実施された試験を調査し、実践的な問題を再現しました**。また、就職活動の直前期に集中的に対策を立てられるように5日間という短期間で完成できる集中プログラム（**5日間完成プログラム**）も用意しています。さらに、**実力模試**を導入することで、本番に近い感覚での力試しも可能となっています。

本書を利用する皆様が就職活動で希望通りの結果を出せることを願っています。

2020年6月

（株）サポートシステム代表取締役　笹森　貴之

本書の特長と使い方

本書は、現在就職試験の主流となりつつあるWebテスト（玉手箱・WEBテスティング）を、簡単かつ効率的に学習できるように作成しました。各問題は、学生への調査に基づき、それぞれのWebテスト画面を再現した形になっています。

問題演習部分は、大きく分けて２つあります。玉手箱の計数・言語理解テスト、WEBテスティングの基礎能力検査を５日間で攻略する〈５日間完成プログラム〉と、本番さながらにWebテストを体験することができる〈実力模試〉です。

５日間完成プログラム

正解、不正解をチェックできるチェック欄の活用で、確実な実力を養える

解答を速やかに導き出すための着眼点をわかりやすく解説

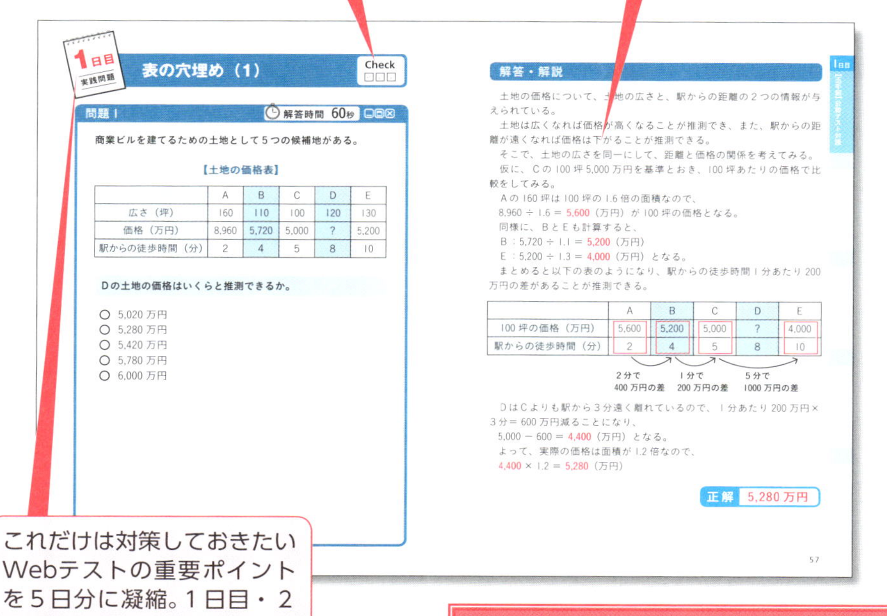

1日目 実践問題

表の穴埋め（1） Check □□□

問題1 解答時間 60秒

商業ビルを建てるための土地として５つの候補地がある。

【土地の価格表】

	A	B	C	D	E
広さ（坪）	160	110	100	120	130
価格（万円）	8,960	5,720	5,000	?	5,200
駅からの徒歩時間（分）	2	4	5	8	10

Dの土地の価格はいくらと推測できるか。

○ 5,020 万円
○ 5,280 万円
○ 5,420 万円
○ 5,780 万円
○ 6,000 万円

解答・解説

土地の価格について、土地の広さと、駅からの距離の２つの情報が与えられている。

土地は広くなれば価格が高くなることが推測でき、また、駅からの距離が遠くなれば価格は下がることが推測できる。

そこで、土地の広さを同一にして、距離と価格の関係を考えてみる。

仮に、Cの100坪5,000万円を基準とおき、100坪あたりの価格で比較をしてみる。

Aの160坪は100坪の1.6倍の面積なので、

8,960 ÷ 1.6 = 5,600（万円）が100坪の価格となる。

同様に、BとEも計算すると、

B：5,720 ÷ 1.1 = 5,200（万円）

E：5,200 ÷ 1.3 = 4,000（万円）となる。

まとめると以下の表のようになり、駅からの徒歩時間1分あたり200万円の差があることが推測できる。

	A	B	C	D	E
100坪の価格（万円）	5,600	5,200	5,000	?	4,000
駅からの徒歩時間（分）	2	4	5	8	10

2分で 400万円の差　1分で 200万円の差　5分で 1000万円の差

DはCよりも駅から３分遠く離れているので、1分あたり200万円×3分＝600万円減ることになり、

5,000 − 600 = 4,400（万円）となる。

よって、実際の価格は面積が1.2倍なので、

4,400 × 1.2 = 5,280（万円）

正解 5,280万円

57

これだけは対策しておきたいWebテストの重要ポイントを５日分に凝縮。１日目・２日目で玉手箱を、３日目〜５日目でWEBテスティングを攻略できる

速答がテスト突破の秘訣。速く、確実に解く解法を掲載！

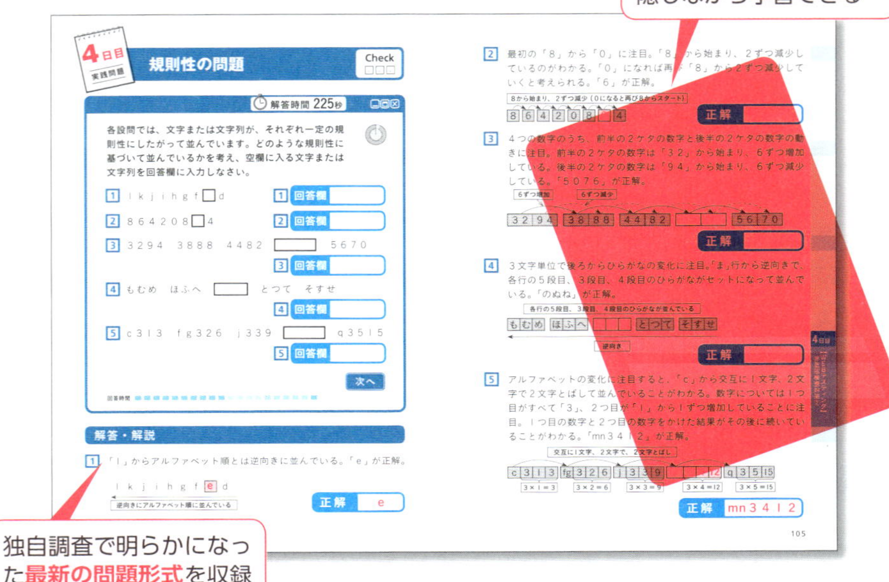

実力模試

実力模試では実際のテストに近い形式の問題をたくさん解くことができます。

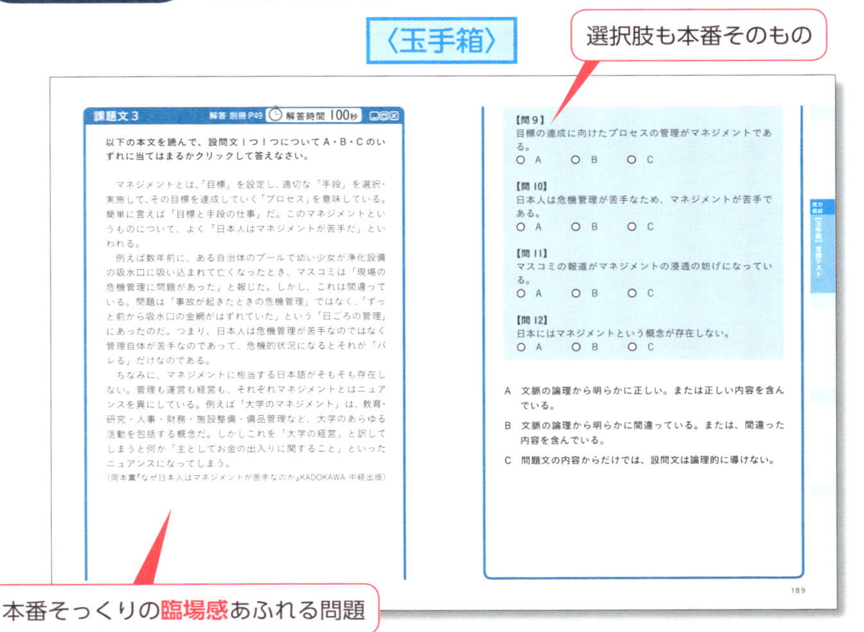

※玉手箱の一部の問題は実際のテストと問題数が異なります。

〈WEB テスティング〉

枠内の問題をすべて解く場合の**制限時間**

本番では、制限時間に対してどのくらい解答できているかがわかる円グラフが表示される

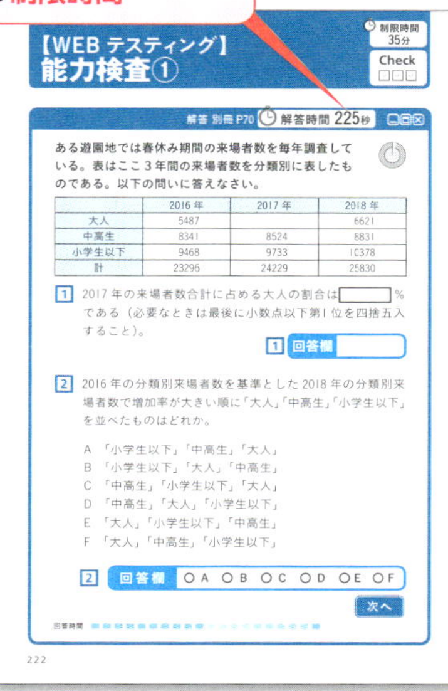

【WEB テスティング】
能力検査①

制限時間 35分

Check

解答 別冊 P70　解答時間 225秒

ある遊園地では春休み期間の来場者数を毎年調査している。表はここ3年間の来場者数を分類別に表したものである。以下の問いに答えなさい。

	2016年	2017年	2018年
大人	5487		6621
中高生	8341	8524	8831
小学生以下	9468	9733	10378
計	23296	24229	25830

1 2017年の来場者数合計に占める大人の割合は□%である（必要なときは最後に小数点以下第1位を四捨五入すること）。

1 回答欄

2 2016年の分類別来場者数を基準とした2018年の分類別来場者数で増加率が大きい順に「大人」「中高生」「小学生以下」を並べたものはどれか。

A 「小学生以下」「中高生」「大人」
B 「小学生以下」「大人」「中高生」
C 「中高生」「小学生以下」「大人」
D 「中高生」「大人」「小学生以下」
E 「大人」「小学生以下」「中高生」
F 「大人」「中高生」「小学生以下」

2 回答欄 ○A ○B ○C ○D ○E ○F

次へ

回答時間

222

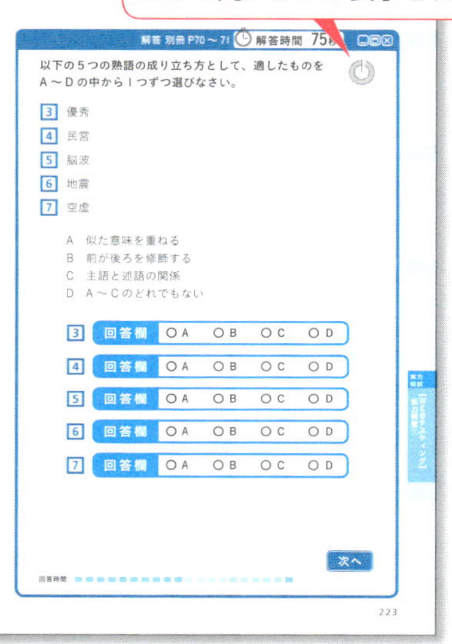

解答 別冊 P70～71　解答時間 75秒

以下の5つの熟語の成り立ち方として、適したものをA～Dの中から1つずつ選びなさい。

3 優秀
4 民営
5 脳波
6 地震
7 空虚

A 似た意味を重ねる
B 前が後ろを修飾する
C 主語と述語の関係
D A～Cのどれでもない

3 回答欄 ○A ○B ○C ○D
4 回答欄 ○A ○B ○C ○D
5 回答欄 ○A ○B ○C ○D
6 回答欄 ○A ○B ○C ○D
7 回答欄 ○A ○B ○C ○D

次へ

回答時間

223

〈別冊解答・解説〉

取り外せる別冊解答・解説で答え合わせもラクラク。もちろん赤シート対応。

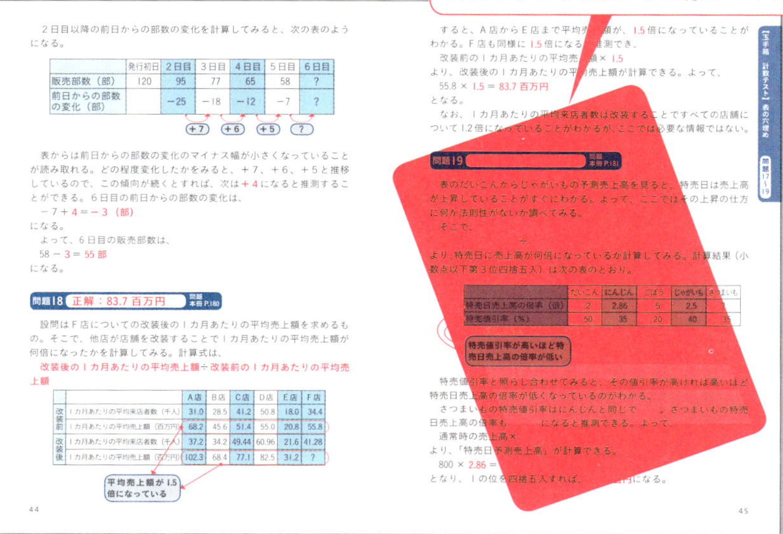

2日目以降の前日からの部数の変化を計算してみると、次の表のようになる。

	発行初日	2日目	3日目	4日目	5日目	6日目
販売部数（部）	120	95	77	65	58	?
前日からの部数の変化（部）		−25	−18	−12	−7	?

（+7）（+6）（+5）（?）

表からは前日からの部数の変化のマイナス幅が小さくなっていることが読み取れる。どの程度変化したかをみると、+7、+6、+5と推移しているので、この傾向が続くとすれば、次は+4になると推測することができる。6日目の前日からの部数の変化は、
−7＋4＝−3（部）
になる。
よって、6日目の販売部数は、
58−3＝55部
になる。

問題18 正解：83.7百万円　問題 本冊 P.180

設問はF店についての改装後の1カ月あたりの平均売上額を求めるもの。そこで、他店が店舗を改装することで1カ月あたりの平均売上額が何倍になったかを計算してみる。計算式は、
改装後の1カ月あたりの平均売上額÷改装前の1カ月あたりの平均売上額

		A店	B店	C店	D店	E店	F店
改装前	1カ月あたりの平均来店者数（千人）	31.0	28.5	41.2	50.8	18.0	34.4
改装前	1カ月あたりの平均売上額（百万円）	68.2	45.6	51.4	55.0	20.8	55.8
改装後	1カ月あたりの平均来店者数（千人）	37.2	34.2	49.44	60.96	21.6	41.28
改装後	1カ月あたりの平均売上額（百万円）	102.3	68.4	77.1	82.5	31.2	?

平均売上額が1.5倍になっている

44

すると、A店からE店まで平均売上額が、1.5倍になっていることがわかる。F店も同様に1.5倍になると推測でき、
改装前の1カ月あたりの平均売上額×1.5
より、改装後の1カ月あたりの平均売上額が計算できる。よって、
55.8×1.5＝83.7百万円
となる。
なお、1カ月あたりの平均来店者数は改装することですべての店舗について1.2倍になっていることがわかるが、ここでは必要な情報ではない。

問題19　問題 本冊 P.181

表のだいこんからじゃがいもの予測売上高を見ると、特売日は売上高が上昇していることがすぐにわかる。よって、ここではその上昇の仕方に何か法則性がないか調べてみる。
そこで、
÷
より、特売日に売上高が何倍になっているか計算してみる。計算結果（小数点以下第3位四捨五入）は次の表のとおり。

	だいこん	にんじん	ごぼう	じゃがいも	さつまいも
特売日売上高の倍率（倍）	2	2.86	5	2.5	?
特売値引率（%）	50	35	20	40	35

特売値引率が高いほど特売日売上高の倍率が低い

特売値引率と照らし合わせてみると、その値引率が高ければ高いほど特売日売上高の倍率が低くなっているのがわかる。
さつまいもの特売値引率はにんじんと同じで　　。さつまいもの特売日売上高の倍率も　　になると推測できる。よって、
通常時の売上高×
より、「特売日予測売上高」が計算できる。
800×2.86＝
となり、1の位を四捨五入すれば、　　円になる。

45

別冊解答・解説、付属の赤シートを駆使して、本番そっくりの問題形式に繰り返し挑戦できる。これで試験対策はバッチリ！

目　次

2日目 玉手箱・言語テスト/英語テスト対策

3日目 WEBテスティング・非言語検査対策①

4日目 WEBテスティング・非言語検査対策②

5日目 WEBテスティング・言語検査対策

Part3 実力模試

※本書は原則として2020年6月1日時点の情報をもとに編集しています。
※問題に使用している数字は架空のものも含まれています。

Part 1

Webテスト について

CONTENTS

Webテストとは？

企業の就職試験で出題が増加中

　採用選考において、これまではSPIテストや一般常識テストなど、会場を設けてのペーパーテストが行われるのが通例でしたが、**近年は自宅からでもパソコンを利用して受けられるWebテストが増加傾向**にあります。また、2020年は新型コロナウイルスの影響もあり、Webテストを実施する企業が増えています。

　Webテストは従来のペーパーテストと異なり、会場を設置したり試験監督を手配したりする必要がありません。また、採点や集計もコンピュータ処理で、企業側にとっても多くのメリットがあります。

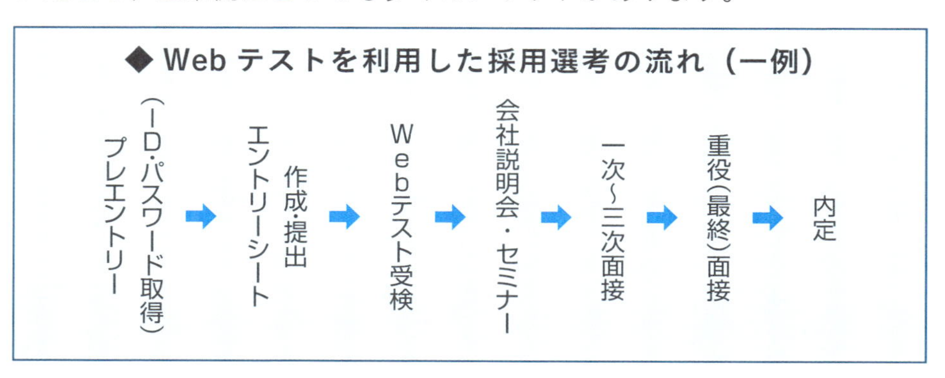

Webテストの受検時期

　Webテストは、たいていの場合、**採用試験の初期段階に行われます**。「リクナビ」「マイナビ」などの就職サイトや、企業のホームページからエントリーすると、求人応募資格としてID・パスワードが発行されます。

　すると、企業側から「いつまでに受検してください」と一定の期間が提示されます。多くは会社説明会の前後のタイミングで、提示されたID・パスワードを使ってサイトに入り、案内に従って受検します。

エントリー → ID・パスワード取得 → Webテスト受検

ワンポイントアドバイス

期間終了間際の受検はできる限り避けて!

パソコンを使って受検するため、通信状態が悪かったりパソコンに不具合が起こったりするなどのトラブルが考えられます。そんなとき、期間終了間際だと、とっさの対応が難しくなってしまいます。リスク軽減のためにも、余裕のある受検を心がけましょう。

Web テストの結果で「絞り込み」

Web テストでは、企業ごとに「合格ライン」となる偏差値を想定している場合が多く、特に人気企業の場合だと、**面接試験の前に行う Web テストの結果で、受検者の絞り込みをする**ケースもあります。

また、**Web テストの成績や出力された各人の特性(基礎学力、性格、職務資質など)を、面接の資料として利用**する場合もあります。

最後に、面接まで進んだものの、Web テストの偏差値が原因で最終的には落とされてしまうケースも、毎年多く見られます。受検タイミングによっては、Web テストの結果が出る前に面接試験に進んだものの、面接のあとに出たテスト結果が原因で不合格になるケースもあります。

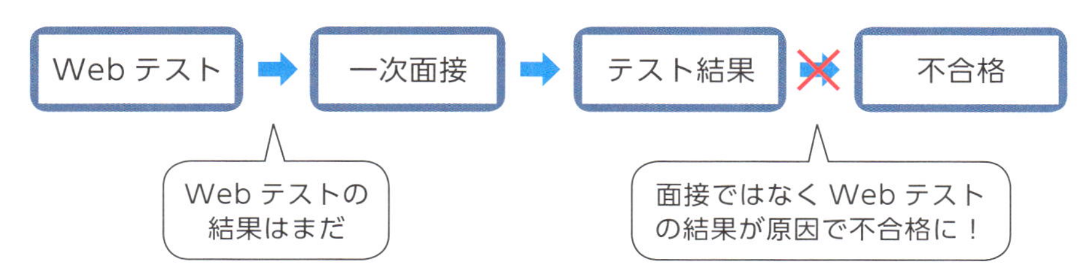

つまり、Web テストの事前準備および対策は、近年の就職活動において必須であるといえます。

Webテストの種類

自宅受検と会場受検

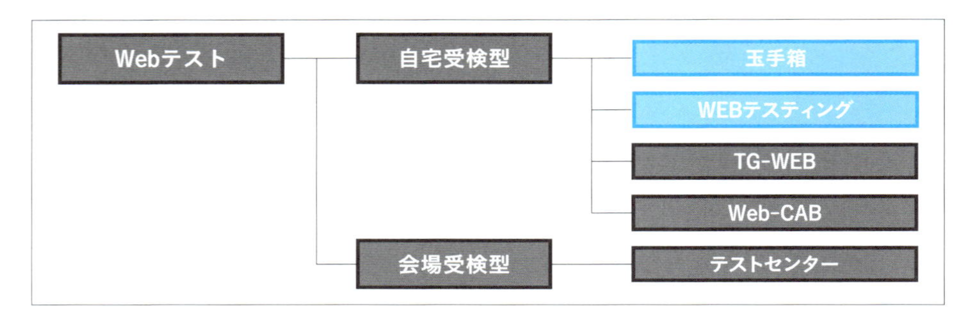

Web テスト受検の形式には、**自宅受検型と会場受検型**があります。

● 1 ：自宅受検型

自宅型の場合は、ID とパスワードさえあれば、自宅に限らずどこからでも受検できます。主なものとして、本書で扱う「**玉手箱**」や「**WEBテスティング**」のほか、「**TG-WEB**」「**Web-CAB**」などがあります。

一定期間内であれば「いつでも・どこでも」受検できるため、受検機会を多くの受検者に与えることができるという長所があります。また、企業側にとっても会場設置などの手間が省け、たくさんの人材を広く確保するチャンスになります。

他方、極端な話ですが、友人や知人がなりすまして受検する「替え玉受検」も不可能ではない点が、デメリットとして挙げられています。

● 2 ：会場受検型

「替え玉受検」を阻止するため、会場を設けて本人確認を行う**会場型のWeb テスト**があります。会場型では **SPI 型の「テストセンター」**が他の試験に先行してシェアを伸ばしてきましたが、**TG-WEB** などでも会場受検型のテストを実施しています。

また、会場受検型としてテストセンター会場で受検する「**C-GAB**」と「**C-CAB**」があります。**C-GAB** は新卒総合職向けのペーパーテスト「**GAB**」の Web テスト版とされていますが、問題構成としては玉手箱の出題形式を踏襲しているといわれます。一方、**C-CAB** は、IT 関連職の適性を診断する「CAB」のWebテスト版で、近年実施されるようになりました。どちらも性格検査は事前に**自宅**で受検し、会場では知的能力検査のみを受検します（試験時間は**約1時間**）。

受検対策の立て方

Webテストの種類は多岐にわたっているうえ、企業ごとに採用しているテストの種類は異なります。ですが、**主要なWebテスト**の対策をしておくに越したことはありません。本書に掲載されている「**玉手箱**」や「**WEBテスティング**」は筆頭といえるでしょう。

また、志望企業が昨年使用しているWebテストがわかっていれば、**今年も同じWebテスト**が使われると予測できます。ただし、あえて前年度とは違う種類のテストを採用する企業もありますので、自分の受検するテストを100%の確率で予測することは不可能です。

テストの種類の判断方法

ただし、エントリーのあとならば、**受検するWebテストの種類を見分ける**ことができます。そのためには、**テストのオープニング画面（説明画面）**を事前に見ておくこと。ここでテストの種類を判断できます。

Webテストの場合、受検するホームページにアクセスし、ID・パスワードを入力すると、オープニング画面（説明画面）が現れます。

即座にテストを始めてしまうと中断はできませんが、**始める前の説明画面の段階なら、ストップしておくことが可能**※です。

※テストの種類によってはできない可能性もあります。

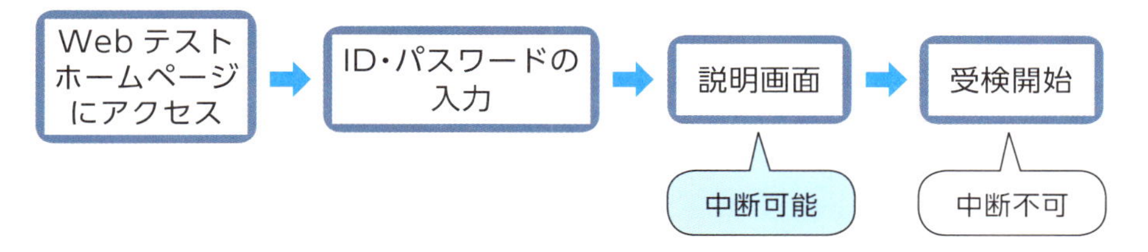

テストの種類がわかれば、対策を講じてから受検することもできます。

オープニング画面のどこを見るか

Webテストのオープニング画面には問題数や注意点などが書かれていますが、「玉手箱」「WEBテスティング」などの名称が明記されているわけではありません。**説明の記載からテストの特徴を読み取り、テストの種類を特定**しましょう。

以下、「**玉手箱**」「**WEBテスティング**」「**Web-CAB**」「**TG-WEB**」主要4種の、オープニング画面の特徴を解説しますので、参考にしてください。

【玉手箱】「計数」「言語」「英語」などの表現あり！

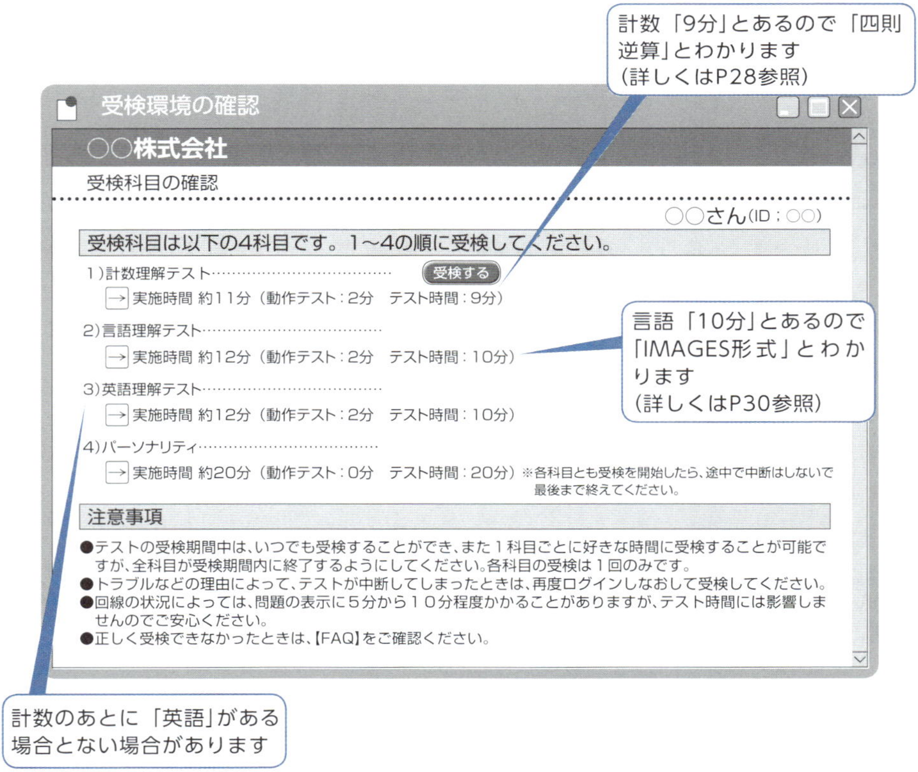

【WEBテスティング】 基礎能力検査(約35分)、性格適性検査(約30分)、非言語検査などの表現あり！

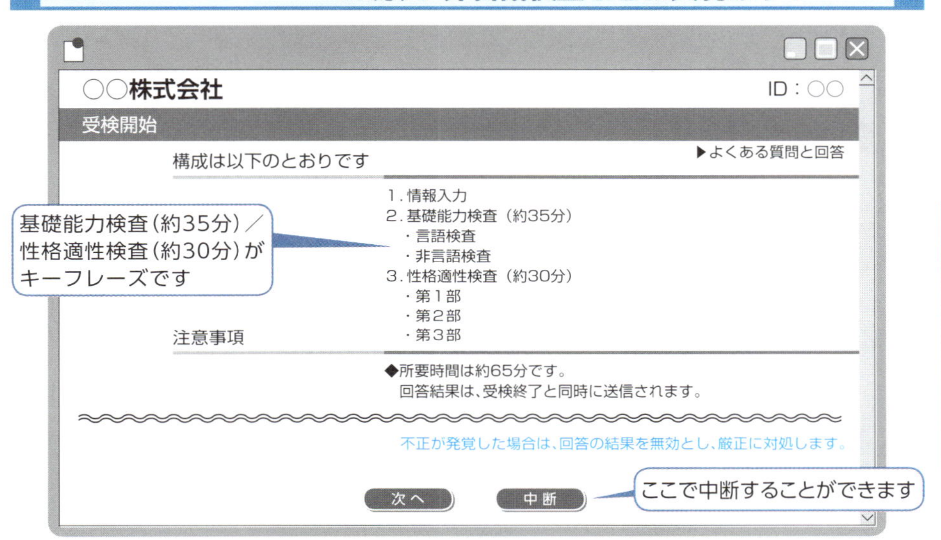

【Web-CAB】 法則性、命令表、暗号の表現あり！

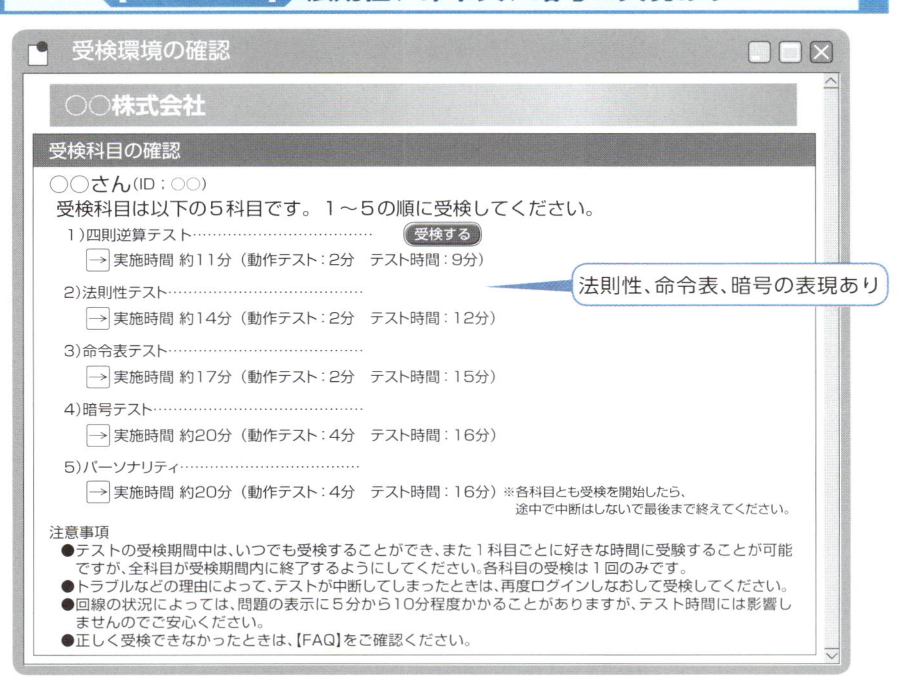

【TG-WEB】表紙→問題１→表紙→問題２の記載パターン！

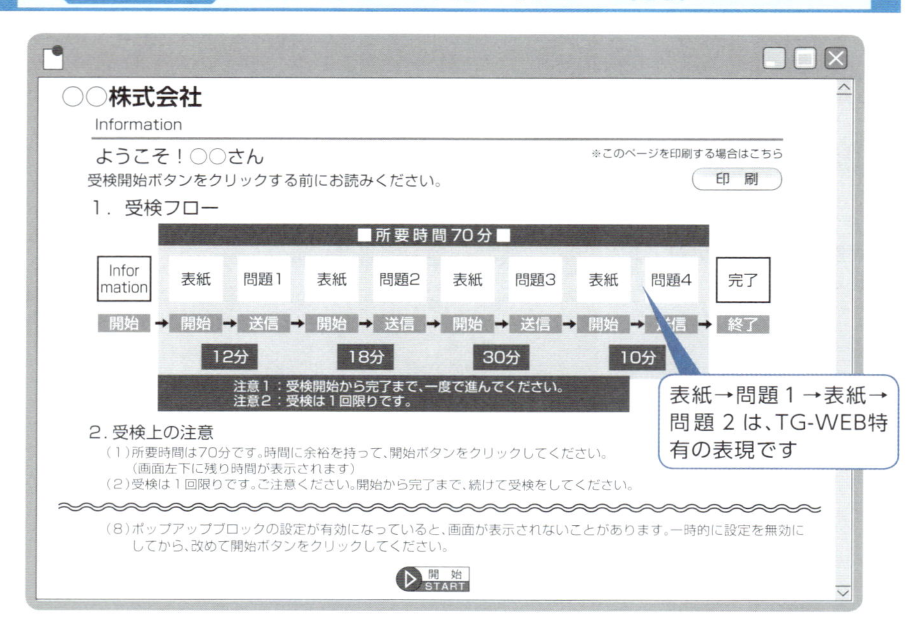

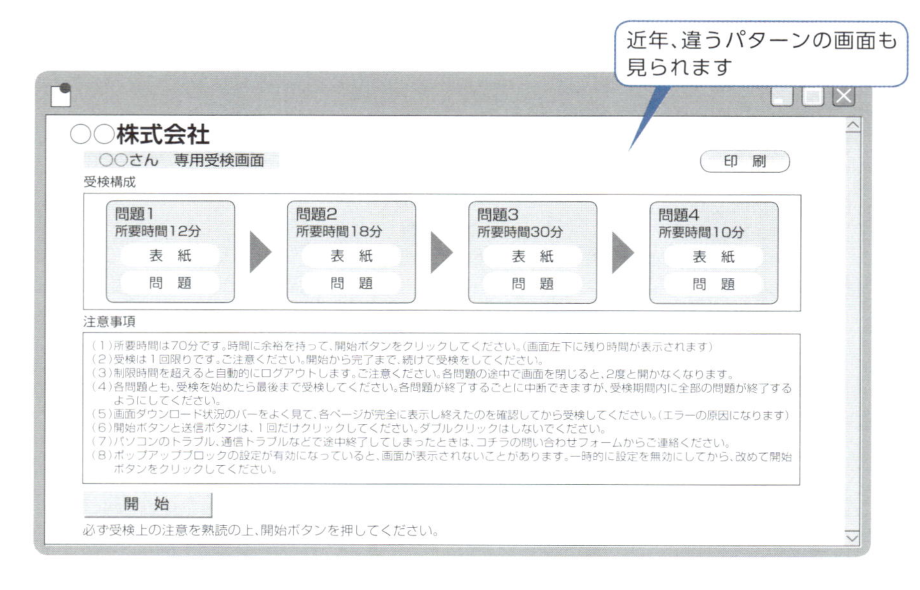

玉手箱とは？

「玉手箱」とは、日本エス・エイチ・エル株式会社（日本SHL）が開発したWebテストです。「玉手箱」は**＜知的能力＞**と**＜性格検査＞**で構成されており、２つの結果で受検者を判定します。

知的能力
- 計数
- 言語
- 英語

性格検査
- 性格（パーソナリティ）
- 意欲（モチベーション）

＜知的能力＞検査は**計数、言語、英語**の３分野から出題されます。問題形式は、それぞれ以下の通りです。

玉手箱のテスト構成

科目名		形式	問題数	制限時間
計　数		四則逆算	50問	９分
		図表の読み取り	29問（40問もあり）	15分（35分）
		表の穴埋め	20問（35問もあり）	20分（35分）
言　語		GAB形式	32問（36問、52問もあり）	15分（25分）
		IMAGES形式	32問	10分
		趣旨把握形式	10問	12分
英　語		GAB形式	24問	10分
		IMAGES形式	24問	10分
性格検査	性　格（パーソナリティ）	本格版	68問	約20分
		簡易版	30問	なし
	意　欲（モチベーション）	本格版	36問	約15分
		簡易版	36問、48問	なし

※性格テスト・意欲テストの時間は、標準的な回答時間。
※それぞれの問題数、制限時間は、企業によって異なるケースもあります。

計数問題

四則逆算、図表の読み取り、表の穴埋めの３タイプのなかから、１つのタイプが出題されます。

各問題形式で制限時間が違うため、オープニング画面（説明画面）において、制限時間から出題形式を推測することができます。**９分ならば四則逆算、15分なら図表の読み取り、20分なら表の穴埋め**です。

問題形式		問題数	時間
四則逆算	計算問題の式の中に空欄があり、空欄に当てはまる数値を逆算するもの	50問	９分
図表の読み取り	図や表が与えられ、その図や表から読み取れる内容を選択肢から選ぶもの	29問	15分
表の穴埋め	表が与えられるが、一部に「？」マークのある空欄があり、その「？」に入る数値を推測するもの	20問	20分

【解法のポイント】

◆四則逆算

計算自体は単純ですが、50問あって制限時間が９分しか与えられていないため**スピード勝負**の分野になります。電卓や計算用紙を有効活用して、素早く計算しましょう。

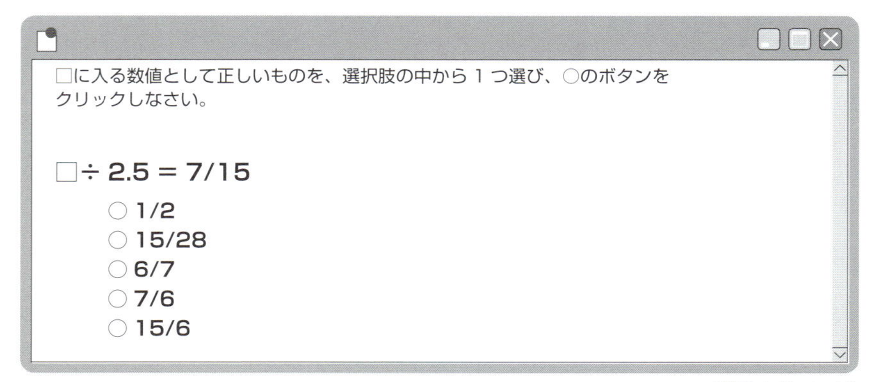

（参照→44ページ）

▼攻略ポイント▼

■スピード勝負！　１問でも多く解答しよう。
■計算力に自信がない人は、練習を繰り返すことが重要。

◆図表の読み取り

増減率や割合(%)、数値の比較などが必要な問題が多いため、計算式を立てるのに必要な数値を、表から効率よく見つけ出すことが重要です。

この形式の問題に不慣れな人ほど、苦手意識を持つ分野です。

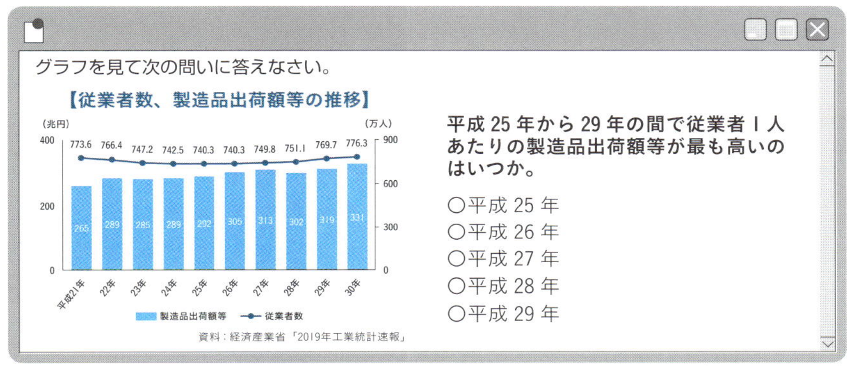

(参照→ 48 ページ)

▼攻略ポイント▼

■設問パターンに数多く触れて**問題慣れ**しておこう。

■図表の中で**必要な情報**と**不必要な情報**がある。すべてを見ずに、必要な情報に絞って計算式を立てることが重要。

◆表の穴埋め

計算して数値を推測するタイプの問題や、当てはまる数値の範囲を数値を並べて推測するタイプの問題などが出題されます。

図表の読み取り同様、苦手意識を持っている人が多い分野です。練習問題をたくさん解いて、「設問パターン」に慣れておくといいでしょう。

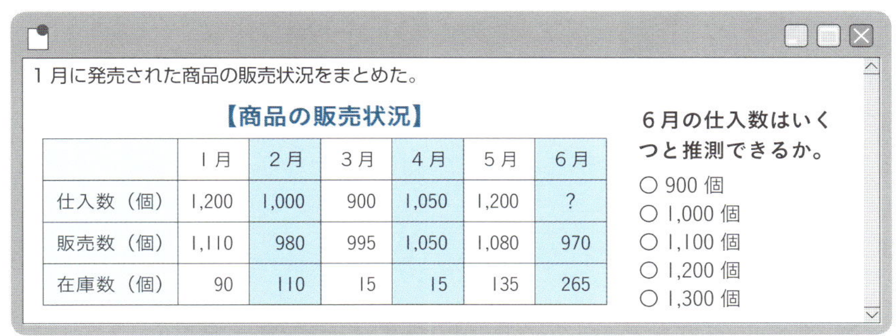

1 月に発売された商品の販売状況をまとめた。

【商品の販売状況】

	1 月	2 月	3 月	4 月	5 月	6 月
仕入数（個）	1,200	1,000	900	1,050	1,200	?
販売数（個）	1,110	980	995	1,050	1,080	970
在庫数（個）	90	110	15	15	135	265

6 月の仕入数はいくつと推測できるか。

○ 900 個
○ 1,000 個
○ 1,100 個
○ 1,200 個
○ 1,300 個

(参照→ 58 ページ)

▼ 攻略ポイント ▼

- 表の中で**推測の根拠**となる数値を見つける。
- 設問パターンに数多く触れて、**問題慣れ**をしておく。
- 表の中には**必要な情報と不要な情報が混在**している。必要な情報に絞って**推測の根拠になる数値**を見つけよう。

言語問題

GAB 形式、IMAGES 形式、趣旨把握形式の3タイプがありますが、出題されるのはどれか１つのタイプになります。これも計数問題と同様、オープニング画面において、制限時間から、いずれのタイプかを判断することができます。

文章は、難解なものは出題されておらず、読みやすい内容です。しかし制限時間は短いので、**速読・速解**を心がけましょう。

問題形式		問題数	時間
GAB形式	問題文から論理的に考える問題（３択） Ａ．明らかに正しい Ｂ．明らかに間違っている Ｃ．問題文からだけでは論理的に判断できない	32問	15分
IMAGES形式	問題文で最も訴えたいこと（趣旨）をとらえる問題（３択） Ａ．筆者が最も訴えたいこと Ｂ．文章に書かれているが、最も訴えたいことではない Ｃ．長文と無関係	32問	10分
趣旨把握形式	４つの選択肢の中から、 筆者の訴えに最も近いものを選ぶ問題	10問	12分

【解法のポイント】

◆ GAB 形式

600 字前後の長文（問題文）に対し、４つの設問が用意されています。その設問が、以下の３択のどれに当てはまるかを答える問題です。

A　文脈の論理から明らかに正しい。または正しい内容を含んでいる。

B　文脈の論理から明らかに間違っている。または間違った内容を含んでいる。

C　問題文の内容からだけでは、設問文は論理的に導けない。

以下の問題文を読んで、設問文１つ１つについてＡ・Ｂ・Ｃのいずれに当てはまるかクリックして答えなさい。

Ａ　文脈の論理から明らかに正しい。または正しい内容を含んでいる。
Ｂ　文脈の論理から明らかに間違っている。または間違った内容を含んでいる。
Ｃ　問題文の内容からだけでは、設問文は論理的に導けない。

JR東京駅八重洲口のすぐ近くに「鉄鋼ビル内」郵便局がある。いうまでもなく、鉄鋼ビルというオフィスビルに入っている郵便局である。ここにある風景印のデザインを想像していただこう。

常識で考えるなら、「風景」印というくらい（中略）（佐滝剛弘『郵便局を訪ねて1万局』光文社）

【問1】　郵便局の風景印はその場所から見える風景を描くことになっている。

○A　○B　○C

【問2】　「鉄鋼ビル内」郵便局にある風景印には「北町奉行所」の文字が描かれている。

○A　○B　○C

（参照→ 64〜65 ページ）

▼攻略ポイント▼

■問題文に記載されている内容のみに着目し、問題文外の記載（常識など）は考慮しない。

■問題文に記載があって、選択肢の内容通りなら「正しい」、反対のことが述べられていれば「間違っている」になる。

■問題文に記載がなければ「論理的に導けない」と判定する。

■設問文を先に読んでから問題文を読むと、時間節約になる。

◆IMAGES形式

400 〜 600 字前後の長文（本文）に対し、４つの設問が用意されています。その設問が、以下の３択のどれに当てはまるかを答える問題です。

Ａ　筆者が一番訴えたいこと（趣旨）が述べられている。

Ｂ　長文に書かれているが、一番訴えたいことではない。

Ｃ　この長文とは関係ないことが書かれている。

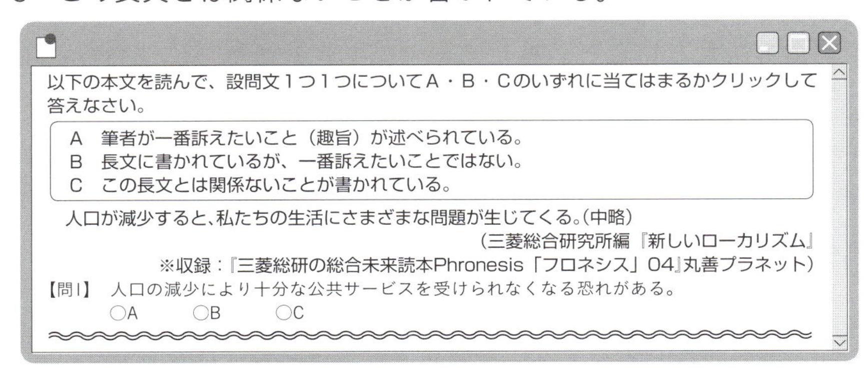

以下の本文を読んで、設問文１つ１つについてＡ・Ｂ・Ｃのいずれに当てはまるかクリックして答えなさい。

Ａ　筆者が一番訴えたいこと（趣旨）が述べられている。
Ｂ　長文に書かれているが、一番訴えたいことではない。
Ｃ　この長文とは関係ないことが書かれている。

人口が減少すると、私たちの生活にさまざまな問題が生じてくる。（中略）

（三菱総合研究所編『新しいローカリズム』
※収録：『三菱総研の総合未来読本Phronesis「フロネシス」04』丸善プラネット）

【問1】　人口の減少により十分な公共サービスを受けられなくなる恐れがある。

○A　○B　○C

（参照→ 67 〜 68 ページ）

▼攻略ポイント▼

■長文の趣旨（最も訴えたいこと）を把握することに注力する。
■細かな点は気にせず、趣旨を把握するように速読する。
■具体例や一般的な見解よりも筆者の主張を重要視する。

◆趣旨把握形式

長文を読み、4つの選択肢の中から、筆者の訴えに最も近いものを選ぶ問題形式です。IMAGES形式と同様に「趣旨」をとらえる問題ですが、趣旨把握形式では、1つの長文に対し1つの設問しかありません。したがって、12分で10個の設問に答えなければならないことになり、1問あたり1分12秒で解答していく必要があります。

次の文章を読んで、筆者の訴えに最も近いものを選択肢の中から1つ選んでクリックしなさい。

しばらく前に「前世占い」というのが流行ったことがある。「トラウマ」とか「アダルトチルドレン」という言葉が流行ったこともあった。何をやってもうまくいかない、なんか状況が塞いだままそこからうまく抜けだせないといったとき、ひとはその理由を知りたいと必死におもう。が、鬱ぎの理由というのはそうかんたんに見つかるものではない。けれども、解決されないままこの鬱いだ時間をくぐり抜けるのもしんどい‥（中略）

（鷲田清一『新編　普通をだれも教えてくれない』筑摩書房）

○A　物事がうまくいかない理由を自分以外に求める人は多い。
○B　「わたしが悪いのではない」という言葉は、最近、よく使われるようになった。
○C　鬱ぎを治す方法など存在しない。
○D　物事がうまくいかないときに解決されないまま時間が過ぎるのはつらいことだ。

（参照→70～71ページ）

▼攻略ポイント▼

■長文の趣旨（最も訴えたいこと）を把握することに注力する。
■細かな点は気にせず、速読する。
■「最も訴えたいこと」は、文章の前半よりも後半に述べられていることが多い。

英語問題

英語問題には、GAB形式とIMAGES形式の2タイプがあります。どちらの場合も8つの長文が出題され、1つの長文につきそれぞれ3つの設問が用意されています。制限時間が10分と短いことから、いずれの形式も、言語問題と同じように速読・速解がポイントになります。

問題形式		問題数	時間
GAB形式	本文から理論的に考える問題（３択） Ａ．明らかに正しい Ｂ．明らかに間違っている Ｃ．正しいか間違っているか判断できない	24問	10分
IMAGES形式	長文の内容について、A～Eの５つの選択肢の中から適切なものを１つ選ぶ	24問	10分

【解法のポイント】

◆ GAB 形式

課題の英文に対して、３つの設問が用意されています。その設問が、以下の３つの選択肢のどれに当てはまるかを答える問題です。

A　本文の内容から論理的に考えて明らかに正しい。

B　本文の内容から論理的に考えて明らかに間違っている。

C　本文の内容からは、正しいか間違っているか判断できない。

長文は全部で８本、合計 24 問に解答します。使われている単語や熟語はそう難しくはありませんが、意味がわからない表現にあたることもあるでしょう。しかし、**細部にはこだわらず**、設問文に該当する箇所のみ理解できればいいと割り切って、効率よく進めることが大切です。

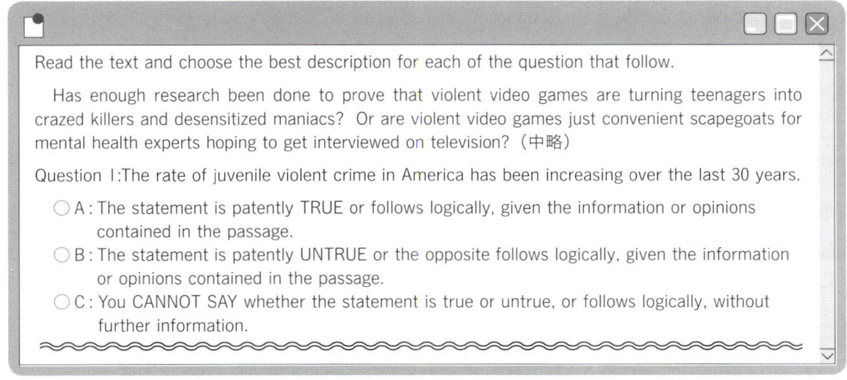

（参照→ 74～75 ページ）

▼ 攻略ポイント ▼

■基本的な英文読解の問題で、難易度は高くない。

■**先に設問文を読み**、設問に該当する内容に絞って検討するのが効率的。

◆ IMAGES 形式

長文を読んで、その内容についてA～Eの5つの選択肢の中から適切なものを1つ選ぶ問題形式です。

難易度はGAB形式と同じくらいで、使われている単語や熟語のレベルも、GAB形式同様、そう難しくはありません。取扱説明書や電話・メールのやりとり、工事の案内など、実用的な文章が多いのが特徴で、**短時間に内容を把握**する能力が試されます。

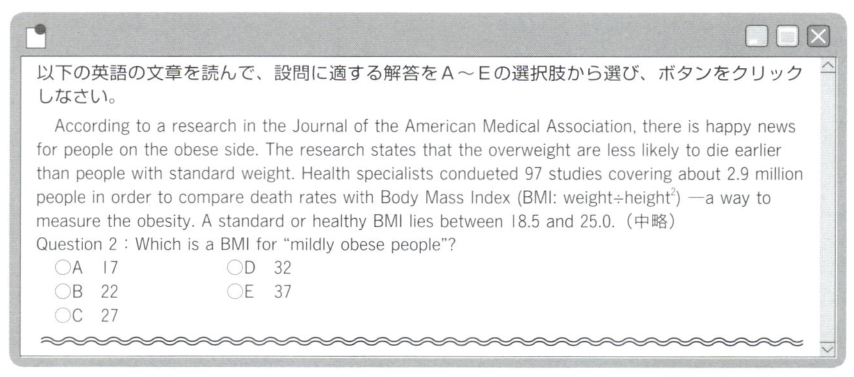
以下の英語の文章を読んで、設問に適する解答をA～Eの選択肢から選び、ボタンをクリックしなさい。

According to a research in the Journal of the American Medical Association, there is happy news for people on the obese side. The research states that the overweight are less likely to die earlier than people with standard weight. Health specialists condueted 97 studies covering about 2.9 million people in order to compare death rates with Body Mass Index (BMI: weight÷height^2) —a way to measure the obesity. A standard or healthy BMI lies between 18.5 and 25.0.（中略）

Question 2：Which is a BMI for "mildly obese people"?

○A　17　　○D　32
○B　22　　○E　37
○C　27

（参照→216～217ページ）

▼ 攻略ポイント ▼

■短時間に内容を大まかにつかむ**速読**を心がける。
■**設問文を先に読み**、問われている内容に焦点をあてて、長文を読むようにする。

性格検査

＜性格検査＞は、知的能力検査の終了後に行われます。
性格（パーソナリティ）と意欲（モチベーション）の2種類があります。パーソナリティの検査のみ実施する場合もありますし、パーソナリティとモチベーションの組み合わせで検査を実施する場合もあります。

◆性格（パーソナリティ）

問題形式		問題数	時間
本格版	各問に対し、自分の性格に合った回答が選べる。4つの選択肢が用意されている	68問	約20分
簡易版	30対の相反する内容の質問に、自分の性格はどちらが近いかを選んでいく	30問	なし

▼本格版の問題例

1問ごとに4つの質問文があります。
その中で、自分に最も近い文を1つ選んで、YES 欄の A ～ D のいずれか1つをクリックしなさい。
また、自分から最も遠い文を1つ選んで、NO 欄の A ～ D のいずれか1つをクリックしなさい。
※選択しなおすことは何回でもできます。

設問番号		YES	NO	▼…質問項目
1	A	○	○	友人が多い
	B	○	○	道具を大切にするほうだ
	C	○	○	手先は器用だと思う
	D	○	○	計画をたてるのが好きだ

設問番号		YES	NO	▼…質問項目
2	A	○	○	気が強いとよく言われる
	B	○	○	他人の目はあまり気にならない
	C	○	○	人の役にたつことが好きだ
	D	○	○	失敗すると、ついくよくよしてしまう

▼簡易版の問題例

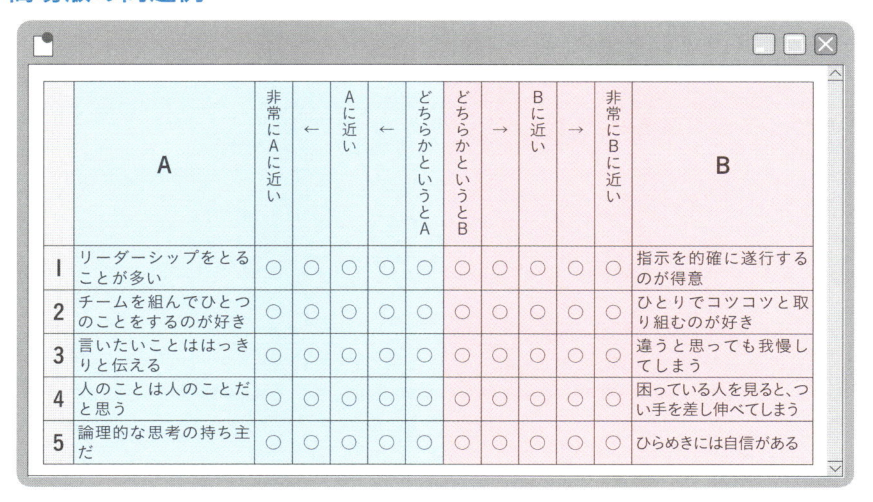

	A	非常にAに近い	←	Aに近い	←	どちらかというとA	どちらかというとB	→	Bに近い	→	非常にBに近い	B
1	リーダーシップをとることが多い	○	○	○	○	○	○	○	○	○	○	指示を的確に遂行するのが得意
2	チームを組んでひとつのことをするのが好き	○	○	○	○	○	○	○	○	○	○	ひとりでコツコツと取り組むのが好き
3	言いたいことははっきりと伝える	○	○	○	○	○	○	○	○	○	○	違うと思っても我慢してしまう
4	人のことは人のことだと思う	○	○	○	○	○	○	○	○	○	○	困っている人を見ると、つい手を差し伸べてしまう
5	論理的な思考の持ち主だ	○	○	○	○	○	○	○	○	○	○	ひらめきには自信がある

◆意欲（モチベーション）

問題形式		問題数	時間
本格版	1つの設問に対して4つの質問が用意され、自分が一番仕事で意欲を見出すことのできる環境を選ぶ	36問	約15分
簡易版	36問（18問×2）、48問（24問×2）の2つのタイプがある（内容的には変わりはない）。相反する内容の質問が2つ用意され、自分がどちらに近いかを選ぶ	36問あるいは48問	なし

▼本格版の問題例

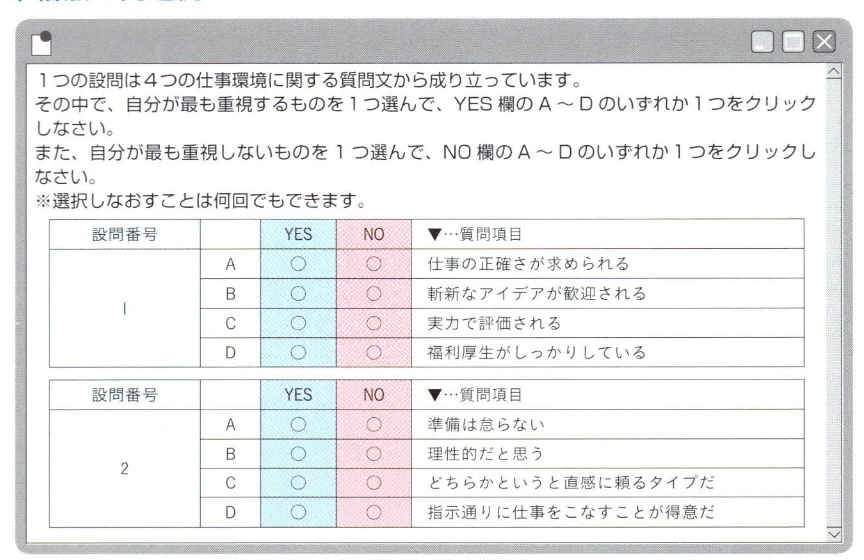

1つの設問は4つの仕事環境に関する質問文から成り立っています。
その中で、自分が最も重視するものを1つ選んで、YES 欄の A ～ D のいずれか1つをクリックしなさい。
また、自分が最も重視しないものを 1 つ選んで、NO 欄の A ～ D のいずれか1つをクリックしなさい。
※選択しなおすことは何回でもできます。

設問番号		YES	NO	▼…質問項目
1	A	○	○	仕事の正確さが求められる
	B	○	○	斬新なアイデアが歓迎される
	C	○	○	実力で評価される
	D	○	○	福利厚生がしっかりしている

設問番号		YES	NO	▼…質問項目
2	A	○	○	準備は怠らない
	B	○	○	理性的だと思う
	C	○	○	どちらかというと直感に頼るタイプだ
	D	○	○	指示通りに仕事をこなすことが得意だ

▼簡易版の問題例

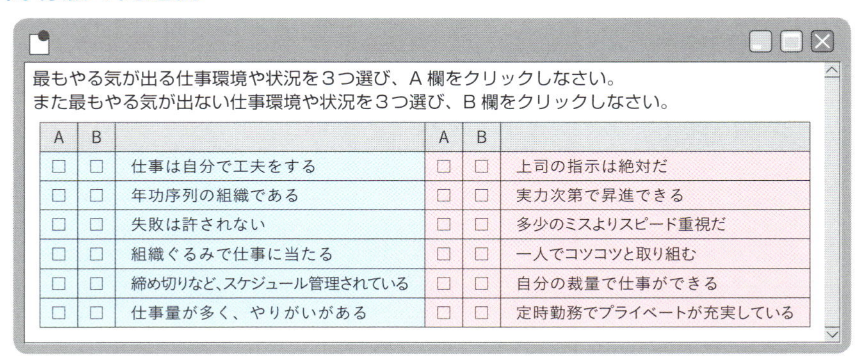

最もやる気が出る仕事環境や状況を3つ選び、A 欄をクリックしなさい。
また最もやる気が出ない仕事環境や状況を3つ選び、B 欄をクリックしなさい。

A	B		A	B	
□	□	仕事は自分で工夫をする	□	□	上司の指示は絶対だ
□	□	年功序列の組織である	□	□	実力次第で昇進できる
□	□	失敗は許されない	□	□	多少のミスよりスピード重視だ
□	□	組織ぐるみで仕事に当たる	□	□	一人でコツコツと取り組む
□	□	締め切りなど、スケジュール管理されている	□	□	自分の裁量で仕事ができる
□	□	仕事量が多く、やりがいがある	□	□	定時勤務でプライベートが充実している

【回答のポイント】

就職試験における性格テストは、単に受検者の性格を測定するだけではなく、**企業が求める人材かどうか**を判定するためのものです。「職務意欲が低い」「向上心がない」などのテスト結果が出た場合は、「企業が求める人材に合致しない」ことを理由に、落とされる場合もあります。

そこで、企業研究を行い、「志望企業で求められる人物像」を探って、その人物像に合致する性格だと判定されるような答えを回答していけば、性格テストで落とされる可能性は低くなります。本来の自分とあまりにかけ離れた答えを選ぶ必要はありませんが、**企業の求める人物像に合わせていく**ことは、就職試験対策上、大変重要なことです。

企業研究を行う中で、その企業に入って活躍しているイメージが、皆さんの頭に浮かぶはずです。その「前向きに生き生きと自分の能力を発揮できている姿」を前提に回答するとよいでしょう。

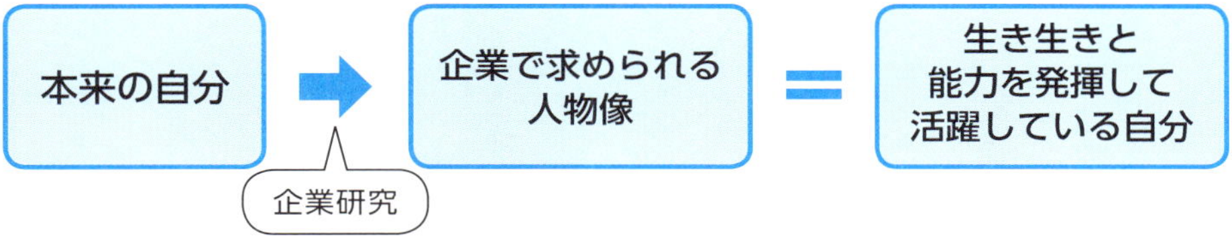

本来の自分 → 企業で求められる人物像 ＝ 生き生きと能力を発揮して活躍している自分

（企業研究）

以下に、各テストの判断基準を一覧にしています。たとえば、選択肢で「どちらかというと論理的である」を選択すると論理的であると判断される、「交渉ごとが得意だ」を選択すると「説得力・交渉力がある」と判断されるということです。

▼性格テスト（パーソナリティ）の判断基準

判断基準	選択肢の例	判断基準	選択肢の例
論理的	どちらかというと論理的である／論理的な思考の持ち主だ／問題を論理的に解決する	説得力・交渉力	交渉ごとが得意だ／交渉ごとが好きだ／人を説得するのが得意だ／自己PRがうまい／企画の売り込みが得意だ／ものを売るのが好きだ／説得力がある／自分の意見を主張するのが得意だ／新しいプランを人にアピールできる／新しいアイデアを売り込むのが好きだ
緻密さ	緻密さを必要とする仕事が好きだ／緻密な作業が得意／細かいことにも注意を払うことができる／細かい確認作業を怠らない／正確さが第一／見直し作業を怠らない／正確さが求められる仕事が好き／几帳面である／細かいところにも気を配る	計画性	計画を立てるのが得意だ／前もって準備するタイプだ／事前に計画を立てる／いつでも先の見通しを立てている／計画や段取りを立てるのが好きだ／計画を大事にする／まずは計画が第一である／よいプランをどんどん出せる／事前によく考える
オリジナリティ	独創性がある／自分のやり方にこだわる／物事を自分のやり方で進めたいと思う／自分の考えで行動し、反対されても自分の考えを貫ける／独自のアイデアを常にもっている／自分の判断基準をもっている／批判を気にせず自分を信じて行動する／斬新な考えをしている／まわりの意見に左右されない／独創的な解決策を思いつく	指導力	人をうまく動かすことができる／人に指図して仕事をするのが得意だ／人の上に立つのが好きだ／まとめ役であることが多い／話の中心になっているのが好きだ／意見をまとめるのが得意だ／チームのリーダー格に抜擢されやすい
時間感覚	時間を厳守する／締切日は絶対に守る／締め切りは守らなければならないと思う	リラックス	気持ちの切り替えが早い方だ／すぐにリラックスする／あまり緊張しない／常に気持ちに余裕がある
創造性	新しいアイデアをよく思いつく／創意工夫に富んでいる／名案が突然ひらめく	外交的・社交的	人前で自信をもって振舞うことができる／率直でユーモアがある／まわりの人を楽しませるのが好きだ／人と話すのが好きだ／人と話すのが楽しい
社会性・人前での表現力	人前での説明が得意だ／挨拶やスピーチは苦にならない／人前で発表することが得意だ／公式な場で挨拶をするのが好きだ／たくさんの人の前で話すのが好きだ	友好的・集団性	何でも話せる友人が多数いる／友人と遊ぶのが好きだ／友人といることが多い／人と親密なつきあいができる／休日は友人と一緒にいる／誰とでも仲良くなれる／人と一緒にいるのが好きだ
謙虚さ	自分の成功を自慢しない／謙虚である／感情を表に出すのが苦手だ／どちらかというと控えめだ／自慢は好きではない／自分の成果を自慢しない／成果は心に秘めておく	心配性	物事がうまくいくかどうか不安なタイプだ／仕事がうまくいっているかどうか心配である／予定通りいかないと心配になる／物事の行く先が気になる／悩みごとがあるとリラックスできない／仕事のことが休みの日でも気にかかる／注意深い

仕事への志向	困難な目標を達成することにやりがいを覚える／目標に向けて努力できる／仕事をあきらめない／仕事は全力でやり抜く／高い目標を設定している／目標は達成しなければ納得しない／高い目標でも努力して達成できる／複雑な問題でもあきらめない／物事をきちんとしないと気が済まない／人よりも上昇志向が強い	精神的強さ	失敗しても落ち込まない／物事を悲観的に見ない／中傷されても適切に対応できる／精神的にタフである／人にどう思われても気にならない／精神的に強い／動じないタイプだ／批判されても動じない
人への配慮・気づかい	人の相談に親身になって対応する／世話好きである／人のことを気づかう／人に力を貸すのを厭わない／まわりの人へのサポートを惜しまない／後輩の面倒見がいい／気配りが得意	周囲との協調性	人と事を成し遂げるのが好きだ／仲間と相談して決める／行動する際は人の意見に耳を傾ける／話し合いで決めることを好む／問題があれば話し合って解決する／人の意見をよく聞く／人と相談して計画を立てる／人と協議して物事を決める
作業の志向	パソコンなどの機器を使うのが得意だ／具体的な作業を伴う仕事が好きだ／手先を使う細かい仕事が好きだ／パソコンなどの機器を好んで使う／壊れたものを直すのが得意だ／緻密さでは人には負けない／手作業が好きだ／具体的な作業が得意だ／抽象的なものに関心が低い	数値への志向	数字が得意である／統計を扱うのが得意だ／表やグラフを作ったりするのが好きだ／データを集めたり分析したりするのが得意だ／数字やデータを用いるのを得意とする／数学的なセンスをもっている
感情の起伏	自分の感情を抑えることができる／怒りをコントロールできる／他の人への怒りをあらわにしない／感情を顔に出さない／人前で怒らない	楽観的	楽観的に物事を進める方だ／楽観的なタイプだ／何事にも楽観的である／失敗しても気落ちしない／問題が起きても悲観的にならない
批判性	相手の話の矛盾を見抜ける／話の矛盾が気になる／議論の矛盾点に気づく／相手の議論の弱点がわかる	芸術的な志向	美的センスに自信がある／画家や音楽家を尊敬している／音楽が好きである／芸術に関心がある／絵への関心が強い／映画をよく観にいく／芸術に理解がある／抽象的な論理や思考を好む
人間への志向	人のことを分析するのが得意／人の言動の分析が得意だ／人の行動を分析しがちである／分析を好む／自分の行動を冷静に分析できる／人の行動をよく観察している	保守的	確実な方法を選ぶ／古いものに価値観を見い出す／従来のやり方に従う／既に確立された手法を好む／やり慣れた方法を好む／保守的である／安定を求める／独自のやり方を求めない／どちらかというと勤勉である
行動力	知らない場所を訪ねるのが好きだ／休みは活動的に過ごすことを好む／じっとしていられないタイプだ／運動が好き／身体を動かすのが好きだ	決断力	すぐに答えが出せる／判断が素早い／状況判断が正確で早い／意思決定をするのが早い
競争心	負けず嫌いだ／人に負けるのが嫌いだ／勝負には特にこだわる／負けたくないという気持ちが強い／人と争うのが面白い	対応力	変化を厭わない／未経験を苦にしない／新しいことにチャレンジするのが好きだ／好奇心が人よりも強い／いろいろなことに取り組むのが好きだ／未経験のことをやるのが好きだ／変化が好きだ

▼意欲テスト（モチベーション）の判断基準

（　）内の答えを選ぶと、マイナス評価されることもあるので注意！

活力	スピードが重視される （落ち着いて仕事に取り組める）	成長	新しい技術や知識を学べる （勉強をするのは任意である）
達成	数値による目標が与えられる （仕事上でのハッキリした目標がない）	柔軟性	柔軟性を必要とされる （仕事の仕方が決まっている）
競争	競争が激しい環境にある （仕事を自分のペースで行える）	自主性	自分の考えるやり方で仕事ができる （上司の指示に従って仕事をする）
失敗	失敗が許されない仕事である （失敗しても責任が問われない仕事である）	階層	自分の地位の重要性が認められる （上下関係がほとんどない）
権限	他人に影響力がある （責任も権限もない）	帰属	チームワークによる仕事が多い （1人で行う仕事が中心である）
没頭	仕事量が多く、時間を忘れて仕事をする （プライベートな時間を多く取れる）	認知	評価・報奨の環境が整っている （評価が公表されない）
利潤	利益への意識が求められる （利益を意識する必要がない）	倫理	仕事で社会的に貢献している （倫理や原則にはこだわらない）
報酬	成績次第で収入が変わってくる （成績がよくても収入は変わらない）	安定・快適	福利厚生が整備されている （いつどうなるかわからない仕事環境である）
昇進	昇進の機会に恵まれている （昇進は年功序列である）	興味	仕事上での毎日の変化が激しい （定型的な仕事である）

WEBテスティングとは?

WEB テスティングは、株式会社リクルートマネジメントソリューションズが提供する Web テストです。SPI テストの一種で、**言語、非言語（計数）、性格検査**にて構成されています。「玉手箱」同様、自宅受検型のテストです。また、言語問題や非言語問題では、選択肢から解答を選ぶタイプの問題（選択式）のみならず、**解答を空欄に記入するタイプの問題（記述式）**も少なくありません。テストセンターは原則選択式の問題ですから、この点は WEB テスティングの大きな特徴であるといえます。

<table>
<tr><th>形式</th><th>テスト名</th><th>受検形態</th><th>内容・構成</th></tr>
<tr><td>ペーパーテスト</td><td>SPI3</td><td>会場受検
（マークシート）</td><td rowspan="4">能力検査
（言語・非言語）
性格検査
※各テスト形式により検査時間の違いはある</td></tr>
<tr><td rowspan="3">Web テスト</td><td>WEB テスティング</td><td>自宅受検</td></tr>
<tr><td>テストセンター</td><td>会場受検
※ただし、性格適性検査は自宅受検</td></tr>
<tr><td>インハウス CBT</td><td>企業内会場受検</td></tr>
</table>

WEB テスティングの構成

言語、非言語、性格の 3 つで構成されています。SPI も、以前は言語分野と非言語分野に分かれていましたが、WEB テスティングでは、言語と非言語を合わせて約 35 分間のひとつのテストとなっています。

また、言語問題や非言語問題は、ペーパーテストやテストセンターと類似した問題もありますが、WEB テスティング特有の問題もあります。出題傾向もある程度固定化されていますので、本書を通じて、できるだけ問題に慣れておきましょう。

性格検査は約 30 分です。設問数にはある程度幅があり、テストごとに異なる場合があります。

攻略のポイント

【出題分野を予測して対策を立てる】

出題分野がある程度固定されているため、対策が立てやすいのが特徴です。事前に類似問題を練習しておくことで、正解率とスピードの両方を向上できます。出題範囲は本書に後掲しますので、特に苦手分野は練習を繰り返しておくとよいでしょう。

【時間との勝負】

問題数の割に制限時間が短く、短時間で効率よく問題を解いていく必要があります。

全体の回答状況を表す円グラフ

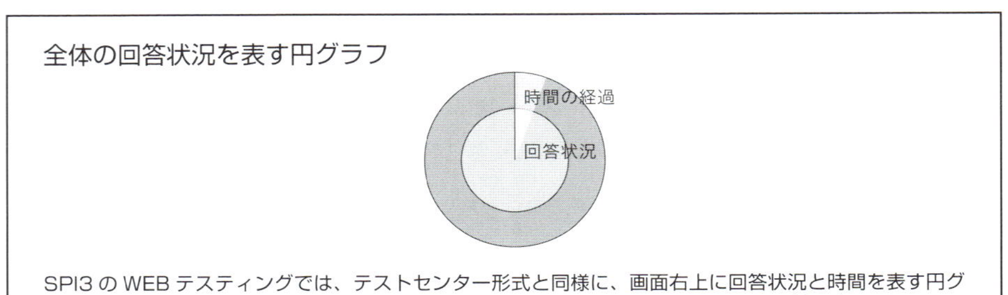

SPI3 の WEB テスティングでは、テストセンター形式と同様に、画面右上に回答状況と時間を表す円グラフが現れます。円グラフの外側が時間の経過を表し、内側が回答状況を表します（上図）。また、ページ下部には問題ごとの制限時間を表す棒グラフが表示されます。棒グラフが赤になると、未回答でも次の問題に進んでしまうので注意しましょう。

【電卓を有効利用する】

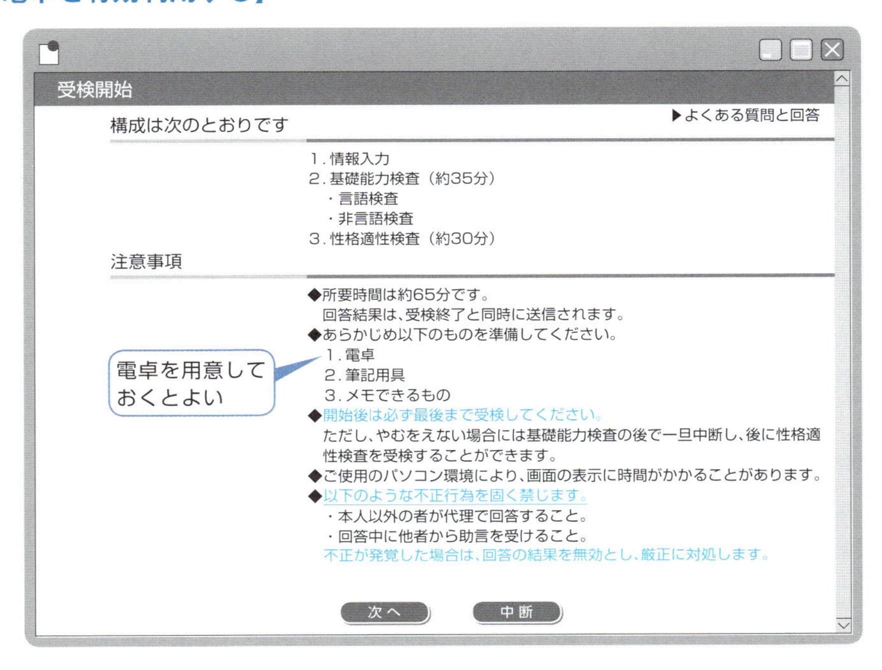

オープニング画面で、**電卓の準備**が求められています。非言語問題は電卓の使用を前提にしており、１問あたりの回答時間が短くなっています。使いやすい大きめの電卓を利用し、効率よく計算していきましょう。

言語問題の構成とポイント

【言語問題の構成】

	WEBテスティング	テストセンター
二語関係	×	○
熟語	○	×
熟語の意味	×	○
語句の用法（多義語・文法）	×	○
３文の完成	○	×
文章の並び替え	○	○
適語の補充	○	×
長文	○	○
適文の補充	○	×
文章の完成	○	×
空欄補充	○	×

言語問題の出題傾向は、テストセンターとは大きく異なります。テストセンターでよく出題される「二語関係」「熟語の意味」「語句の用法」などは出題されません。

WEBテスティングでは、「熟語」「３文の完成」「文章の並び替え」「適語の補充」「長文」「適文の補充」「文章の完成」「空欄補充」が出題されますが、**「文章の並び替え」「長文」以外は、WEBテスティングに特有**の問題です。

言語問題に対処するためには、テストセンターやペーパーテストとは別に対策を立てることが必要になります。本書を活用して、特有の出題形式にどんどん慣れてください。

【非言語問題の構成】

	WEB テスティング	テストセンター
割合の計算	○	○
方程式	○	○
整数問題	○	×
金銭の計算(損益算など)	○	○
速さ	○	○
数量・順序関係の推論	○	× ※1
位置関係の推論	○	× ※1
場合の数	○	○
確率	○	○
図表の読み取り	○	○
集合	○	○
規則性の問題	○ ※2	×
料金の割り引き	×	○
分割払い	×	○
代金の精算	×	○
資料の読み取り	×	○

※1 推論はテストセンターでも頻出分野ですが、WEB テスティングに出題される数量関係の推論、順序関係の推論、位置関係の推論はテストセンターに出題されるこれらの推論とは傾向が異なるため「×」としています。

※2 規則性の問題については、「文字」を扱う問題として「言語分野」に該当している可能性もありますが、本書では論理性を問う問題として「非言語分野」としています。

テストセンターと共通する出題範囲は、「割合の計算」「方程式」「金銭の計算(損益算など)」「速さ」「場合の数」「確率」「図表の読み取り」「集合」などがあります。一方、WEB テスティング特有の出題分野も少なくありません。特に、**「数量・順序関係の推論」「位置関係の推論」は、テストセンターに出題される推論の問題とは傾向が異なる**ため、別の項目として対策を立てたほうがよいでしょう。また、「整数問題」や「規則性の問題」は、テストセンターでは出題されないタイプの問題になります。

Part 2

5日間 完成プログラム

CONTENTS

四則逆算（1）

問題1～5

□に入る数値として正しいものを、選択肢の中から1つ選びなさい。

1 $\square \times 3 = 8 \div 9$

○ 1/3　○ 8/27　○ 8/9　○ 8/3　○ 8/5

2 $\square \div 2.5 = 7/15$

○ 1/2　○ 15/28　○ 6/7　○ 7/6　○ 15/6

3 $12 \div \square = 2/3 \times 6$

○ 2　○ 3　○ 4　○ 6　○ 12

4 $3/10 + 2/5 = \square$

○ 60%　○ 65%　○ 70%　○ 75%　○ 80%

5 540の□% = 97.2

○ 12　○ 14　○ 18　○ 21　○ 23

解答・解説

1 選択肢が分数なので、8 ÷ 9 を分数の形 $\frac{8}{9}$ にする。

$\square \times 3 = 8 \div 9 \Rightarrow \square \times 3 = \frac{8}{9} \Rightarrow \square = \frac{8}{9} \div 3 = \frac{8}{9} \times \frac{1}{3}$

$= \frac{8}{27}$

正解 8/27

2 選択肢が分数なので、2.5 ＝ $\frac{5}{2}$ と分数に置き換えて計算する。

$\square \div 2.5 = \frac{7}{15} \Rightarrow \square \div \frac{5}{2} = \frac{7}{15} \Rightarrow \square = \frac{7}{15} \times \frac{5}{2} = \frac{7}{6}$

正解 7/6

3 $12 \div \square = \frac{2}{3} \times 6 \Rightarrow 12 \div \square = 4 \Rightarrow \square = 12 \div 4 = 3$

正解 3

4 $\frac{3}{10} + \frac{2}{5} = \square \Rightarrow \frac{3}{10} + \frac{4}{10} = \square \Rightarrow \square = \frac{7}{10} = 70\%$

分数については、「$\frac{1}{10} = 10\% = 0.1$」を基本として、「$\frac{1}{2} = 50\% = 0.5$」「$\frac{1}{4} = 25\% = 0.25$」「$\frac{1}{5} = 20\% = 0.2$」「$\frac{1}{20} = 5\% = 0.05$」などをまとめて暗記しておくと便利。

正解 70%

5 「Aの□%」は $\frac{A \times \square}{100}$ と置き換えて考える。

$\frac{540 \times \square}{100} = 97.2 \Rightarrow 540 \times \square = 97.2 \times 100$

$\square = 9720 \div 540 = 18$

正解 18

四則逆算（2）

問題6～10

6 2 ×（19 －□）＝ 18

○4　○8　○10　○12　○16

7 3 ×□＋ 4 ×□＝ 49（□には同じ値が入る）

○3　○5　○6　○7　○9

8 □÷ 2 ＋ 3 ×□＝ 14 ＋ 7（□には同じ値が入る）

○2　○3　○4　○5　○6

9 4 ＋□× 3 ＝ 13 × 3 － 4 × 5

○2　○3　○5　○6　○7

10 □×□＝ 17 × 2 ＋ 45 ÷ 3（□には同じ値が入る）

○3　○4　○5　○7　○13

解答・解説

6 $2 \times (19 - \square) = 18 \Rightarrow (19 - \square) = 18 \div 2$

$\Rightarrow (19 - \square) = 9$

$\square = 19 - 9 = 10$

正解 10

7 $3 \times \square + 4 \times \square = 49 \Rightarrow (3 + 4) \times \square = 49 \Rightarrow 7 \times \square = 49$

$\square = 7$

正解 7

8 $\square \div 2$を$\square \times \frac{1}{2}$と置き換える。

$\square \div 2 + 3 \times \square = 14 + 7 \Rightarrow \square \times \frac{1}{2} + 3 \times \square = 21$

$\Rightarrow (\frac{1}{2} + 3) \times \square = 21 \Rightarrow \frac{7}{2} \times \square = 21$

$\square = 21 \div \frac{7}{2} = 21 \times \frac{2}{7} = 6$

正解 6

9 $4 + \square \times 3 = 13 \times 3 - 4 \times 5 \Rightarrow 4 + \square \times 3 = 39 - 20$

$\Rightarrow 4 + \square \times 3 = 19 \Rightarrow \square \times 3 = 19 - 4 \Rightarrow \square \times 3 = 15$

$\square = 15 \div 3 = 5$

正解 5

10 $\square \times \square = 17 \times 2 + 45 \div 3 \Rightarrow \square \times \square = 34 + 15$

$\Rightarrow \square \times \square = 49 \Rightarrow \square \times \square = 7 \times 7$

$\square = 7$

正解 7

図表の読み取り（1）

Check

問題 1

解答時間 30秒

グラフを見て次の問いに答えなさい。

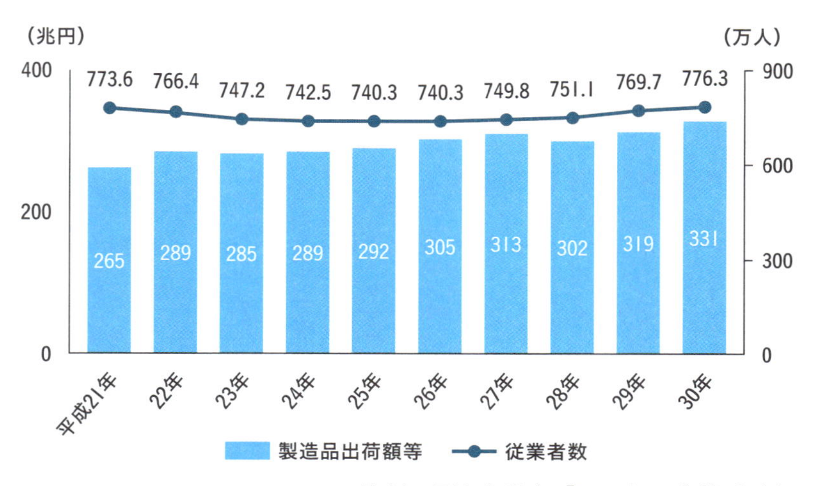

資料：経済産業省「2019年工業統計速報」

平成 25 年から 29 年の間で従業者 1 人あたりの製造品出荷額等が最も高いのはいつか。

- ○ 平成 25 年
- ○ 平成 26 年
- ○ 平成 27 年
- ○ 平成 28 年
- ○ 平成 29 年

解答・解説

グラフより計算に必要な情報を抽出する。

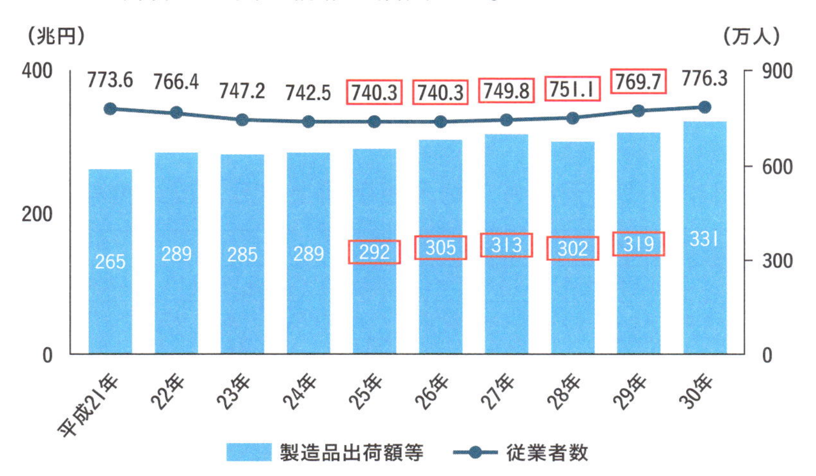

従業者１人あたりの製造品出荷額等は、

「**製造品出荷額等**」÷「**従業者数**」で計算できる。

年ごとに計算をすると、

平成25年：292 ÷ 740.3 = **0.3944…**
平成26年：305 ÷ 740.3 = **0.4119…**
平成27年：313 ÷ 749.8 = **0.4174…**
平成28年：302 ÷ 751.1 = **0.4020…**
平成29年：319 ÷ 769.7 = **0.4144…**

「兆」÷「万」をすると結果の単位は「億」となる。ただし、計算結果の大小だけ考えればよいので、単位は気にせず電卓で素早く計算する。

以上より、**平成27年**が最も高いといえる。

電卓を使えばすべての年で計算を行ってもさほど時間はかからないが、製造品出荷額等の数値が大きく、従業者数が少なければ１人あたりの金額は高くなることを考えると、平成25年は26年と比較して従業者数は同じだが、製造品出荷額等が少ないので１人あたりの金額が低いことが計算しなくてもわかる。また、平成28年も27年と比較をすると製造品出荷額等は少なく従業者数は多くなっていることから、１人あたりの金額が低いこともわかる。このことから計算を行うのは平成26年、27年、29年の３つに絞ることもできる。

正解　平成27年

図表の読み取り（2）

Check

問題 2

表を見て次の問いに答えなさい。

【日本の液化天然ガス輸入相手国上位5か国の推移】

	2014年	2015年	2016年	2017年	2018年
輸入総額	78,509億円	55,141億円	32,816億円	39,173億円	47,389億円
1	オーストラリア 20.2%	オーストラリア 21.4%	オーストラリア 28.0%	オーストラリア 31.1%	オーストラリア 35.4%
2	カタール 18.9%	マレーシア 19.0%	マレーシア 18.1%	マレーシア 17.4%	マレーシア 12.9%
3	マレーシア 17.8%	カタール 17.7%	カタール 13.2%	カタール 11.4%	カタール 12.0%
4	ロシア 9.0%	ロシア 8.6%	インドネシア 8.6%	インドネシア 8.1%	ロシア 7.6%
5	インドネシア 6.9%	インドネシア 7.2%	ロシア 8.3%	ロシア 8.0%	アラブ首長国連邦 6.3%

※各国のパーセントはその年の輸入総額に対する割合を表している

資料：財務省 貿易統計

2015年と比較して2017年のオーストラリアからの輸入額はどのように変化したか。最も近いものを以下の選択肢の中から1つ選びなさい。

- ○ 432億円減少した
- ○ 383億円減少した
- ○ 103億円減少した
- ○ 103億円増加した
- ○ 383億円増加した

解答・解説

	2014年	2015年	2016年	2017年	2018年
輸入総額	78,509億円	55,141億円	32,816億円	39,173億円	47,389億円
1	オーストラリア 20.2%	オーストラリア 21.4%	オーストラリア 28.0%	オーストラリア 31.1%	オーストラリア 35.4%
2	カタール 18.9%	マレーシア 19.0%	マレーシア 18.1%	マレーシア 17.4%	マレーシア 12.9%
3	マレーシア 17.8%	カタール 17.7%	カタール 13.2%	カタール 11.4%	カタール 12.0%
4	ロシア 9.0%	ロシア 8.6%	インドネシア 8.6%	インドネシア 8.1%	ロシア 7.6%
5	インドネシア 6.9%	インドネシア 7.2%	ロシア 8.3%	ロシア 8.0%	アラブ首長国連邦 6.3%

輸入総額と国の割合から、
「**輸入総額**」×「**割合**」＝「**輸入額**」
この計算で2015年と2017年のオーストラリアからの輸入額を計算する。
2015年：55,141 × 0.214 ＝ **11,800.174**（億円）
2017年：39,173 × 0.311 ＝ **12,182.803**（億円）

選択肢より、1の位まで計算すればよいので、小数点第1位を四捨五入して、2015年は**11,800**億円、2017年は**12,183**億円として計算すると、その差額は
12,183 − 11,800 ＝ **383**（億円）
したがって、「**383億円増加した**」が正解となる。

正解　383億円増加した

図表の読み取り（3）

問題 3

グラフを見て次の問いに答えなさい。

【OECD 諸国におけるハイテク産業別輸出額占有率（2004 年／平成 16 年）】

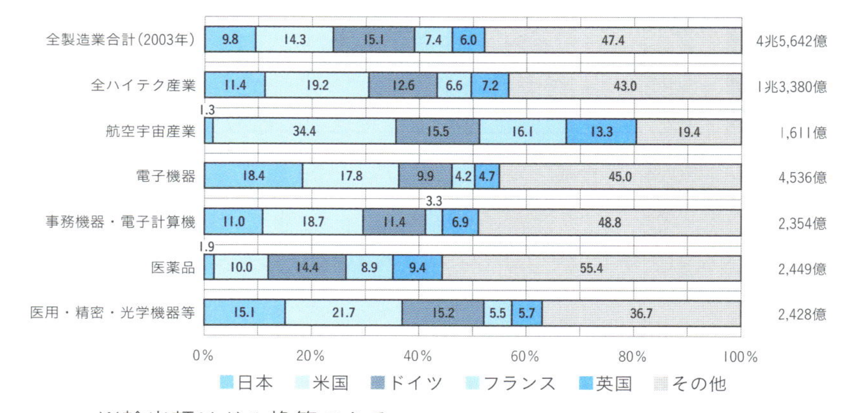

※輸出額はドル換算である。
出典：OECD
「Main Science and Technology Indicators」「STAN Database」

次のうち、グラフから明らかに正しいといえるものはどれか。以下の選択肢の中から 1 つ選びなさい。

○ ドイツの輸出額が最も小さい産業は、電子機器産業である。
○ 航空宇宙産業は OECD 諸国の独占状態にあり、発展途上国では行われていない。
○ 医薬品産業において、日本の輸出額は、英国の輸出額のおよそ 5 倍である。
○ OECD 諸国では、年々ハイテク産業が盛んになっている。
○ OECD 諸国において、全ハイテク産業のうち電子機器産業の輸出額の占める割合はおよそ 34% である。

解答・解説

各選択肢について個別に検討する。

「ドイツの輸出額が最も小さい産業は、電子機器産業である。」

ドイツの電子機器産業の輸出額は4,536億ドルの9.9％なので、4,500億ドルの10％に近いことからおよそ450億ドルである。ところが、**母数である4,536億ドルが他のハイテク産業と比べて大きい**ため、この輸出額は**最小ではない**。たとえば、ドイツの航空宇宙産業の輸出額は1,611億ドルの15.5％なので、

1,611 × 0.155 ＝ 249.705

より、約250億ドルである。よって、**誤り**。

「航空宇宙産業はOECD諸国の独占状態にあり、発展途上国では行われていない。」

事実であるかどうかは別として、**このグラフからは判断できない**。

「医薬品産業において、日本の輸出額は、英国の輸出額のおよそ5倍である。」

グラフから、医薬品産業における日本の輸出額の割合は1.9％、英国の輸出額の割合は9.4％だとわかり、その比はおよそ１：５となっている。つまり、**英国の輸出額が日本の約５倍**である。よって、**誤り**。

「OECD諸国では、年々ハイテク産業が盛んになっている。」

グラフは2004年のデータのみなので、**このグラフからは判断できない**。

「OECD諸国において、全ハイテク産業のうち電子機器産業の輸出額の占める割合はおよそ34％である。」

全ハイテク産業の輸出額は1兆3,380億ドルで、電子機器産業の輸出額は4,536億ドルなので、全ハイテク産業のうち電子機器産業の輸出額の占める割合は、

4,536（億ドル）÷ 13,380（億ドル）＝ 0.339……≒ 0.34

つまり、**約34％**である。よって、**正しい**。

正解 **OECD諸国において、全ハイテク産業のうち電子機器産業の輸出額の占める割合はおよそ34％である。**

図表の読み取り（4）

Check

問題 4

グラフを見て次の問いに答えなさい。

【ヨーロッパ各国の自動車生産台数の推移】

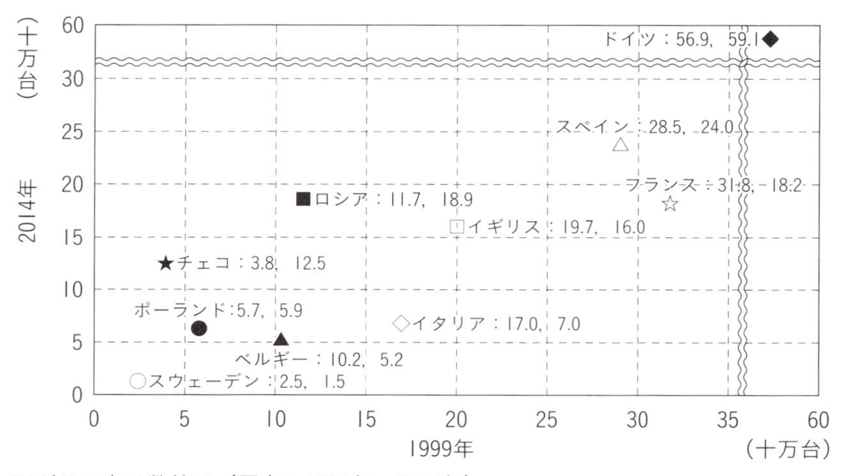

※グラフ中の数値は（国名：1999年，2014年）

グラフ中の10ヵ国のうち、1999年と2014年における自動車の生産台数減少率が3番目に大きいのはどの国か。以下の選択肢の中から1つ選びなさい。

- ○ ドイツ
- ○ フランス
- ○ イタリア
- ○ ロシア
- ○ スウェーデン

解答・解説

1999年と2014年における自動車の生産台数減少率が大きい国について問われているため、2014年の生産台数のほうが多いドイツ、ロシア、チェコ、ポーランドは対象から外され、スペイン、フランス、イギリス、イタリア、ベルギー、スウェーデンの6ヵ国についてのみ検討すればよい。

生産台数減少率は、(「**2014年の台数**」−「**1999年の台数**」)÷「**1999年の台数**」×**100**で求められる。6ヵ国について公式にあてはめて計算すると、

イタリア：(7.0−17.0)÷17.0×100＝−10.0÷17.0×100≒**−58.8%**
ベルギー：(5.2−10.2)÷10.2×100＝−5.0÷10.2×100≒**−49.0%**
スペイン：(24.0−28.5)÷28.5×100＝−4.5÷28.5×100≒**−15.8%**
フランス：(18.2−31.8)÷31.8×100＝−13.6÷31.8×100≒**−42.8%**
イギリス：(16.0−19.7)÷19.7×100＝−3.7÷19.7×100≒**−18.8%**
スウェーデン：(1.5−2.5)÷2.5×100＝−1.0÷2.5×100＝**−40.0%**

となる。

よって、減少率が3番目に大きいのは、**フランス**である。

なお、1999年と2014年の数値を単純に比較した場合、イタリアだけは17.0→7.0と半分以下になっていることから減少率が1位であると目星をつけることができる。また、スペイン（28.5→24.0）とイギリス（19.7→16.0）は減り方が小さいため、減少率が3位以上には当てはまらないと推測することができる。

このように計算をせずに対象外の国の目星をつけることで、時間の短縮を図ることも重要である。

正解　フランス

表の穴埋め（1）

問題1

商業ビルを建てるための土地として５つの候補地がある。

【土地の価格表】

	A	B	C	D	E
広さ（坪）	160	110	100	120	130
価格（万円）	8,960	5,720	5,000	?	5,200
駅からの徒歩時間（分）	2	4	5	8	10

Dの土地の価格はいくらと推測できるか。

- ○ 5,020 万円
- ○ 5,280 万円
- ○ 5,420 万円
- ○ 5,780 万円
- ○ 6,000 万円

解答・解説

土地の価格について、土地の広さと、駅からの距離の2つの情報が与えられている。

土地は広くなれば価格が高くなることが推測でき、また、駅からの距離が遠くなれば価格は下がることが推測できる。

そこで、土地の広さを同一にして、距離と価格の関係を考えてみる。

仮に、Cの100坪5,000万円を基準とおき、100坪あたりの価格で比較をしてみる。

Aの160坪は100坪の1.6倍の面積なので、

8,960 ÷ 1.6 = 5,600（万円）が100坪の価格となる。

同様に、BとEも計算すると、

B：5,720 ÷ 1.1 = 5,200（万円）

E：5,200 ÷ 1.3 = 4,000（万円）となる。

まとめると以下の表のようになり、駅からの徒歩時間1分あたり200万円の差があることが推測できる。

	A	B	C	D	E
100坪の価格（万円）	5,600	5,200	5,000	?	4,000
駅からの徒歩時間（分）	2	4	5	8	10

2分で 400万円の差　**1分で 200万円の差**　**5分で 1000万円の差**

DはCよりも駅から3分遠く離れているので、1分あたり200万円×3分＝600万円減ることになり、

5,000 − 600 = 4,400（万円）となる。

よって、実際の価格は面積が1.2倍なので、

4,400 × 1.2 = 5,280（万円）

正解　5,280万円

表の穴埋め（2）

Check

問題 2

1月に発売された商品の販売状況をまとめた。

【商品の販売状況】

	1月	2月	3月	4月	5月	6月
仕入数（個）	1,200	1,000	900	1,050	1,200	?
販売数（個）	1,110	980	995	1,050	1,080	970
在庫数（個）	90	110	15	15	135	265

6月の仕入数はいくつと推測できるか。

- 900個
- 1,000個
- 1,100個
- 1,200個
- 1,300個

解答・解説

一見すると仕入数と他の数値との間には関連がないが、仕入数はどれだけ売れるかの予測となるので、前月の販売数と在庫数の両方に関連があると考えられる。

そこで、在庫数の計算について考えてみると、たとえば2月の在庫は1月の在庫数（90個）に2月の仕入数（1,000個）を加え、販売数（980個）を引いて110個となる。

	1月	2月	3月	4月	5月	6月
仕入数（個）	1,200	1,000	900	1,050	1,200	?
販売数（個）	1,110	980	995	1,050	1,080	970
在庫数（個）	90	110	15	15	135	265

つまり、
「前月の在庫数」＋「当月の仕入数」－「当月の販売数」＝「当月の在庫数」
という関係であることがわかる。

この関係を6月に当てはめてみると、
135 ＋ ? － 970 ＝ 265

これより、6月の仕入数は、
265 － 135 ＋ 970 ＝ **1,100**（個）

正解　1,100 個

表の穴埋め（3）

問題 3

あるスーパーで、２つの商品をセットで販売する場合の価格について検討している。

【販売価格案】

（商品Ａ・Ｂ個別の販売価格）

	単価（円）		まとめ売り価格（円）		
	販売価格	仕入値	5 個	10 個	20 個
商品A	200	90	975	1,900	3,600
商品B	300	210	1,450	2,800	5,200

（商品Ａ・Ｂセットでの販売価格）

5 個ずつのセット（円）	2,183
10 個ずつのセット（円）	?
20 個ずつのセット（円）	7,920

商品Ａ・Ｂを 10 個ずつ販売するときの価格はいくらが妥当と推測できるか。

- ○ 3,870 円
- ○ 4,230 円
- ○ 4,540 円
- ○ 4,710 円
- ○ 4,980 円

解答・解説

ここでは２種類の表があり、上段の表が商品Ａ・Ｂ個別に販売するときの価格、下段の表が商品Ａ・Ｂをセットにして販売するときの価格を示している。

セット販売のほうがＡ・Ｂ個別に販売する場合より安くなると予想されるので、商品Ａ・Ｂ個別での販売価格を合計した金額を計算する。

上段の表より、商品Ａ・Ｂ個別で５個ずつ販売する場合は975 + 1,450 = **2,425**（円）、10個ずつ販売する場合は1,900 + 2,800 = **4,700**（円）、20個ずつ販売する場合は3,600 + 5,200 = **8,800**（円）となる。

	まとめ売り価格（円）		
	５個	10個	20個
商品Ａ	975	1,900	3,600
商品Ｂ	1,450	2,800	5,200
合計	**2,425**	**4,700**	**8,800**

セット売り価格と商品Ａ・Ｂ個別の販売価格合計を比べてみると、下の表のとおり、セット売り価格のほうが安くなっていることがわかる。

	商品Ａ・Ｂ個別の販売価格合計	セット売り価格
５個ずつ	2,425	2,183
10個ずつ	4,700	？
20個ずつ	8,800	7,920

安い
安い

次に、セット売りのときの値引きの方法に何か法則性がないかを考える。そこで、「セット売り価格」÷「商品Ａ・Ｂ個別の販売価格合計」より、「セット売り価格」が「商品Ａ・Ｂ個別の販売価格合計」のどれくらいの割合になっているか計算してみる。

５個ずつの場合は2,183 ÷ 2,425 = **0.90**（小数点以下第３位四捨五入）、20個ずつの場合は7,920 ÷ 8,800 = **0.9**となり、「セット売り価格」は「商品Ａ・Ｂ個別の販売価格」を合計した金額の**９割**と推測できる。

よって、10個ずつであれば4,700 × 0.9 = **4,230**（円）となる。

正解　4,230円

表の穴埋め（4）

Check

問題 4

ある複合商業施設では、2013 年に急減した来客数がその後、回復傾向にある。

【複合商業施設の来客数の推移】

（単位：千人）

	2012 年	2013 年	2014 年	2015 年	2016 年
家電量販店	356	101	111	167	201
ホームセンター	189	54	60	69	94
スーパー	321	201	221	237	259
衣料ショップ	342	98	99	102	149
ドラッグストア	195	142	150	153	162
ファストフード店	97	49	51	53	63
ファミリーレストラン	87	29	30	38	40
ゲームセンター	61	34	35	37	39
合計	1,648	708	757	856	1,007

この回復傾向が続くと仮定すると、複合商業施設の来客数の合計が 2012 年の合計を超えるのは何年と推測できるか。

- ○ 2017 年
- ○ 2018 年
- ○ 2019 年
- ○ 2020 年
- ○ 2021 年

解答・解説

設問の表には個別の店舗の来客数がすべて掲載されている。しかし、問題は、複合商業施設への来客数の合計について聞かれているので、**個別の店舗の来客数は無視し**、複合商業施設への来客数である表最下段の「**合計**」にのみ注目する。

表の合計から、2013年以降、翌年の来客数の増分がおよそ50千人、100千人、150千人となっており、前年の増加数プラス**50千人**ずつ増加していることがわかる。

（単位：千人）

	2012年	2013年	2014年	2015年	2016年
家電量販店	356	101	111	167	201
ホームセンター	189	54	60	69	94
スーパー	321	201	221	237	259
衣料ショップ	342	98	99	102	149
ドラッグストア	195	142	150	153	162
ファストフード店	97	49	51	53	63
ファミリーレストラン	87	29	30	38	40
ゲームセンター	61	34	35	37	39
合計	1,648	708	757	856	1,007

ここはすべて無視

およそ50増加　およそ100増加　およそ150増加

毎年増加幅が50ずつ増えている。

この傾向が続けば、2017年以降の増分は、200千人、250千人、300千人、350千人……になると予想することができ、簡単化のため2016年を1,000千人として計算すると次の表のようになる。

年度	2017年	2018年	2019年
来客数（千人）	1,200	1,450	1,750
対前年増分（千人）	200	250	300

よって、2012年の合計を超えるのは**2019年**と推測される。

正解　2019年

GAB形式

Check

課題文１

以下の問題文を読んで、設問文１つ１つについてA・B・Cのいずれに当てはまるかクリックして答えなさい。

JR東京駅八重洲口のすぐ近くに「鉄鋼ビル内」郵便局がある。いうまでもなく、鉄鋼ビルというオフィスビルに入っている郵便局である。ここにある風景印のデザインを想像していただこう。

常識で考えるなら、「風景」印というくらいだから東京駅の駅舎や新幹線の車両など、そのあたりから見える風景か、あるいはビルにちなんで、鉄を象徴するようなものではないかなと思いめぐらすのが普通である。実際の図案を見ると、たしかに、新幹線と郵便局の入っているビルも描かれているが、それに加えて、「北町奉行所」の文字と桜吹雪も描かれている。

奉行所は、江戸時代、町人に関する行政、裁判、警察業務をつかさどっていたところで、「北町」「南町」（時代によっては中町奉行所もあった）にそれぞれ設置された。桜吹雪の刺青でおなじみの遠山の金さんこと遠山左衛門尉景元が任務にあたっていたのが北町奉行所（彼は、後に南町奉行所の町奉行も務めている）で、現在の東京駅八重洲北口の国際観光会館ビルの前にあったという。そこに建てられた小さな碑にちなんでデザインに取り入れられているのだ。

ちなみに大岡越前こと、大岡忠相が町奉行を務めた南町奉行所のほうは、現在のJR有楽町駅からマリオンにかけてのあたりにあった。こちらにも奉行所跡を示す碑が立っている。このように急いで通り過ぎていれば見逃してしまうような街の歴史を伝えてくれるのも、郵便局の風景印である。

（佐滝剛弘『郵便局を訪ねて１万局』光文社）

【問１】
郵便局の風景印はその場所から見える風景を描くことになっている。
○ A　○ B　○ C

【問２】
「鉄鋼ビル内」郵便局にある風景印には「北町奉行所」の文字が描かれている。
○ A　○ B　○ C

【問３】
北町と南町に奉行所がそれぞれ設置されたのは、担当する業務が多かったためである。
○ A　○ B　○ C

【問４】
郵便局の風景印は、見逃しがちな街の歴史を伝えてくれる。
○ A　○ B　○ C

A　文脈の論理から明らかに正しい。または正しい内容を含んでいる。

B　文脈の論理から明らかに間違っている。または間違った内容を含んでいる。

C　問題文の内容からだけでは、設問文は論理的に導けない。

解答・解説

【問1】

「常識で考えるなら、（中略）そのあたりから見える風景か、（中略）と思いめぐらすのが普通」と書かれているが、**その場所から見える風景を描かねばならないとまでは、少なくとも本文では述べられていない**。また、「北町奉行所」の文字と桜吹雪も描かれていることから、必ずしも描かねばならないわけではないとも、推察できる。

正解　B

【問2】

2段落目の最後に「北町奉行所」の文字と桜吹雪も描かれているとある。よって、**正しい**。「鉄鋼ビル内」郵便局の風景印にはその他、新幹線と郵便局の入っているビルも描かれている。

正解　A

【問3】

北町、南町と複数設置されていたという事実が述べられているだけで、**担当する業務が多かったからかどうかは本文中では触れられていない**。

正解　C

【問4】

東京駅八重洲北口や有楽町駅周辺に奉行所跡を示す碑が立っている。そのような、「急いで通り過ぎていれば見逃してしまうような街の歴史を伝えてくれるのも、郵便局の風景印である」という記述が**最終段落にある**。

正解　A

IMAGES 形式

課題文 I

解答時間 80秒

以下の本文を読んで、設問文１つ１つについてA・B・Cのいずれに当てはまるかクリックして答えなさい。

人口が減少すると、私たちの生活にさまざまな問題が生じてくる。

たとえば私たちの生活に必要とされるサービス産業のうち、保育所や医療・福祉関連サービス産業は、おおむね１万人以上の人口規模の都市に立地するとされる。不動産賃貸業やソフトウェア業といった対企業サービスについては、それよりも大きな都市でなければ立地しない。対家計サービスである（総合）スーパーなどは、５万人前後の都市が目安とされる。

このまま人口減少が進めば、病院などの維持が困難になる自治体も出てくるだろう。町村単位での小学校の運営も難しくなり、統廃合により通学困難となる生徒が発生する事態も起きてくる。商業・サービス事業者が撤退し、生活の利便性の低下をも引き起こしかねない。また、お祭りをはじめとする地域行事の存続が難しくなり、コミュニティ自体が維持できなくなるといった問題も生じる恐れがある。

行政の視点で見ても、マイナスの面は大きい。人口減少に伴い歳出規模は縮小されるものの、１人当たりの財政コストは増加する。規模の小さな都市ほど１人当たり財政コストは増大すると予想され、地方ほど深刻な問題になる。

（三菱総合研究所編『新しいローカリズム』
※収録：『三菱総研の総合未来読本 Phronesis「フロネシス」04』
丸善プラネット）

【問１】
人口の減少により十分な公共サービスを受けられなくなる恐れがある。
○ A　○ B　○ C

【問２】
大都市では人口減少は深刻な問題ではない。
○ A　○ B　○ C

【問３】
人口減少問題は深刻な問題であり直ちに解決する必要がある。
○ A　○ B　○ C

【問４】
人口の減少が進めば将来人々の生活が困難になる。
○ A　○ B　○ C

A　筆者が一番訴えたいこと（趣旨）が述べられている。

B　長文に書かれているが、一番訴えたいことではない。

C　この長文とは関係ないことが書かれている。

解答・解説

【問１】

本文は人口の減少に伴って生じる問題点について述べている文章だ。人口減少が進めば、保育所や医療・福祉関連サービスが受けられない、小学校への通学が困難になる、行政での歳出規模が縮小される可能性があることが述べられている。すなわち、本文をとおして十分な公共サービスを受けられなくなる恐れがあることが述べられている。

しかし、**これらはあくまで筆者の訴えをサポートするために例示したものにすぎない**。

正解　B

【問２】

本文をとおして人口減少に伴う問題が説明され、この問題は人口規模が小さい地方であればより深刻になると述べられている。しかし、**大都市では人口減少が問題にならないとは述べられていない**。

正解　C

【問３】

本文は人口の減少についての問題点を指摘したものであって、**直ちに解決すべきであるとまでは述べられていない**。

正解　C

【問４】

本文の構成として、第１段落で筆者が最も訴えたいことが述べられ、その後に続く段落で例示により筆者の訴えをサポートする形をとっている。第１段落で**「人口が減少すると、私たちの生活にさまざまな問題が生じてくる」と、筆者が最も訴えたいことが述べられている**。問題文はこの段落の趣旨とほぼ同じ意味になる。

正解　A

趣旨把握形式

Check

問題1

次の文章を読んで、筆者の訴えに最も近いものを選択肢の中から1つ選んでクリックしなさい。

しばらく前に「前世占い」というのが流行ったことがある。「トラウマ」とか「アダルトチルドレン」という言葉が流行ったこともあった。何をやってもうまくいかない、なんか状況が塞いだままそこからうまく抜けだせないといったとき、ひとはその理由を知りたいと必死におもう。が、鬱ぎの理由というのはそうかんたんに見つかるものではない。けれども、解決されないままこの鬱いだ時間をくぐり抜けるのもしんどい・・

ということになれば、多くのひとが自分のこの鬱ぎを説明してくれる「物語」があれば、すぐにそれに飛びつくというのは、見やすい道理である。わたしがいまこうでしかありえないのは、あのときあんな体験を強いられたからだ、出生をめぐるこういう状況があったからだ。そう、いまじぶんがこうでしかありえないのはじぶんのせいではない、あの「秘密」がわたしのこうした鬱ぎを強いているのだ・・というわけである。

しんどさをじぶんの問題として引き受けるのではなく、じぶんが引き受けさせられている問題として受けとめる。「わたしが悪いのではない」「すぐに少しでも楽になりたい」、そんな気持ちがどこかできっと働きだしているのだろう。たしかにじぶんの鬱ぎが病気に起因する、あるいはわたしが過去に受けたひどい仕打ちに起因すると考えれば、楽になる。「わたしが悪いのではない」のだから。

（鷲田清一『新編　普通をだれも教えてくれない』筑摩書房）

○ A　物事がうまくいかない理由を自分以外に求める人は多い。

○ B　「わたしが悪いのではない」という言葉は、最近、よく使われるようになった。

○ C　鬱ぎを治す方法など存在しない。

○ D　物事がうまくいかないときに解決されないまま時間が過ぎるのはつらいことだ。

解答・解説

A 「前世占い」や「トラウマ」などの言葉が流行する背景には、**しんどさの原因が自分にあるのではなく、自分以外にあると受け止めたいからだ**、ということが文章全体で最も述べられている内容である。これが**正解**。

B 「わたしが悪いのではない」という気持ちについても説明されているが、**最近よく使われるということは文中には述べられていない**。

C 第1段落第4文に「鬱（ふさ）ぎの理由というのはそうかんたんに見つかるものではない」とあるが、**鬱ぎを解決する方法などないとまでは、この文章では述べられていない**。

D 確かに第1段落第5文に「解決されないままこの鬱いだ時間をくぐり抜けるのもしんどい」とあるが、文章中ではその「しんどさ」を自分以外に原因のある問題として引き受けることについて論旨を展開している。したがって、**このことが一番訴えたいことではない**。

正解　A

コラム 玉手箱の性格検査

●性格テスト（パーソナリティ）と意欲テスト（モチベーション）の２種類がある

玉手箱の性格検査は、性格テスト（パーソナリティ）と意欲テスト（モチベーション）の２種類があります。
性格テストと意欲テストはセットで出題される場合もありますが、性格テストのみの出題の場合もあります。

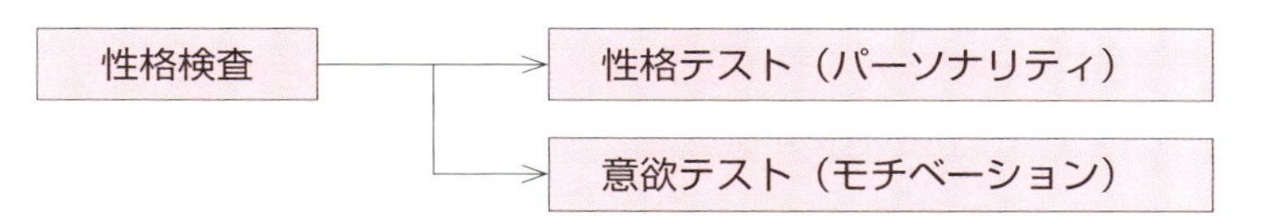

●本格版と簡易版がある

性格テストと意欲テストはいずれも「本格版」と「簡易版」が存在します。それぞれ問題数と標準回答時間が異なります。標準回答時間は制限時間と異なり、その時間内に回答を終了しなければならないというものではなく、あくまで「目安」です。ただし、性格検査の性質上、できるだけ早く進行させ、あまり考え込まないようにするのがよいでしょう。

性格検査の種類

種類		問題数	標準回答時間
性格テスト（パーソナリティ）	本格版	68問	約20分
	簡易版	30問	なし
意欲テスト（モチベーション）	本格版	36問	約15分
	簡易版①	36問	なし
	簡易版②	48問	なし

GAB形式

課題文 I

Read the text and choose the best description for each of the question that follow.

Has enough research been done to prove that violent video games are turning teenagers into crazed killers and desensitized maniacs? Or are violent video games just convenient scapegoats for mental health experts hoping to get interviewed on television?

The rate of juvenile violent crime in America has been decreasing over the past few decades. Considering that many boys and girls are gamers, the crime statistic couldn't be right if it insists that violent video games were turning kids into criminals. The majority of young gamers never commit a crime. The government found that the biggest causes of violence and criminal behavior amongst teenagers are being mentally unstable and coming from abusive, dysfunctional homes.

The danger of blaming video games for teenage violence is that it can close off other areas of research that may prove more conclusive.

Question 1 : The rate of juvenile violent crime in America has been increasing over the last 30 years.

○ A　○ B　○ C

Question 2 : Coming from an abusive home can cause a teenager to become a criminal.

○ A　○ B　○ C

Question 3 : Young people who play violent video games are less likely to be wounded in combat.

○ A　○ B　○ C

A: The statement is patently TRUE or follows logically, given the information or opinions contained in the passage.

B: The statement is patently UNTRUE or the opposite follows logically, given the information or opinions contained in the passage.

C: You CANNOT SAY whether the statement is true or untrue, or follows logically, without further information.

解答・解説

【本文意訳】

暴力的なテレビゲームが若者たちを狂気の殺人者や無感動の狂人に変えるということを証明するために、十分な研究がなされたのだろうか？それともテレビゲームは、テレビ取材を受けたいと願う精神専門家にとっての単なる都合のよい言いわけなのだろうか？

アメリカにおける若年層の凶悪犯罪数はここ数十年で減少している。多くの少年や少女がゲーム愛好者であるということを考慮すると、暴力的なテレビゲームが子どもたちを犯罪者にするという犯罪統計は正しいとはいえない。若いゲーム愛好者の大部分は罪を犯したことがない。若者たちの暴力行為と犯罪行為の最大の原因は精神不安によるもので、家庭での虐待や機能不全家庭に起因すると政府は解明した。

若年犯罪をテレビゲームのせいにすることの危険性は、より決定的な証明になりうる別の分野の研究を、閉ざしかねないということだ。

【選択肢の訳文】

A：本文に記述されている情報や主張から、設問文は明らかに正しい。または論理的に導くことができる。

B：本文に記述されている情報や主張から、設問文は明らかに間違っている。または論理的に導くと反対のことが書かれている。

C：さらに情報がなければ、設問文が正しいか間違っているか、または論理的に導けるかどうかはいえない。

【問１　設問文の訳文】

問１：過去30年以上にわたり、アメリカにおける若年層の凶悪犯罪数は増加している。

【問１　解答・解説】

第２段落に**「アメリカにおける若年層の凶悪犯罪数はここ数十年で減少している」**とあるので明らかに**誤り**。

正解　B

【問２　設問文の訳文】

問２：家庭で虐待されるという経験は、若者を犯罪者にする原因となりうる。

【問２　解答・解説】

第２段落に「**家庭での虐待や機能不全家庭に起因する**」と述べられているので**正しい**。

正解　A

【問３　設問文の訳文】

問３：暴力的なテレビゲームを楽しむ若者は、戦場において負傷しにくい。

【問３　解答・解説】

実際の戦場についての話は述べられていないので、**無関係**。

正解　C

IMAGES 形式

課題文 I

以下の英語の文章を読んで、設問に適する解答をA～Eの選択肢から選び、ボタンをクリックしなさい。

According to the latest report on the world population by the United Nations, the world in the twenty-first century is facing a rapidly aging society, and this unavoidable fact presents many challenges. The more people aged 60 years or older there are, the need for well-funded social safety nets becomes more urgent, especially, in developing countries.

Somewhere in the world, two people turn 60 every second. By the year 2050, there will be over two billion senior citizens on the planet. The life expectancy is supposed to rise up to 74 years in the developing countries and 83 years in the developed countries during the same period. Such a projection shows we will have to fulfill a greater demand for the social security including pension, health care and opportunity to work.

Japan stands out as the only country in the world with 30% of its population consisting of older citizens. However, 64 countries are expected to catch up with Japan by 2050. The fast growth of aging society makes a global trend beyond various levels of economic development. By 2050, 34 percent of the population will be 60 years and over in Europe and 27 percent in the North America, while 10 percent in Africa and 24 percent in Asia.

Question 1 : What is the most serious problem resulting from "aging society" as a global trend?

- ○ A　There are more poor people in the developing countries.
- ○ B　The Japanese government is expected to give the best model as an aging country.
- ○ C　Many countries have to decrease the necessary cost for the pension.
- ○ D　There will be a greater difference in economic development among countries.
- ○ E　The aging society will put greater pressure on governments to maintain social security.

Question 2 : What will be the life expectancy in the developing countries by 2050?

- ○ A　60 years
- ○ B　64 years
- ○ C　65 years
- ○ D　74 years
- ○ E　83 years

Question 3 : How many countries are expected to have the aged population of more than 30 percent by 2050 in the world?

- ○ A　24 countries
- ○ B　27 countries
- ○ C　34 countries
- ○ D　64 countries
- ○ E　65 countries

解答・解説

【本文意訳】

国連が発表した世界人口に関する最新報告によると、21世紀の世界は急速な高齢化社会に直面しており、この避けがたい事実は多くの課題を引き起こしている。60歳以上の人口が増えるにつれて、特に途上国において、潤沢な資金的保証をもつ社会的セーフティネットの必要性は一層急を要するようになっている。

世界中で、毎秒ふたりが60歳になっている。2050年までに、地球上には20億人以上の高齢者がいることになるだろう。同期間に、途上国の平均余命は最高74歳に、先進国の平均余命は83歳にまで上がるといわれている。こうした予測は、私たちが年金や健康管理、雇用の機会などの社会保障のために、より多くの要求を満たさなくてはならなくなることを示している。

日本は、世界で唯一、人口の30%が高齢者で占められている際立った存在だ。しかしながら、2050年までにあと64カ国が、日本のこの状況に追いつくと予測されている。高齢化社会の急成長は、経済の発展を示すあらゆる水準を上回って急速に世界的に広がっている。2050年までにヨーロッパでは人口の34%、北アメリカでは27%が60歳以上になるだろう。一方でアフリカにおける数値は10%、アジアでは24%である。

【問1　設問文・選択肢の訳文】

問1：世界的動向として“高齢化社会”がもたらす最も深刻な問題は何か。

A　途上国にさらに貧困な人々が増える。
B　日本政府は高齢化国として最善のモデルを提供すると期待されている。
C　多くの国が年金に必要なコストを削減しなくてはならない。
D　各国間で発展の格差が広がる。
E　高齢化社会は、社会保障を維持する圧力を政府にさらにかけることになる。

【問 1　解答・解説】

第 1 段落に、「**60 歳以上の人口が増えるにつれて、特に途上国において、潤沢な資金的保証をもつ社会的セーフティネットの必要性は一層急を要するようになっている**」とあるので、社会保障の問題に触れている **E** が正解。

正解　E

【問 2　設問文・選択肢の訳文】

問 2 ：2050 年までに、途上国における平均余命は何歳になるか。

A　60 歳　　B　64 歳　　C　65 歳　　D　74 歳　　E　83 歳

【問 2　解答・解説】

第 2 段落に「**同期間に、途上国の平均余命は最高 74 歳に、先進国の平均余命は 83 歳にまで上がるといわれている**」とあるので、D が正解。

正解　D

【問 3　設問文・選択肢の訳文】

問 3 ：2050 年までに高齢者の割合が人口の 30％を上回ると予測されている国は何カ国か。

A　24 カ国
B　27 カ国
C　34 カ国
D　64 カ国
E　65 カ国

【問 3　解答・解説】

日本が現時点で高齢人口が 30％を占めている唯一の国であり、さらに 2050 年までには **64 カ国**が仲間入りするので、2050 年までには合計で少なくとも **65 カ国**となると予測できる。

正解　E

割合の計算

Check ✓ ✓ ✓

解答時間 120秒

空欄にあてはまる数値を求めなさい。

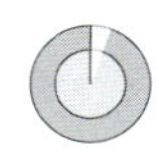

1 回収したペットボトルのうち、炭酸飲料の割合は28％だった。また、炭酸飲料のうち、味のついていないものの割合は15％だった。このとき回収したペットボトル全体のうち、味のついていない炭酸飲料の割合は［　　　］％である（必要なときは、最後に小数点以下第1位を四捨五入すること）。

1 回答欄 ［　　　］

2 ある販売店の先月の売上は1日あたり150,000円であり、商品別の内訳は商品Aが10％、商品Bが60％、商品Cが30％だった。今月は商品Aの販売を中止したところ、商品Bの売上が5％増加した。商品Cの売上が先月と同じ場合、商品Bの売上が占める割合は［　　　］％となる（必要なときは、最後に小数点以下第1位を四捨五入すること）。

2 回答欄 ［　　　］

次へ

回答時間

解答・解説

1 設問の内容を図で表すと下記のようになる。

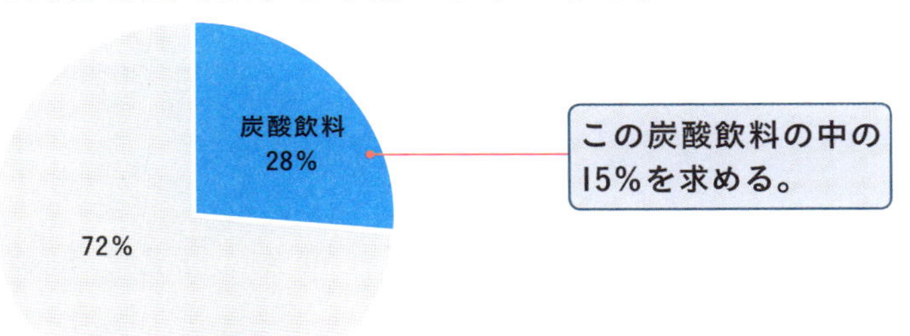

回収したペットボトルの数を 100 とすると、
炭酸飲料の数は 100 × 0.28 = 28　（28% = 0.28）
そのうちの 15%が味のついていないものなので、
味のついていない炭酸飲料の数は 28 × 0.15 = 4.2
全体 100 に占める味のついていない炭酸飲料の数は
4.2 ÷ 100 = 0.042（= 4.2%）
よって小数点以下第 1 位を四捨五入すると、4 %。

正解　4

2 先月の商品 B の 1 日あたりの売上は、150,000 × 0.6 = 90,000（円）（60% = 0.6）
今月の商品 B の 1 日あたりの売上は先月と比べて 5 %の増加なので、
90,000 ×（1 + 0.05）= 90,000 × 1.05 = 94,500（円）

先月の商品 C の 1 日あたりの売上は、150,000 × 0.3 = 45,000（円）（30% = 0.3）
商品 C は先月と同じなので、今月の 1 日あたりの売上は全体で、
94,500 + 45,000 = 139,500（円）
商品 B が占める割合は、94,500 ÷ 139,500 ≒ 0.677（= 67.7%）
よって、小数点以下第 1 位を四捨五入すると 68%。

正解　68

方程式

Check

解答時間 120秒

空欄にあてはまる数値を求めなさい。

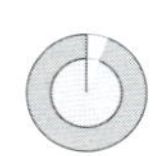

1 現在PはQよりも22歳若く、6年後にはPの年齢はQの年齢の1/3になる。
現在、Pは[　　　]歳である。

1 回答欄 [　　　]

2 2つの正の整数X、Yがあり、Xの1/3はYの1/5である。XとYの差は18だった。このときXは[　　　]である。

2 回答欄 [　　　]

次へ

回答時間

解答・解説

1 現在のPの年齢をx歳と置くと、Qの年齢は（$x+22$）歳になる。
6年後のPとQの年齢はそれぞれ、P：$x+6$（歳） Q：$(x+22)+6=x+28$（歳）

このとき、Pの年齢はQの年齢の$\frac{1}{3}$になるので、

方程式は$x+6=\frac{1}{3}(x+28)$

両辺を3倍すると、

$3\times(x+6)=x+28 \Rightarrow 3x+18=x+28$

$\Rightarrow 2x=10 \Rightarrow x=5$

よって、現在のPの年齢は5歳。

正解 5

2 Xの$\frac{1}{3}$がYの$\frac{1}{5}$なので、式に表すと、

$\frac{1}{3}X=\frac{1}{5}Y$

$Y=\frac{5}{3}X$ ……①

①式からY＞Xということがわかる。また、XとYの差が18なので、

$Y-X=18$ ……②

①を②に代入すると、

$\frac{5}{3}X-X=18 \Rightarrow \frac{2}{3}X=18 \Rightarrow X=27$

正解 27

整数問題

解答時間 60秒

空欄にあてはまる数値を求めなさい。

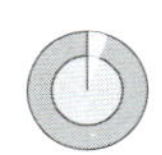

1 A、B、C は正の整数であり、以下のことがわかっている。

ア　A × B × C = 36
イ　A − B = 4

このとき、C は ＿＿＿ である。

1 回答欄

次へ

回答時間

解答・解説

1 アの式より　$C = \dfrac{36}{A \times B}$

Cは**正の整数**なので、分母A×Bは
36の約数（1、2、3、4、6、9、12、18、36）である。
また、A、Bも**正の整数**なので、AもBもそれぞれ**36の約数**である。
つまり、A、Bも1、2、3、4、6、9、12、18、36のうちのいずれかである。

ここでAの数値について具体的に検討する。
イの式より、A＝B＋4
つまり、AはBよりも4つ大きな数であり、Bが正の整数であることを考慮して36の約数の中で該当する数を考えると、Aが1、2、3、4になることはない。
よって、Aは6、9、12、18、36のいずれかである。

このときBはAよりも4つ小さな数字なので、
それぞれ2、5、8、14、32となるが、
Bも36の約数になるのは2のみである。
よってAは6、Bは2となり、このとき$C = \dfrac{36}{6 \times 2} = 3$
したがって、空欄には3がはいる。

正解　3

金銭の計算（損益算など）

Check

解答時間 120秒

空欄にあてはまる数値を求めなさい。

1 定価3,250円の商品を2割引で販売したところ、仕入れ値の3割の利益があった。この商品の仕入れ値は［　　　］円である。

1 回答欄

2 ある店で食事をし、2000円を支払ったところ、お釣りは食事代金の1／6より40円多かった。このとき、お釣りは［　　　］円である。

3 回答欄

次へ

回答時間

解答・解説

1 定価3,250円の商品を2割引で販売したので、
売価は「売価＝**定価**×（**1－割引率**)」の公式に代入して、
売価＝3,250×（1－0.2）＝2,600（円）
仕入れ値をxと置くと、利益は仕入れ値の3割なので、利益＝$0.3x$
「利益＝**売価**－**仕入れ値**」を用いて方程式を立てると、
$0.3x = 2,600 - x \Rightarrow 1.3x = 2,600 \Rightarrow x =$ **2,000**（円）
よって、仕入れ値は**2,000**円。

正解 2,000

2 おつりをx円、食事代金をy円とすると、
合計が2,000円なので、$x + y = 2,000$ …①
お釣りは食事代金の1／6より40円多かったので、
$x = \frac{y}{6} + 40$ ……②
①②を連立させてxを求めていく。
①より、$y = 2,000 - x$
②を6倍して$6x = y + 240$
これらより、$6x = 2,000 - x + 240$
$7x =$ **2,240**
$x =$ **320**

正解 320

3日目 【WEBテスティング】非言語検査対策①

速さ

Check

解答時間 120秒

空欄にあてはまる数値を求めなさい。

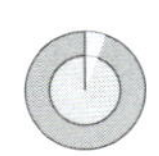

1 家から2.7km離れた市役所まで自転車で往復した。行きは上り坂で平均時速8.1km/時、帰りは下り坂で平均時速13.5km/時で自転車をこいだ。また、市役所での手続きに55分かかった。このとき、家を出てから帰宅するまでにかかった時間は［　　　］分である。

1 回答欄

2 自宅から4.2km離れた駅まで、はじめは時速4.5kmで歩いたが、途中から時速10.0kmで走ったので34分かかった。このとき歩いていた時間は［　　　］分である（必要なときは、最後に小数点以下第1位を四捨五入すること）。

2 回答欄

次へ

回答時間

解答・解説

1 家から市役所までにかかった時間は「時間＝距離÷速さ」の公式より $2.7 \div 8.1 = \frac{1}{3}$（時間）

これを分の単位に換算すると、$\frac{1}{3} \times 60 = 20$（分）

同様に、市役所から家までにかかった時間は $2.7 \div 13.5 = \frac{1}{5}$（時間）

分の単位に換算すると、$\frac{1}{5} \times 60 = 12$（分）

これらに市役所での手続き時間を合わせると、

$20 + 55 + 12 = 87$（分）

正解 87

2 まず、速度の単位（時間、km）にそろえて考える。

自宅から駅までかかった時間は 34 分$= \frac{34}{60} = \frac{17}{30}$（時間）

歩いていた時間を x 時間と置くと、走っていた時間は、

$(\frac{17}{30} - x)$ 時間

よって、自宅から駅までの距離で方程式を立てると、

$$\underbrace{4.5 \times x}_{\text{歩いた距離}} + \underbrace{10.0 \times (\frac{17}{30} - x)}_{\text{走った距離}} = \underbrace{4.2}_{\text{自宅から駅までの距離}}$$

$4.5x + 10 \times \frac{17}{30} - 10x = 4.2$

$\frac{17}{3}$にして計算してもよいが、その後の計算のしやすさを考えて残しておく。

両辺を 30 倍し、移項して整理すると

$135x - 300x = 126 - 170 \Rightarrow -165x = -44$

$\Rightarrow x = \frac{44}{165} = \frac{4}{15}$（時間）

これを分の単位に変換すると $\frac{4}{15} \times 60 = 16$（分）

正解 16

数量・順序関係の推論

解答時間 60秒

以下について、ア、イの情報のうち、どれがあれば［問い］の答えがわかるかを考え、A～Eまでの中から正しいものを1つ選び、答えなさい。

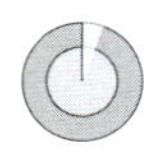

1 ［問い］あるイベントの昨日の参加者数は何人か。

ア　昨日の男性の参加者数は女性より90人多かった

イ　昨日の女性の参加者数は105人で、全体の35％だった

A　アだけでわかるが、イだけではわからない

B　イだけでわかるが、アだけではわからない

C　アとイの両方でわかるが、片方だけではわからない

D　アだけでも、イだけでもわかる

E　アとイの両方があってもわからない

回答欄　○A　○B　○C　○D　○E

次へ

回答時間

解答・解説

1 アの情報だけでは、**昨日の男女の参加者数の差しかわからない**。一方、イの情報では、**昨日の女性の参加者数と全体に対する女性の割合**が与えられている。

昨日の参加者数＝**女性の参加者数**÷**女性の割合**
で求めることができる。
実際の値を入れてみると、
昨日の参加者＝ 105 ÷ 0.35 ＝ **300**（人）
とわかる。
よって、「**イだけでわかるが、アだけではわからない**」の**B**が正解。

正解 B

位置関係の推論

解答時間 60秒

空欄にあてはまる数値を求めなさい。

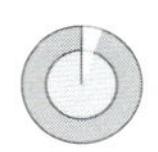

1 A、B、C、D、Eの5人が1～5のカードを引いて順番を決めた。

ア　BはAの直前の順番であり、Dよりも後である
イ　CはAより前であり、Aは最後ではない

このとき、Bは［　　　］番目である。

1 回答欄［　　　］

次へ

回答時間

解答・解説

1 条件アより、A、B、DはD−B−Aの順になる。イの条件の「Aは最後ではない」を加えて、考えられるパターンを書き出してみると、

① D B A _ _
② D _ B A _
③ _ D B A _

の3通りになる。ただし、条件イより「CはAより前」である。それを踏まえてCの位置を考えると、

① CがAより前に入ることができないので不適
② D C B A _
③ C D B A _

となる。
②、③ともに、Bは3番目になる。
したがって、Bの順番は3番目である。

正解 3

場合の数

解答時間 45秒

空欄にあてはまる数値を求めなさい。

1 月曜日から土曜日まで、A・B・C・D・Eの５人で飼育小屋の当番をすることになった。１日につき１人が担当するが、日数に比べて人数が少ないため２日間担当する人が出てくる。ただし、１人１日は必ず担当する。だれがどの曜日の担当になるかは［　　　］通りである。

1 回答欄

次へ

回答時間

解答・解説

場合の数では「**順列**」か、「**組み合わせ**」かを見分ける必要がある。

●順列＝**異なる n 個から r 個とって並べる**
公式：$nPr = n \times (n-1) \times (n-2) \times \cdots \times (n-r+1)$（通り）

●組み合わせ＝**異なる n 個から r 個とって組にする**

n から数字を 1 ずつ小さくして r 個かける

公式：$nCr = \dfrac{n \times (n-1) \times (n-2) \times \cdots \times (n-r+1)}{r \times (r-1) \times (r-2) \cdots \times 1}$（通り）

r から数字を 1 ずつ小さくして 1 までかける

さらに、異なる場合の数を合算する場合、「同時に起こる」ときは積の法則（n **×** r 通り）を、「または」のときは和の法則（n **＋** r 通り）を使う、と覚えておく。

1 月曜日から土曜日までの 6 日間を 5 人で担当するため、5 人の中で 1 人だけが 2 日担当することになる。n(6)日間から r(2)日間担当する場合の数を求めるため、ここでは**組み合わせの公式**を使う。

$${}_6C_2 = \frac{6 \times 5}{2 \times 1} = \frac{30}{2} = 15 \text{（通り）}$$

また、2 日間担当する人の選び方は、5 人いるので **5 通り**となる。

最後に、残りの 4 日間を 4 人でそれぞれ担当する場合の数を考える。ここでは異なる 4 人が 4 日間にそれぞれ並ぶと考えて、**順列の公式**を使う。

$${}_4P_4 = 4 \times 3 \times 2 \times 1 = 24 \text{（通り）}$$

この問題では、「同じ人が担当する曜日」と「2 日間担当する場合」と「残りの 4 日間を 4 人でそれぞれ担当する場合」は同時に起こるため、**積の法則**を使う。
したがって、**15** × **5** × **24** = **1,800**（通り）となる。

正解 1,800

確率

Check

解答時間 60秒

空欄にあてはまる数値を求めなさい。

1 赤玉3個、白玉5個が入った箱Xと、赤玉6個、白玉4個が入った箱Yがある。いま、サイコロを振って3の倍数が出たら箱Xから、それ以外の場合は箱Yから玉を1つ取り出すことにした。このとき、白玉を取り出す確率は［　　］／［　　］である。約分した分数で答えなさい。

1 回答欄 ［　　］／［　　］

次へ

回答時間

解答・解説

1 まずサイコロを振って3の倍数（3か6）が出る確率は、

$\frac{2}{6} = \frac{1}{3}$

箱Xから白玉を取り出す確率は、8個の玉から5個の白玉を取り出す確率なので、$\frac{5}{8}$

「サイコロが3の倍数」と「箱Xから白玉を取り出す」は同時に起こる事象なので、その確率は、**積の法則**より$\frac{1}{3} \times \frac{5}{8} = \frac{5}{24}$

同様に、3の倍数以外が出る確率は、

$1 - \frac{1}{3} = \frac{2}{3}$

箱Yから白玉を取り出す確率は、10個の玉から4個の白玉を取り出す確率なので、

$\frac{4}{10} = \frac{2}{5}$

よって、

$\frac{2}{3} \times \frac{2}{5} = \frac{4}{15}$

よって、白玉を取り出す確率は、

$\frac{5}{24} + \frac{4}{15} = \frac{57}{120} = \frac{19}{40}$

正解 19/40

図表の読み取り

Check

解答時間 120秒

図書館P、Qでは利用者は最大5冊まで書籍を借りることができる。表は、ある1日における貸し出し数ごとの利用者数をまとめたものである。以下の2問に答えなさい。

（単位：人）

	1冊	2冊	3冊	4冊	5冊	合計
図書館P	18	20	16	17	24	95
図書館Q	20	18	20	10	12	80

1 図書館Pのこの日の平均貸し出し数は［　　　］冊である（必要なときは、最後に小数点以下第3位を四捨五入すること）。

1 回答欄

2 次のア、イ、ウのうち正しいものはどれか。A～Fまでの中から1つ選びなさい。

ア　図書館Qのこの日の平均貸し出し数は2.7冊である
イ　図書館Pでは3冊以上借りた人数が60％を占める
ウ　図書館Qでは2冊以下借りた人数が45％を占める

A　アだけ　　B　イだけ　　C　ウだけ
D　アとイの両方　　E　アとウの両方　　F　イとウの両方

2 回答欄　○A　○B　○C　○D　○E　○F

次へ

回答時間

解答・解説

1 平均貸し出し数の計算式は、

平均貸し出し数 $= \dfrac{\text{貸し出し数の合計}}{\text{利用者数の合計}}$ となる。

図書館Ｐの貸し出し数の合計は、$1 \times 18 + 2 \times 20 + 3 \times 16 + 4 \times 17 + 5 \times 24 = 294$（冊）

図書館Ｐの利用者数の合計は表より 95（人）

これより平均貸し出し数は、

$\dfrac{294}{95} = 3.094\cdots$（冊）

小数点以下第３位を四捨五入して、3.09（冊）

正解　3.09

2 ア　図書館Ｑは貸し出し数の合計が $1 \times 20 + 2 \times 18 + 3 \times 20 + 4 \times 10 + 5 \times 12 = 216$（冊）

図書館Ｑの利用者数の合計は表より 80（人）

これより平均貸し出し数は、

$\dfrac{216}{80} = 2.7$（冊）

よって、アは正しい。

イ　図書館Ｐで３冊以上借りた人数は、$16 + 17 + 24 = 57$（人）

Ｐ全体では 95 人なので、その割合は、

$57 \div 95 = 0.6$。つまり 60（％）となる。

よって、イは正しい。

ウ　図書館Ｑで２冊以下借りた人数は、$20 + 18 = 38$（人）

Ｑ全体では 80 人なので、その割合は　$38 \div 80 = 0.475$。つまり 47.5（％）となる。

よって、ウは正しくない。

したがって、正解はＤ。

正解　D

集合

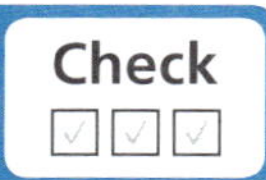

解答時間 45秒

空欄にあてはまる数値を求めなさい。

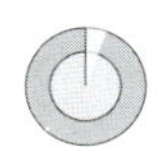

1 200人の学生に、普段使っている家電量販店についてたずねた。その結果、X店を利用している学生が85人で、そのうち63人はY店も利用していた。また、そのどちらも利用していない学生は38人だった。このとき、Y店を利用している学生は［　　　］人である。

1 回答欄

次へ

回答時間

解答・解説

1 ベン図を作成して考える。

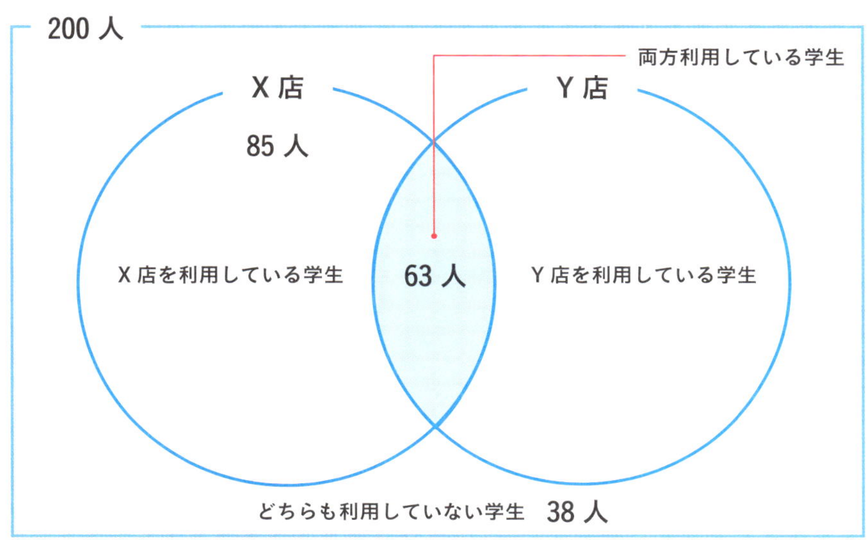

Y店だけを利用している学生の人数を求める。
Y店だけを利用している学生＝
全学生－X店を利用している学生－どちらも利用していない学生＝
200 － 85 － 38 ＝ 77（人）

Y店を利用している学生の人数は、X店と両方利用している学生も含むので
Y店を利用している学生＝
Y店だけを利用している学生＋X店とY店両方利用している学生＝
77 ＋ 63 ＝ 140（人）

正解 140

規則性の問題

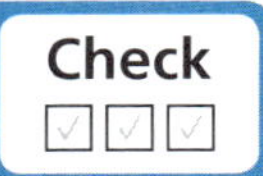

解答時間 225秒

各設問では、文字または文字列が、それぞれ一定の規則性にしたがって並んでいます。どのような規則性に基づいて並んでいるかを考え、空欄に入る文字または文字列を回答欄に入力しなさい。

1 l k j i h g f □ d

1 回答欄

2 8 6 4 2 0 8 □ 4

2 回答欄

3 3294 3888 4482 □ 5670

3 回答欄

4 もむめ ほふへ □ とつて そすせ

4 回答欄

5 c313 fg326 j339 □ q3515

5 回答欄

次へ

回答時間

解答・解説

1 「l」からアルファベット順とは逆向きに並んでいる。「e」が正解。

l k j i h g f e d

逆向きにアルファベット順に並んでいる

正解 e

2 最初の「8」から「0」に注目。「8」から始まり、2ずつ減少しているのがわかる。「0」になれば再び「8」から2ずつ減少していくと考えられる。「6」が正解。

8から始まり、2ずつ減少（0になると再び8からスタート）

8 6 4 2 0 8 6 4

正解　6

3 4つの数字のうち、前半の2ケタの数字と後半の2ケタの数字の動きに注目。前半の2ケタの数字は「32」から始まり、6ずつ増加している。後半の2ケタの数字は「94」から始まり、6ずつ減少している。「5076」が正解。

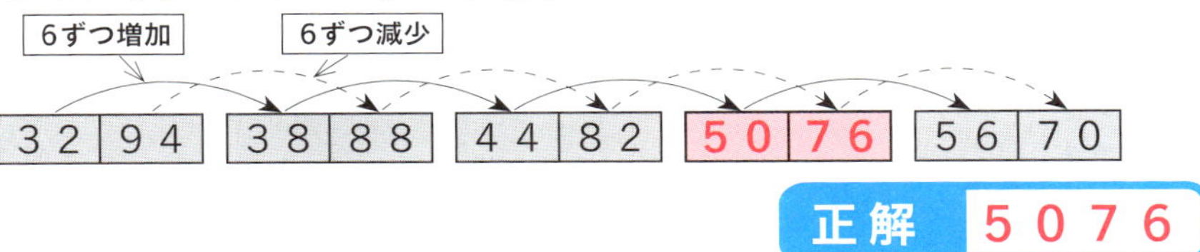

正解　5076

4 3文字単位で後ろからひらがなの変化に注目。「ま」行から逆向きで、各行の5段目、3段目、4段目のひらがながセットになって並んでいる。「のぬね」が正解。

各行の5段目、3段目、4段目のひらがなが並んでいる

もむめ　ほふへ　のぬね　とつて　そすせ

逆向き

正解　のぬね

5 アルファベットの変化に注目すると、「c」から交互に1文字、2文字で2文字とばして並んでいることがわかる。数字については1つ目がすべて「3」、2つ目が「1」から1ずつ増加していることに注目。1つ目の数字と2つ目の数字をかけた結果がその後に続いていることがわかる。「mn3412」が正解。

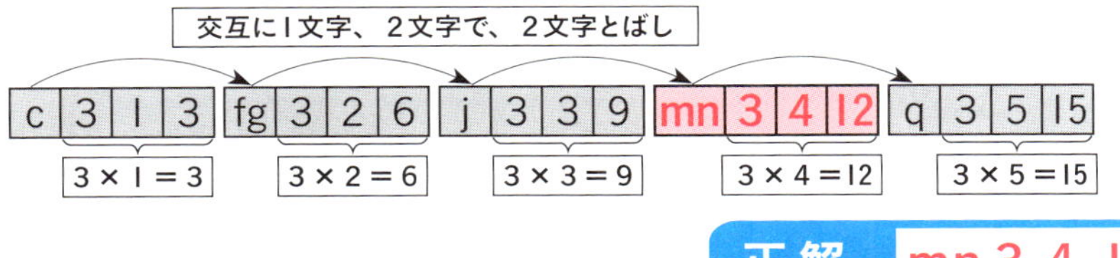

正解　mn3412

熟語

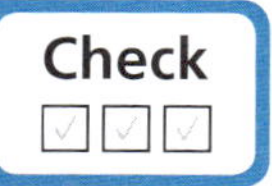

解答時間 75秒

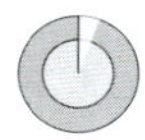

以下の５つの熟語の成り立ち方として、適したものをA～Dの中から１つずつ選びなさい。

1 降伏

2 超越

3 必至

4 悲劇

5 長短

A 似た意味を重ねる
B 反対の意味を重ねる
C 前が後ろを修飾する
D A～Cのどれでもない

1 回答欄 ○A ○B ○C ○D

2 回答欄 ○A ○B ○C ○D

3 回答欄 ○A ○B ○C ○D

4 回答欄 ○A ○B ○C ○D

5 回答欄 ○A ○B ○C ○D

次へ

回答時間

解答・解説

1 「降伏」は、降(くだ)ると伏(ふ)すなので、どちらも相手に屈服する意味になる。よって、**似た意味を重ねる**言葉。

正解 A

2 「超越」は、超えると越すなので、どちらも何かを「こえる」意味になる。よって、**似た意味を重ねる**言葉。

正解 A

3 「必至」は、必ず至るという意味で、**前が後ろを修飾する**言葉。

正解 C

4 「悲劇」は、悲しい劇という意味で、**前が後ろを修飾する**言葉。

正解 C

5 「長短」は長いと短いであるから、明らかに**反対の意味を重ねる**言葉。

正解 B

3文の完成

Check

解答時間 60秒

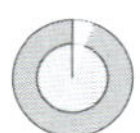

以下の3つの文を完成させるためにA～Eの中から最もつながりのよいものを1つずつ選びなさい。ただし、同じ選択肢を重複して使うことはありません。

1 新自由主義を最初に打ち出したのは、[　　　　]。

2 高福祉、高負担の大きな政府がもたらしたのは、[　　　　]。

3 現在新自由主義を推し進めている国は、[　　　　]。

（森永卓郎『ニュースのウラ読み経済学』PHP 研究所）

A　先進国ではこのイギリス、アメリカ、日本くらいしかありません。

B　国民がしあわせにはなれてないことがわかったのです。

C　やがて、生産性は低下し、経済は活力を失っていきます。

D　高インフレ、高失業率、低成長のイギリス病でした。

E　1979 年に成立したサッチャー政権です。

1 回答欄　○A　○B　○C　○D　○E

2 回答欄　○A　○B　○C　○D　○E

3 回答欄　○A　○B　○C　○D　○E

次へ

回答時間

解答・解説

1 文章の構造から考えるより、意味から考えたほうが解きやすい問題。新自由主義を打ち出すものが何なのかを考える。選択肢Aと E が考えられるが、問３で選択肢Aが入ることから、ここは選択肢Eが入る。

正解 E

2 文章の構造から考えるより、意味から考えたほうが解きやすい問題。高福祉、高負担の結果としてどのようになったのかを考えると、Dが入る。

正解 D

3 「推し進めている国は」につながるものを考えていく。選択肢Aには具体的な国名があがっていて、あとに続く文としてふさわしい。

正解 A

文章の並び替え

解答時間 45秒

文中のア〜エの空欄にA〜Dの語句を入れて文を完成させるとき、最も適切な組み合わせを答えなさい。

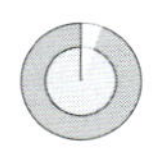

1 豪雪地帯に暮らす方には［ア］［イ］［ウ］［エ］瞬間が楽しい。

（読売編集手帳　H25.1.5）

A　手のひらに受けて
B　胸をときめかす
C　叱られそうだが
D　舞い降りる白いものを

ア	回答欄	○A	○B	○C	○D
イ	回答欄	○A	○B	○C	○D
ウ	回答欄	○A	○B	○C	○D
エ	回答欄	○A	○B	○C	○D

次へ

回答時間

解答・解説

1 まず、問題文の「瞬間が楽しい」とのつながりを考えてみると、
(A 手のひらに受けて) 瞬間が楽しい……**日本語としておかしい。**
(B 胸をときめかす) 瞬間が楽しい……**日本語として問題なく、意味もつながる。**
(C 叱られそうだが) 瞬間が楽しい……**日本語としておかしい。**
(D 舞い降りる白いものを) 瞬間が楽しい……**日本語としておかしい。**
よって、[エ] には **B** が入る。

次に、問題文の「豪雪地帯に暮らす方には」とのつながりを考えてみると、
豪雪地帯に暮らす方には (A 手のひらに受けて) ……**日本語としておかしい。**
豪雪地帯に暮らす方には (C 叱られそうだが) ……**日本語として問題なく、意味もつながる。**
豪雪地帯に暮らす方には (D 舞い降りる白いものを) ……**あとに続くもの次第ではあり得なくもないが、C のほうがより妥当であるといえる。**
よって [ア] には **C** が入る。

最後に A と D の順番を考えてみると、
A − D:(A 手のひらに受けて) (D 舞い降りる白いものを)
D − A:(D 舞い降りる白いものを) (A 手のひらに受けて)
となり、明らかに **D → A** の順番だとわかる。

よって、**C → D → A → B** となる。

【完成文】
豪雪地帯に暮らす方には叱られそうだが、舞い降りる白いものを手のひらに受けて胸をときめかす瞬間が楽しい。
※選択肢は読点 (、) を含んでいない。

正解 ア:**C** イ:**D** ウ:**A** エ:**B**

適語の補充

解答時間 45秒

文中の空欄ア～ウに入れるのに最適な語を、A～Cの中から１つずつ選びなさい。ただし、それぞれの語は１回だけ使うものとします。

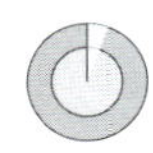

1 あなたは、[ア]勉強したことをすべて覚えているだろうか。もしあなたが現在、学生なら、[イ] 習ったことをどのくらい忘れないでいるだろうか。ある学者の研究によれば、中学校で習う数学は、[ウ] その約三分の二を忘れてしまうという。

（岩原信九郎『記憶力』講談社）

A：一年たてば
B：学校時代に
C：前学期に

ア 回答欄 ○A ○B ○C
イ 回答欄 ○A ○B ○C
ウ 回答欄 ○A ○B ○C

次へ

回答時間

解答・解説

1 人間の記憶の忘却についての文章。各空欄にどの選択肢も当てはまるように見える。このようなときは、消去法を用いつつわかりやすいところから回答を導いていく。

最も回答を導きやすいのは［ウ］だ。［ウ］が含まれる文は「中学校で習う数学」を忘れてしまうという意味。Bの「学校時代に」はより広い概念で、小学校時代とすれば「中学校で習う」という表現と合わない。Cの「前学期に」もその学期に限定して忘れてしまうということになり、おかしな文になってしまう。また、文脈から時間の経過を表す言葉が適切であると考えられる。よって、［ウ］はAの「**一年たてば**」が正解となる。

次に、残る［ア］と［イ］に、BかCを当てはめることになる。BとCは時期を表す言葉なので、［ア］と［イ］にはいずれかの時期を当てはめることになる。

［ア］にCを入れるとどのような「前学期」なのかわからない文になってしまう。よって、［ア］にはBの「**学校時代に**」が入る。［イ］にはCが入ることになるが、念のため残りのBを入れて確認してみると現在より先の「学校時代に」習うことも含まれてしまうため、おかしな文になってしまう。

正解 ア：B　イ：C　ウ：A

適文の補充

Check

解答時間 45秒

文中の空欄に入れる語句として最適なものを、A～Dの中から1つ選びなさい。

われわれは「死」に向かって歩いてゆくとか、われわれはつねにすでに「死」に直面しているとか、「死」はわれわれを突然襲うとか……こうした言い回しの底には、物体の運動のようなものとして時間を考える残滓がくすぶっている。こうしたマヤカシから抜け出るには「過去はどこへも行かない」ように「[ ]」ことをごまかさずしっかり見据えることが必要なのです。

（中島義道『時間を哲学する－過去はどこへ行ったのか』講談社）

1

A　未来はどこへも行かない
B　未来はどこかへ行く
C　未来はどこからか来る
D　未来はどこからも来ない

1 回答欄　○A　○B　○C　○D

次へ

回答時間

解答・解説

1 「時間」というもののとらえ方について述べられた文章。本文は２つの文で構成されている。第１文では「死」についてのある見方が述べられ、第２文ではそのような見方を「マヤカシ」としている。すなわち、第１文にある「死」についての見方に対して、筆者は否定的な考え方をもっていると推測できる。

選択肢から、問題文の空欄の主語は「未来」であることはすぐにわかる。その「未来」だが、第１文での「死」は未来に起こる出来事の１つとして描かれているので、「死」＝「未来」と考えて問題ない。

第１文での「『死』に向かって歩いてゆく」、「『死』に直面している」、「『死』はわれわれを突然襲う」という表現には、「時間を考える残滓がくすぶっている」としている。残滓(ざんし)は残りかすという意味。つまり、時間の流れの中で、未来を過去の延長としてとらえる考え方は間違いであるとしている。

選択肢の中でこの意味に最も当てはまるものはDになる。なお、「残滓」は難読熟語だが、「残」という漢字から残っているものという意味を推測することができる。

正解　D

文章の完成

Check

解答時間 90秒

以下の２つの文を完成させるためにＡ～Ｅの中から最もつながりのよいものを１つずつ選びなさい。同じ選択肢を重複して使うことはない。

1 親が「おまえが悪い」といって暴力をふるいつづけたなら、［　　　　］。

2 子どもにとっては、暴力による体の痛さよりも、［　　　　］。

A　どうしようもない私の悪いところを直してくれようとする愛情のあらわれなのだ

B　日ごろの経験から「親は必ず自分のところに帰ってきてくれる」という信頼感が作られている

C　親から見捨てられるのではという不安がもたらす心の痛みのほうがより大きいといえる

D　食事が不十分なため成長にとって必要な栄養をちゃんととれていないことだけではない

E　子どもは親の言葉を信じて「自分は悪い子だ」と思うようになってしまう

（西澤哲『子どものトラウマ』講談社）

1 回答欄　○A　○B　○C　○D　○E

2 回答欄　○A　○B　○C　○D　○E

次へ

回答時間

解答・解説

1 問題文の「…つづけたなら」に注目すると、親が（子どもに）「『おまえが悪い』といって暴力をふるいつづけた」結果が［　　］に入ると予想できる。選択肢のうち最もつながりのよいものはEになる。
Eにある「親の言葉」は問題文の「おまえが悪い」であり、それを受けて子どもが「『自分は悪い子だ』と思うようになってしまう」という流れの文になる。

正解　E

2 問題文の［　　］の直前にある「暴力による体の痛さよりも」に注目すると、問題文の前半に書かれていることと後半に書かれていることを比較した文章であると予想できる。選択肢Cに「…の痛みのほうがより大きい」とあるので、文のつながりとして最も適切なものはCになる。
問題文にある（親による）「暴力による体の痛さ」と、Cにある「親から見捨てられるのではという不安がもたらす心の痛み」を比較し、子どもにとって後者のほうが大きいという趣旨の文になる。

正解　C

長文

Check

解答時間 180秒

以下の文章を読んで問いに答えなさい。

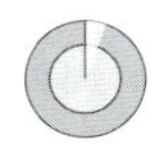

厄介（やっかい）ということばは江戸時代の文献を見ると、家で生活の面倒を見てもらっている人、居候（いそうろう）のことをさしている。[a]たとえば、江戸時代の公文書には「誰々厄介　誰某」などと書かれているが、この厄介は、その家の同居人という意味である。「厄介」という文字は当て字であった。[b]

家族の多い家をオオヤケ、少人数の家をコヤケという地域があるから、ヤッカイのヤカ（屋処・宅）は家のことである。イは居ることなので、ヤッカイとは「家居（やかい）」であった。ヤカイはもともと家屋に存在しているという意味だったのである。[c]

このように、家に居る同居人という意味でのヤッカイには、もともとそれほどマイナスのイメージはなかったが、近世の公文書でヤッカイに厄年の厄という文字を当てて厄介と書くようになったので、しだいにこの語の感じが悪くなり、いつのまにか迷惑な人とか、他人に迷惑をかけることとかの悪いイメージになってしまった。[d]

（堀井令以知『ことばの由来』岩波書店）

1 次の一文を挿入するのに最も適切な場所は、文中の[a]～[d]のうちどこか。

「厄介」は他家に寄食することであり、手数がかかり迷惑をかけることとされるようになったのである。

A a　　B b　　C c　　D d

1 回答欄　○A　○B　○C　○D

次へ

回答時間

2 「厄介」について文中で述べられていることは、次のア、イのうちどれか。

ア　江戸時代より厄介は他家への同居人で迷惑をかける人であった。
イ　厄介ということばに悪いイメージがつくようになったのは厄という文字を当てたためである。

A　アとイの両方　　B　アだけ
C　イだけ　　D　アとイのどちらでもない

2 回答欄　○A　○B　○C　○D

回答時間　　次へ

解答・解説

1 挿入する文は「厄介」ということばの現在の意味について述べたものであり、悪いイメージであることが具体的に述べられている。
第１、２段落では「厄介」ということばにはもともと悪いイメージがなかったことが述べられている。しかし、第３段落で悪いイメージになったことが述べられている。よって、**dに挿入すれば、「厄介」ということばが具体的にどのような意味になったのかの説明が続くことになり、文のつながりがよくなる**。

正解　D

2 第１段落の第２文に江戸時代には「…厄介は、その家の同居人という意味である」とあるが、第３段落の第１文に「…家に居る同居人という意味でのヤッカイには、もともとそれほどマイナスのイメージはなかった…」とある。よって、**アは本文で述べられていない**。
第３段落の第１文に「…近世の公文書でヤッカイに厄年の厄という文字を当てて厄介と書くようになったので、しだいにこの語の感じが悪くなり…」とある。つまり、厄という文字を当てたことが原因で厄介ということばに悪いイメージがつくようになったことが述べられている。よって、**イは本文で述べられている**。

正解　C

長文

解答時間 180秒

以下の文章を読んで問いに答えなさい。

ハーバード大学教授のテリー・バーナムは、宝くじがあたった人たちの１年後の精神的幸せ度を調査した。その結果、宝くじがあたっても、１年後にはごく普通のレベルに落ちついてしまったという。［ a ］最初は有頂天になるものの、しばらくすると不安や心配を感じるようになり、１年後には宝くじがあたるまえのごく普通のレベルまで落ちるのだという。［ b ］

つまり、外的条件がよい方にかわっても悪い方にかわっても、多くの人は次第にそれに慣れてしまう、ということなのである。もっともっとと収入をあげても、あがった収入に人はすぐ慣れてしまうし、どんなに業績をあげてもすぐ不満が生まれるものなのである。［ c ］

それだけあったらもう必要ないだろうと思うのに、金持ちほどケチになりお金をためこむのも、美人ほど美的条件に厳しくなるのも、ダイエットをはじめるともっともっと激しく食事制限をして体重をへらすのも、つまりは「現状にすぐ慣れる」という心のメカニズムによるものなのである。［ d ］

（海原純子『こころの格差社会：ぬけがけと嫉妬の現代日本人』角川書店）

1 次の一文を挿入するのに最も適切な場所は、文中の［ a ］～［ d ］のうちどこか。

しかし一方、人生が激変するような不幸な出来事にあった場合でも、その直後は極度に落ちこむものの、１年後には幸福度レベルはかなり回復することがほとんどだという。

A a
B b
C c
D d

1 回答欄 ○A ○B ○C ○D

2 文中下線の部分「現状にすぐ慣れる」ことを示す具体例は、次のうちどれか。

A 宝くじがあたって有頂天になる
B 収入があがっても満足できない
C 金持ちになると寛容になる
D ダイエットをすると健康になる

2 回答欄 ○A ○B ○C ○D

次へ

回答時間

解答・解説

1 挿入する文は不幸な出来事にあった場合でも幸福度レベルは回復し得ることが述べられている。冒頭の「しかし一方」に着目すると、この文の内容と対比する内容が前文には書かれていると予想できる。
そうすると、挿入文の前文には不幸な出来事ではなく、幸福な出来事についての説明が適合する。第１段落と第２段落の内容を見ると、第１段落では宝くじにあたるという幸福な出来事があっても精神的幸せ度はやがて普通のレベルに戻ることが述べられている。また、第２段落の第１文で「外的条件がよい方にかわっても悪い方にかわっても、多くの人は次第にそれに慣れてしまう」と結論付けられている。
よって、**bに挿入するのが適切である**。

正解　B

2 本文は第２段落にあるように「外的条件がよい方にかわっても悪い方にかわっても、多くの人は次第にそれに慣れてしまう」ことが述べられており、下線の部分はそのことを表している。
第１段落の第３文に、宝くじにあたっても「最初は有頂天になるものの…１年後には宝くじがあたるまえのごく普通のレベルまで落ちる」とあり、**Aは下線の部分の具体例とならない**。
第２段落の第２文に「もっともっとと収入をあげても、あがった収入に人はすぐ慣れてしまう…」とある。よって、**Bは下線の部分の具体例となる**。
第３段落に「…金持ちほどケチになりお金をためこむ…」とあり、**Cは下線の部分の具体例とならない**。
第３段落にダイエットについての記述があるが、Dの内容とは関係なく、また、ダイエットをすれば健康になることが現状に慣れることではない。よって、**Dの内容は下線の部分の具体例とならない**。
以上より、正解はBである。

正解　B

Part 3

実力模試

解答・解説は別冊をご覧ください

CONTENTS

【玉手箱】
計数テスト（四則逆算）

制限時間 9分

Check ☑☑☑

問題1～5

解答 別冊 P2 解答時間 50秒

□に入る数値として正しいものを、選択肢の中から1つ選びなさい。

1 $4 \times \square = 13 + 35$

○12 ○16 ○24 ○28 ○48

2 $1/3 + 1/6 = \square$

○5% ○10% ○20% ○50% ○200%

3 $\square + 30 = 97 - 39$

○18 ○22 ○28 ○32 ○38

4 $\square \div 7 + 13 = 20$

○21 ○28 ○35 ○45 ○49

5 $\square \div 4 = 48 - 36$

○24 ○48 ○52 ○60 ○72

問題 6 ～ 10

解答 別冊 P2 ～ 3

6 $12 \div \square = 3 \times 2$

○ 2 ○ 3 ○ 4 ○ 6 ○ 12

7 $7 \times (\square - 11) = 32 - 18$

○ 13 ○ 14 ○ 15 ○ 16 ○ 17

8 $3 \times 4 \times \square = 4 \times 5 \times 6$

○ 5 ○ 10 ○ 15 ○ 20 ○ 25

9 $6 = 3 \times (\square - 11)$

○ 13 ○ 14 ○ 15 ○ 16 ○ 17

10 $3 \times \square + 17 = 25$

○ 2/3 ○ 4/3 ○ 2 ○ 8/3 ○ 3

問題 11 ～ 15

解答 別冊 P3　解答時間 50秒

11 □ ÷ 100 = 0.01 + 0.002

○ 12　○ 1.2　○ 0.12　○ 0.012　○ 0.0012

12 1 / 4 = □

○ 15%　○ 20%　○ 25%　○ 30%　○ 75%

13 7 ÷ 16 = 1 / 4 × □

○ 4 / 7　○ 6 / 7　○ 7 / 4　○ 9 / 4
○ 32/ 7

14 (49 − □) ÷ 9 = 4

○ 4　○ 13　○ 22　○ 31　○ 40

15 4 × □ + 20 = 13 × 4

○ 6　○ 7　○ 8　○ 9　○ 12

問題 16 ～ 20

解答 別冊 P3 ～ 4

解答時間 50秒

16 （7 ＋ 5）× □＝（17 － 11）× 6

○ 1.5　○ 2　○ 2.5　○ 3　○ 4

17 5 － 12 × □＝ 3

○ 1 /24　○ 1 /12　○ 1 / 6　○ 1 / 4
○ 1 / 3

18 23 － 14 ＝ 38 －□－ 11

○ 8　○ 12　○ 18　○ 22　○ 28

19 240 の□%＝ 76.8

○ 20.2　○ 27　○ 28　○ 32　○ 40.2

20 （7 ＋□）× 4 / 3 ＝ 32

○ 5　○ 7　○ 11　○ 14　○ 17

問題 21 ～ 25

解答 別冊 P4 

21 □÷ 3 ＝ 48

○ 16　○ 45　○ 51　○ 144　○ 192

22 1 / 3 ×□＝ 3 ÷ 7

○ 1 / 7　○ 7 / 9　○ 9 / 7　○ 2　○ 7 / 3

23 □＝ 27 × 64

○ 91　○ 162　○ 448　○ 1728　○ 2782

24 □＝ 1 /20

○ 0.5%　○ 1 %　○ 2 %　○ 4 %　○ 5 %

25 294 ÷□＝ 21 ÷ 5

○ 7　○ 42　○ 70　○ 420　○ 700

26 18 ÷ 6 = 3 × □

○ 1/3　○ 1/6　○ 1　○ 4/3　○ 5/3

27 (17 − 6) × (□ − 4) = 77

○ 5　○ 7　○ 9　○ 10　○ 11

28 23 − 11 = 2.5 × □ + 0.5 × □

○ 2　○ 4　○ 6　○ 8　○ 12

29 24 ÷ □ = 2/3 × 12

○ 3　○ 4　○ 6　○ 8　○ 12

30 8/3 × □ = 2

○ 0.5　○ 0.75　○ 1　○ 1.25　○ 1.5

問題 31 〜 35

解答 別冊 P5

31 84 ÷ □ ＝ 6 × 7

○ 2　○ 3　○ 4　○ 6　○ 8

32 □ × 0.6 ÷ 9 ＝ 1 / 2 ＋ 1 / 3

○ 2.5　○ 7.5　○ 12.5　○ 27.5　○ 32.5

33 1.7 ＋ □ ＋ 2.4 ＝ 9.4 − 3.7

○ 0.6　○ 1.6　○ 2.6　○ 3.2　○ 3.6

34 □ × 4 / 9 ＝ 6 / 7 × 14

○ 18　○ 27　○ 36　○ 45　○ 54

35 15 ÷ 6 ＝ □ × 3

○ 1 / 3　○ 2 / 3　○ 5 / 6　○ 4 / 3
○ 5 / 3

36 0.02 = 8 ÷ □

○ 12　○ 40　○ 120　○ 400　○ 1200

37 3 ÷ 0.1 = 15 × □ ÷ 1.25

○ 0.25　○ 0.75　○ 1.25　○ 1.75　○ 2.5

38 □ = 44 × 19

○ 63　○ 396　○ 836　○ 1276　○ 4356

39 3 / 5 + 1 / 4 = 17 × □

○ 5 %　○ 12.5 %　○ 20 %　○ 25 %
○ 50 %

40 27 ÷ 8 = □ × 3

○ 3 / 4　○ 7 / 8　○ 8 / 9　○ 9 / 8
○ 11 / 9

問題 41 ～ 45

解答 別冊 P6～7　解答時間 50秒

41 35 の□% = 203

○ 58　○ 160　○ 290　○ 580　○ 1060

42 12 × □ = 8 ÷ 3

○ 1 / 9　○ 2 / 9　○ 1 / 3　○ 4 / 9　○ 4 / 3

43 1.5 × 8 = 15 × □ ÷ 0.5

○ 0.16　○ 0.4　○ 0.8　○ 2　○ 3.2

44 3 × □ ÷ 8 = 1.6 × 3 ÷ 4

○ 4 / 5　○ 5 / 4　○ 12/ 5　○ 16/ 5　○ 25/ 6

45 (□ − 9) ÷ 3 = 24

○ 17　○ 63　○ 81　○ 91　○ 107

46 39 ÷ 13 = 15 ÷ (19 − □)

○ 11　○ 12　○ 13　○ 14　○ 15

47 1 × 5 / 6 = 1 ÷ □

○ 3 / 4　○ 4 / 5　○ 5 / 6　○ 6 / 5　○ 3 / 2

48 2 / 5 + 3 / 10 = 14 × □

○ 0.5%　○ 2 %　○ 5 %　○ 20%　○ 50%

49 4 / 3 − 5 / 4 = 1 / 6 ÷ □

○ 1 / 2　○ 2　○ 5 / 2　○ 20　○ 25

50 (11 − 2) × (7 − □) = 18

○ 2　○ 3　○ 4　○ 5　○ 6

【玉手箱】計数テスト（図表の読み取り）

制限時間 15分

Check

問題1

解答 別冊P8〜9　解答時間 25秒

グラフを見て次の問いに答えなさい。

【製品売上個数の増加率（1998年、1999年、2000年）】

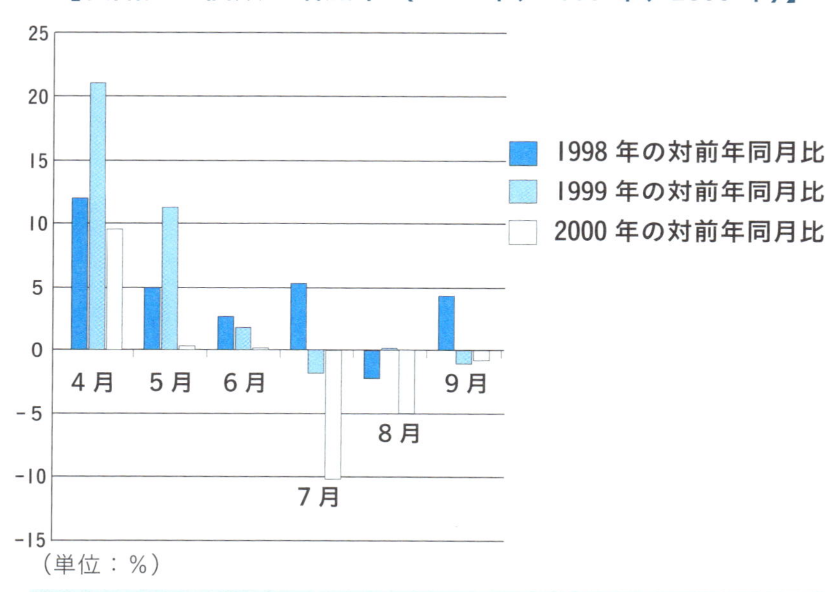

1998年7月の製品売上個数をXと置くと、1997年7月の売上個数はおよそどのように表されるか。最も近いものを以下の選択肢の中から1つ選びなさい。

- ○ 0.5X
- ○ 0.9X
- ○ 0.95X
- ○ 1.05X
- ○ 1.5X

問題2

解答 別冊 P9　解答時間 30秒

グラフを見て次の問いに答えなさい。

【平成27年度一般会計予算・歳入】

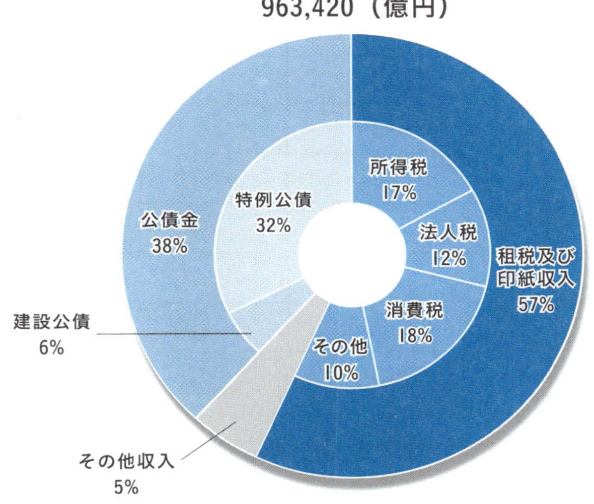

資料：財務省

日本における所得税の納税者数を6千万人とすると、1人あたりが1年間に負担した所得税の金額はおよそ何万円か。最も近いものを以下の選択肢の中から1つ選びなさい。

- ○ 19.7万円
- ○ 24.8万円
- ○ 27.3万円
- ○ 31.5万円
- ○ 34.6万円

問題3

解答 別冊 P10　解答時間 30秒

表を見て次の問いに答えなさい。

【テレビの製造原価総額と月間製造台数】
（1月＝100としたときの指数）

月	製造原価総額	月間製造台数
1月	100	100
2月	108	99
3月	120	103
4月	111	101
5月	117	103
6月	120	106

テレビ1台あたりの平均製造原価の高い月から順に並べたものはどれか。以下の選択肢の中から1つ選びなさい。

- ○ 3月－6月－5月－4月－2月－1月
- ○ 5月－3月－6月－2月－4月－1月
- ○ 6月－3月－5月－4月－2月－1月
- ○ 5月－6月－3月－2月－4月－1月
- ○ 3月－5月－6月－4月－2月－1月

問題4

解答 別冊P11　解答時間 40秒

表を見て次の問いに答えなさい。

【構造別・所有関係別住宅数比率（平成25年）】

①建て方・階数、構造別（単位：%）

建て方・階数＼構造		木造	防火木造	鉄筋・鉄骨コンクリート造	鉄骨造	その他	計
全体		25.5	32.3	33.9	8.0	0.3	100.0
一戸建	1階建	69.0	26.6	3.3	0.8	0.3	100.0
	2階建	39.0	54.1	3.2	3.4	0.3	100.0
	3階建以上	14.5	46.0	20.4	18.6	0.5	100.0
長屋建	1階建	51.8	26.2	8.6	6.3	7.1	100.0
	2階建	26.1	43.8	16.3	12.0	1.8	100.0
	3階建以上	10.9	34.3	31.4	23.4	0.0	100.0
共同住宅	1階建	40.0	28.6	25.7	5.7	0.0	100.0
	2階建	11.7	32.4	23.7	31.6	0.6	100.0
	3階建以上	0.2	0.9	92.0	6.9	0.0	100.0

資料：総務省統計局統計調査部国勢統計課「住宅・土地統計調査報告」

②所有関係別（単位：%）

所有関係			比率
持家			59.9
借家	公営		3.8
	UR・公社		1.6
	民営	木造	8.3
		非木造	19.5
	給与住宅		2.1
その他			4.8
計			100.0

住宅の総数が5千2百万戸であるとすると、そのうち民営の借家はおよそ何戸か。最も近いものを以下の選択肢の中から1つ選びなさい。

- ○ 1,450万戸
- ○ 1,500万戸
- ○ 1,550万戸
- ○ 1,600万戸
- ○ 1,650万戸

問題 5

解答 別冊 P12  解答時間 25秒

グラフを見て次の問いに答えなさい。

【P県とQ県の売り場面積の推移（1990年＝100としたときの指数）】

P県の売り場面積

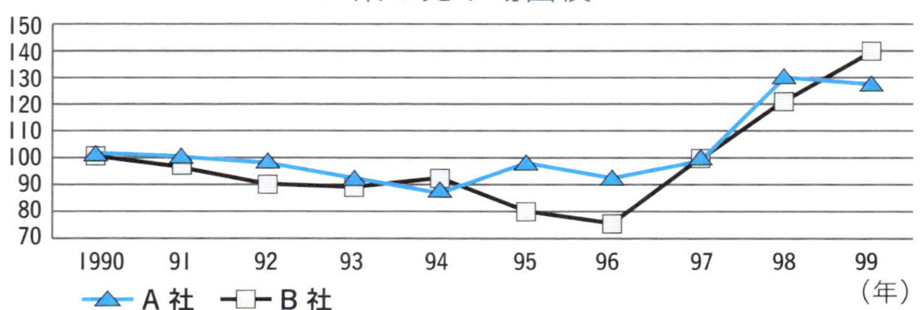

Q県の売り場面積

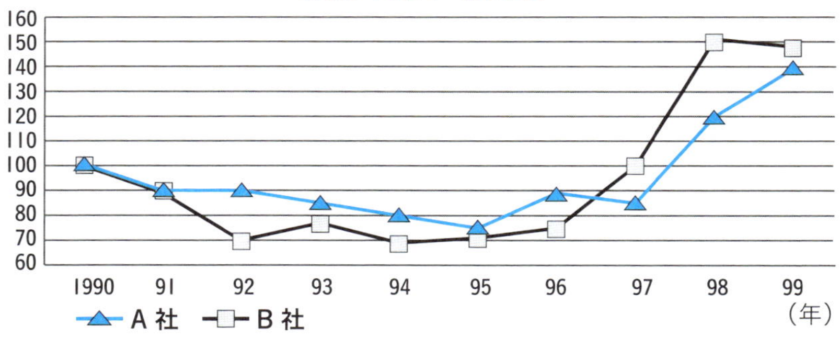

売り場面積が前年比で最も大きく落ち込んだのはいつか。以下の選択肢の中から1つ選びなさい。

- ○ P県のB社　1990年から1991年にかけて
- ○ P県のA社　1993年から1994年にかけて
- ○ P県のB社　1994年から1995年にかけて
- ○ Q県のA社　1992年から1993年にかけて
- ○ Q県のB社　1991年から1992年にかけて

問題6

解答 別冊 P12～13 解答時間 30秒 

表を見て次の問いに答えなさい。

【各県の民有地面積】

（単位：km²）

	A県	B県	C県	D県	E県	F県
宅地	276	356	599	514	322	321
田	287	250	1,002	876	756	197
畑	58	986	546	982	293	482
山林	310	1,501	2,789	1,120	921	725
その他	34	56	118	72	28	102
合計	965	3,149	5,054	3,564	2,320	1,827

B県の畑の面積はE県の山林の面積のおよそ何倍か。最も近いものを以下の選択肢の中から1つ選びなさい。

- ○ 0.93倍
- ○ 1.01倍
- ○ 1.07倍
- ○ 1.13倍
- ○ 1.23倍

問題 7

解答 別冊 P13 解答時間 30秒 

表を見て次の問いに答えなさい。

【世界の主要食料品貿易額の推移】

区分	1980 年	1990 年	2000 年	2005 年	2009 年
	主要食料品貿易額（単位：億ドル）				
全体	1,966	2,820	3,996	6,413	9,370
畜産物・酪農品	364	588	817	1,329	1,773
水産物	123	308	507	715	874
穀物類・飼料類	523	576	696	1,024	1,715
野菜類・果実類	240	476	687	1,141	1,580
その他	716	872	1,289	2,204	3,428
	対前年増加率（単位：%）				
畜産物・酪農品	4.2	5.8	3.7	6.2	3.1
水産物	10.1	14.7	6.6	4.3	1.9
穀物類・飼料類	0.8	0.9	2.4	4.9	6.4
野菜類・果実類	7.8	9.5	4.1	6.1	3.9
その他	3.2	2.5	4.3	7.5	5.1

2005 年における主要食料品貿易額の「全体」に占める「穀物類・飼料類」の割合はおよそ何割か。最も近いものを以下の選択肢の中から 1 つ選びなさい。

- ○ 2.2 割
- ○ 1.8 割
- ○ 1.6 割
- ○ 1.2 割
- ○ 0.4 割

問題 8

解答 別冊 P14　解答時間 40秒

表を見て次の問いに答えなさい。

【携帯電話契約台数と対前月比と対前年同月比】

2016年10月	契約台数（千台）	前月比	前年同月比
A社	50,700	1.01	1.15
B社	45,000	0.99	0.90
C社	35,000	1.05	1.35
D社	20,500	0.95	0.74
合計	151,200	1.00	1.02

2015年10月の契約台数が3番目に多い会社はどれか。以下の選択肢の中から1つ選びなさい。

- ○ A社
- ○ B社
- ○ C社
- ○ D社
- ○ C社とD社

問題9

解答 別冊 P15　解答時間 40秒

グラフを見て次の問いに答えなさい。

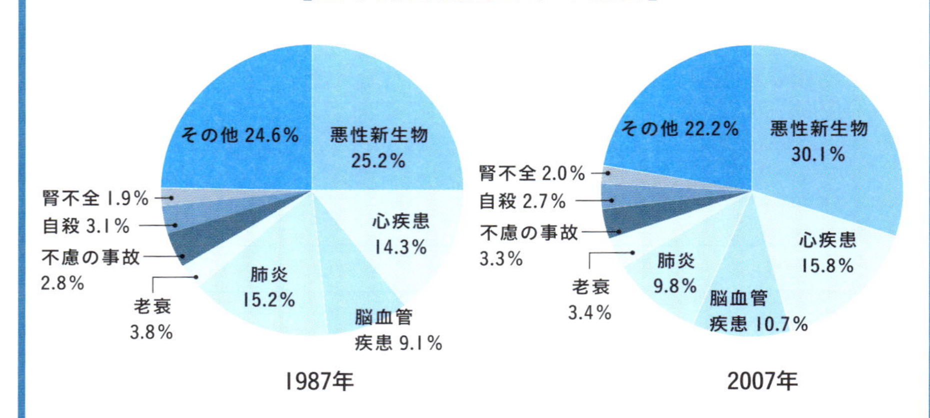

次の記述のうち、グラフから明らかに正しいといえるものはどれか。以下の選択肢の中から1つ選びなさい。

○ 2007 年の悪性新生物による死亡率は肺炎による死亡率のおよそ 3.8 倍である

○ 毎年最も高い死亡率は悪性新生物である

○ 2007 年の不慮の事故による死亡者数を 1 としたとき、心疾患による死亡者数は 5.1 である

○ 老衰の割合は年々高まっている

○ 2007 年は死亡率上位 4 位までで、全体のおよそ 3 分の 2 を占めている

問題 10

解答 別冊 P16　解答時間 25秒

表を見て次の問いに答えなさい。

【航空旅客数の推移】

（単位：千人、％）

航空路線 ＼ 年度			平成22年	平成23年	平成24年	平成25年	平成26年
国内線		旅客数	82,194	79,052	85,968	92,643	95,199
		増減率	−2.0	−3.8	8.7	7.8	2.8
国際線		旅客数	13,707	12,594	14,209	15,085	16,452
		増減率	−11.0	−8.1	12.8	6.2	9.1
合計		旅客数	95,901	91,646	100,177	107,728	111,651
		増減率	−3.4	−4.4	9.3	7.5	3.6
主要国際路線方面	中国	旅客数	2,999	2,783	2,759	2,845	3,102
		増減率	−5.5	−7.2	−0.9	3.1	9.0
	韓国	旅客数	1,873	1,641	1,948	1,762	1,572
		増減率	−15.5	−12.4	（X）	−9.5	−10.8
	その他アジア	旅客数	4,160	4,158	5,043	5,747	6,647
		増減率	−10.3	−0.0	21.3	14.0	15.7
	米大陸	旅客数	1,485	1,432	1,743	1,977	2,260
		増減率	−8.3	−3.6	21.7	13.4	14.3
	太平洋	旅客数	1,773	1,341	1,352	1,388	1,411
		増減率	−13.0	−24.4	0.8	2.7	1.7

※米大陸とは、西海岸、東海岸、内陸部、アラスカ、カナダ、ブラジル等の路線。太平洋とは、ハワイ、グアム等の路線。
資料：国土交通省「航空輸送統計調査速報（平成26年度）」

空欄（X）に入る数値として正しいものはどれか。最も近いものを以下の選択肢の中から1つ選びなさい。

- ○ 18.5
- ○ 18.7
- ○ 18.9
- ○ 19.1
- ○ 19.3

問題 11

解答 別冊 P16～17

グラフを見て次の問いに答えなさい。

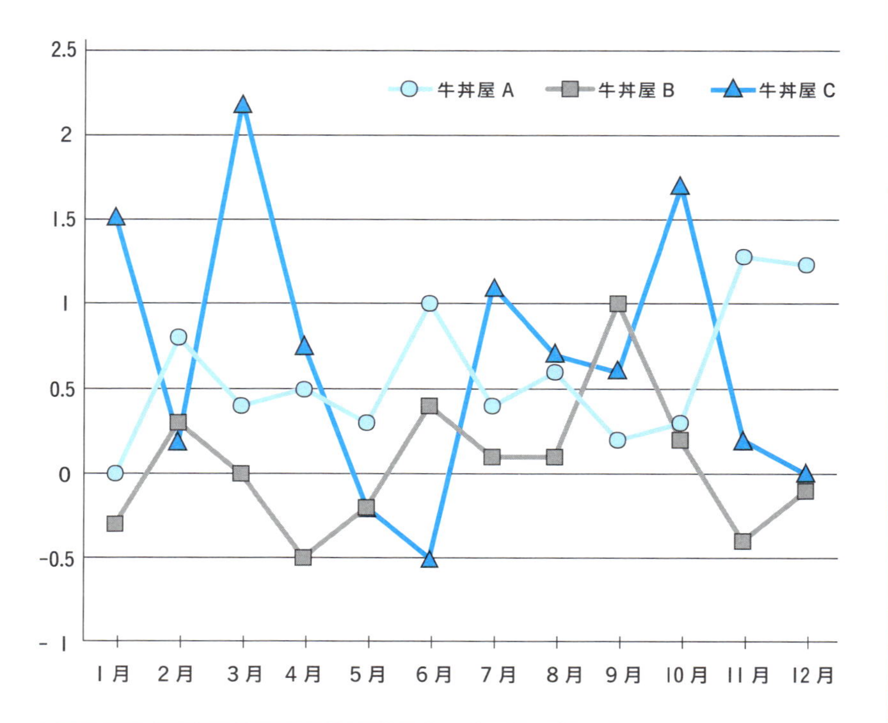

2月から6月の間で、前月に対して牛丼屋Bの売上高の変化の割合が最も大きいのはいつか。以下の選択肢の中から1つ選びなさい。

- ○ 2月
- ○ 3月
- ○ 4月
- ○ 5月
- ○ 6月

問題 12

解答 別冊 P17

解答時間 30秒

グラフを見て次の問いに答えなさい。

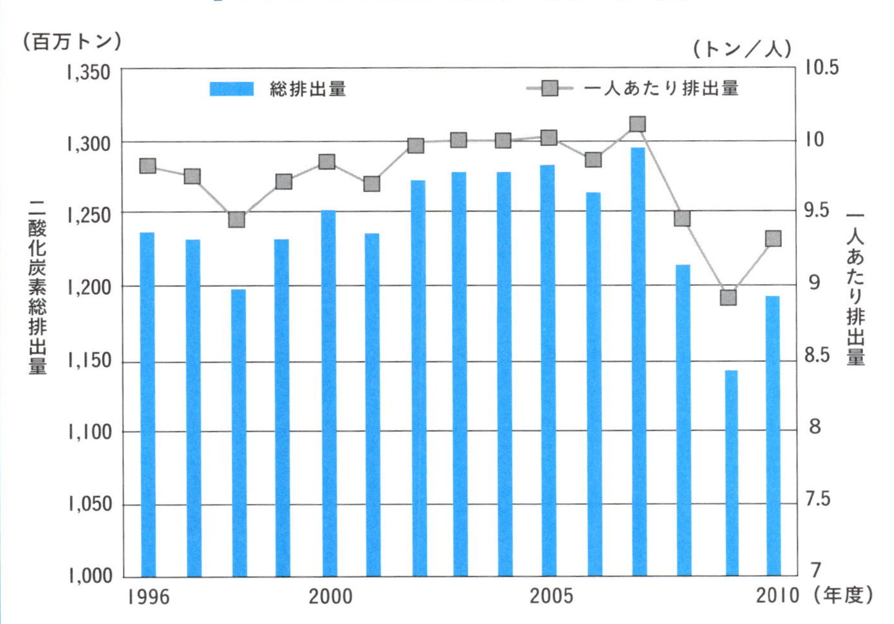

資料：温室効果ガスインベントリオフィス「日本の 1990 ～ 2010 年度の温室効果ガス排出量データ」(2012 年度公表)

一人あたりの排出量の増加率が、前年と比較したときに最も大きいのは何年度か。以下の選択肢の中から 1 つ選びなさい。

- ○ 2000 年度
- ○ 2002 年度
- ○ 2006 年度
- ○ 2009 年度
- ○ 2010 年度

問題 13

解答 別冊 P18　解答時間 25秒

グラフを見て次の問いに答えなさい。

【世界の人口（地域別比率）】

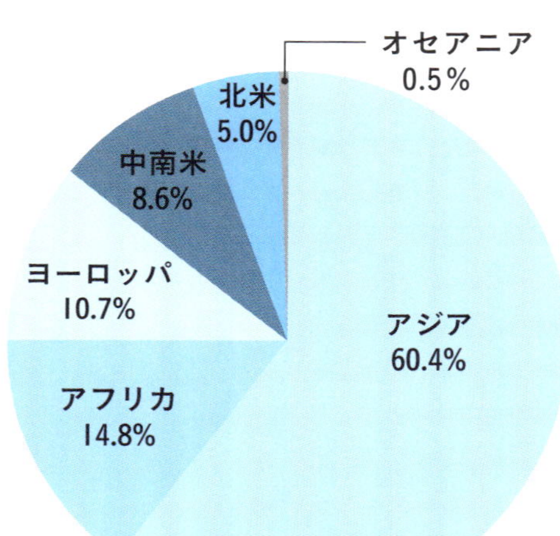

世界の総人口
68億9,600万人

アジアの人口を1とすると、中南米の人口はおよそいくつで表されるか。最も近いものを以下の選択肢の中から1つ選びなさい。

- ○ 0.05
- ○ 0.14
- ○ 0.48
- ○ 0.76
- ○ 1.25

問題 14

解答 別冊 P18～19 解答時間 40秒

表を見て次の問いに答えなさい。

【各大学の学生数】

	全学生数	男子学生数	女子学生数
A 大学	10,577	5,342	5,235
B 大学	469	248	221
C 大学	6,805	3,595	3,210
D 大学	2,802	1,452	1,350
E 大学	1,577	892	685
F 大学	914	469	445
G 大学	3,955	2,153	1,802
H 大学	6,982	4,526	2,456
I 大学	230	135	95

全学生数に占める女子学生数の比率が最も大きい大学はどこか。正しいものを以下の選択肢から1つ選びなさい。

- ○ A 大学
- ○ C 大学
- ○ E 大学
- ○ F 大学
- ○ I 大学

問題 15

解答 別冊 P19～20　解答時間 30秒

グラフを見て次の問いに答えなさい。

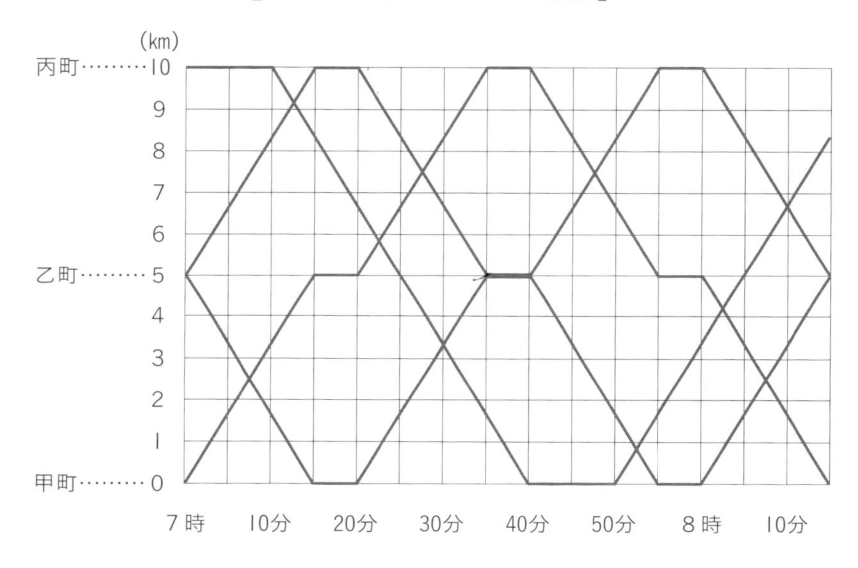

丙町を7時20分に出発したバスは、甲町から丙町に向かうバスと甲町と乙町の間で出会う。その出会う時刻を以下の選択肢の中から1つ選びなさい。

- ○ 7時12分30秒
- ○ 7時27分30秒
- ○ 7時47分30秒
- ○ 7時52分30秒
- ○ 8時7分30秒

問題 16

グラフを見て次の問いに答えなさい。

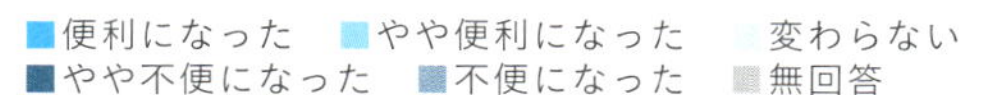

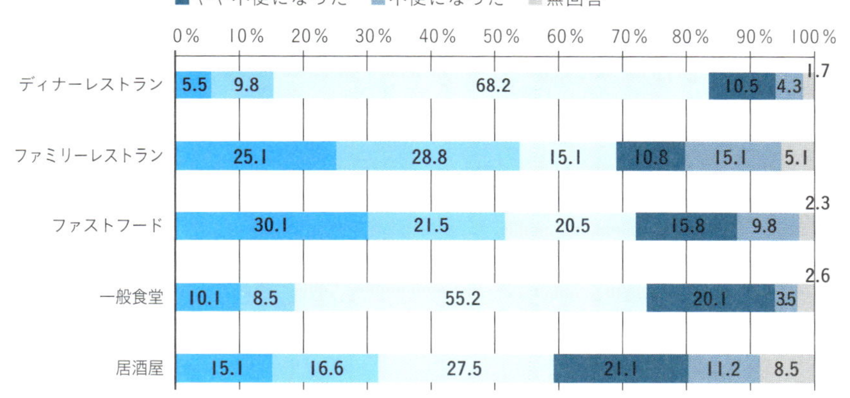

10年前と比較してファストフードが「やや便利になった」と感じた人の割合をXと置くと、ファミリーレストランのそれはおよそどのように表されるか。最も近い値を以下の選択肢の中から1つ選びなさい。

- ○ 0.83X
- ○ 0.98X
- ○ 1.12X
- ○ 1.20X
- ○ 1.34X

問題 17

解答 別冊 P21　解答時間 30秒

グラフを見て次の問いに答えなさい。

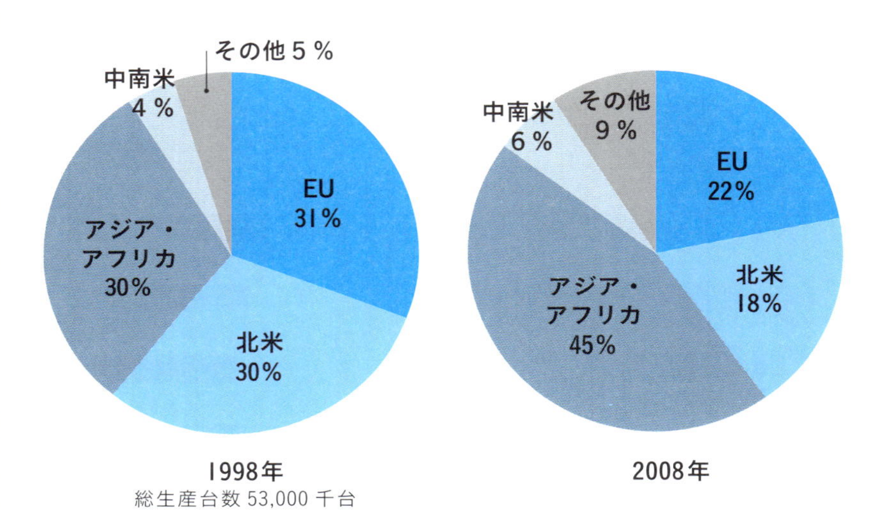

2008 年の北米の自動車生産台数は、1998 年比で 19％減少したとすると、2008 年の総生産台数はおよそ何千台か。最も近いものを以下の選択肢の中から 1 つ選びなさい。

- ○ 65,450 千台
- ○ 67,450 千台
- ○ 70,450 千台
- ○ 71,550 千台
- ○ 73,550 千台

問題 18

解答 別冊 P22  解答時間 30秒

グラフを見て次の問いに答えなさい。

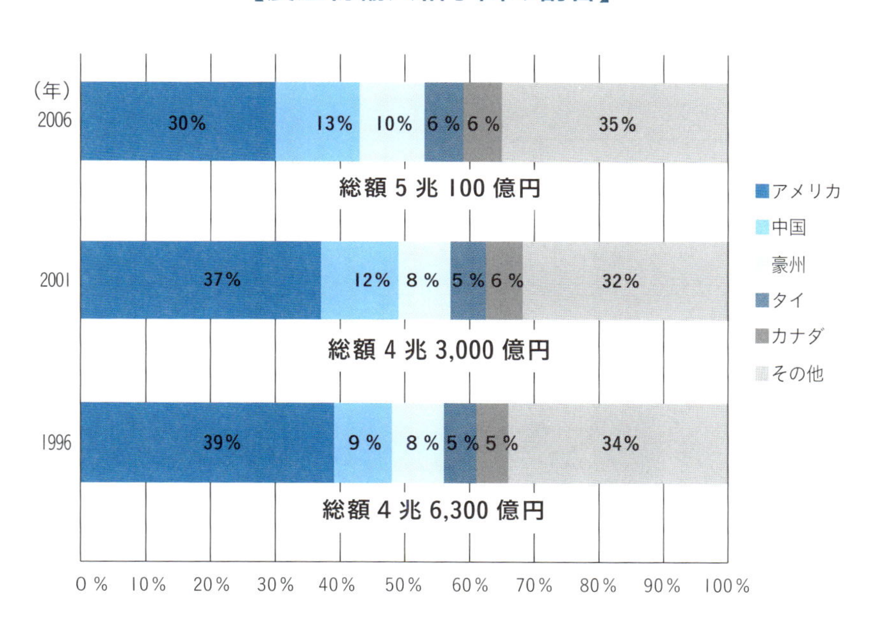

1996 年のタイからの輸入額を 1 とすると、2006 年のアメリカからの輸入額はおよそいくつで表されるか。最も近いものを以下の選択肢の中から 1 つ選びなさい。

- ○ 4.5
- ○ 5.0
- ○ 5.5
- ○ 6.0
- ○ 6.5

問題 19

解答 別冊 P23　解答時間 30秒

グラフを見て次の問いに答えなさい。

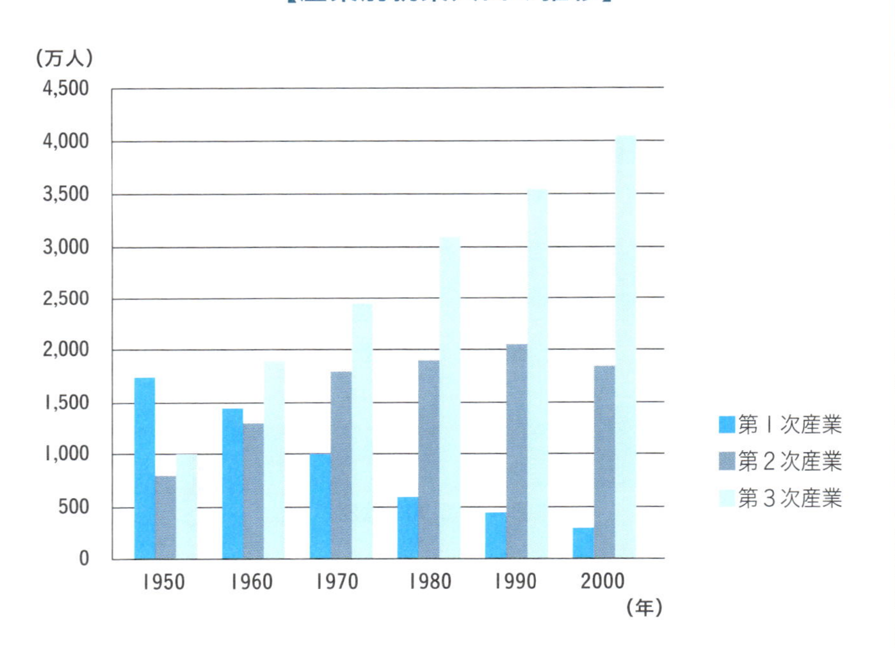

1970 年の第 1 次産業就業者数を X とすると、1950 年の就業者全体の数はおよそいくつで表されるか。最も近いものを以下の選択肢の中から 1 つ選びなさい。

- ○ 0.75X
- ○ 1.75X
- ○ 3.50X
- ○ 4.20X
- ○ 5.25X

問題 20

解答 別冊 P24　解答時間 30秒

表を見て次の問いに答えなさい。

【日本の産業別就業者数の推移】

（単位：万人）

年次	総数	農業・林業	建設業	製造業	運輸・郵便業	卸売・小売業	金融・保険・不動産業	教育・学習支援業	医療・福祉	その他
2002	6,330	268	618	1,202	327	1,108	270	277	474	1,786
2004	6,329	264	584	1,150	326	1,085	257	279	531	1,853
2006	6,389	250	560	1,163	328	1,076	262	282	571	1,897
2008	6,409	247	541	1,151	343	1,070	275	284	600	1,898
2010	6,298	237	504	1,060	352	1,062	273	289	656	1,865
2012	6,270	224	503	1,032	340	1,042	275	295	706	1,853
2014	6,351	209	505	1,040	336	1,059	266	301	757	1,878
男	3,621	126	431	731	273	515	142	134	187	1,082
女	2,730	83	74	309	63	544	124	167	570	796
	<2002年～2014年の増加率>									
	0.3%	−22.0%	−18.3%	−13.5%	2.8%	−4.4%	−1.5%	8.7%	（X）	5.2%

資料：総務省統計局「労働力調査」

2002から2014年にかけての「医療・福祉」の就業者数増加率を（X）とするとき、この（X）に入る数値はどれか。最も近いものを以下の選択肢の中から1つ選びなさい。

- ○ 20.3％
- ○ 37.4％
- ○ 48.9％
- ○ 59.7％
- ○ 65.1％

問題 21

解答 別冊 P24～25　解答時間 25秒

グラフを見て次の問いに答えなさい。

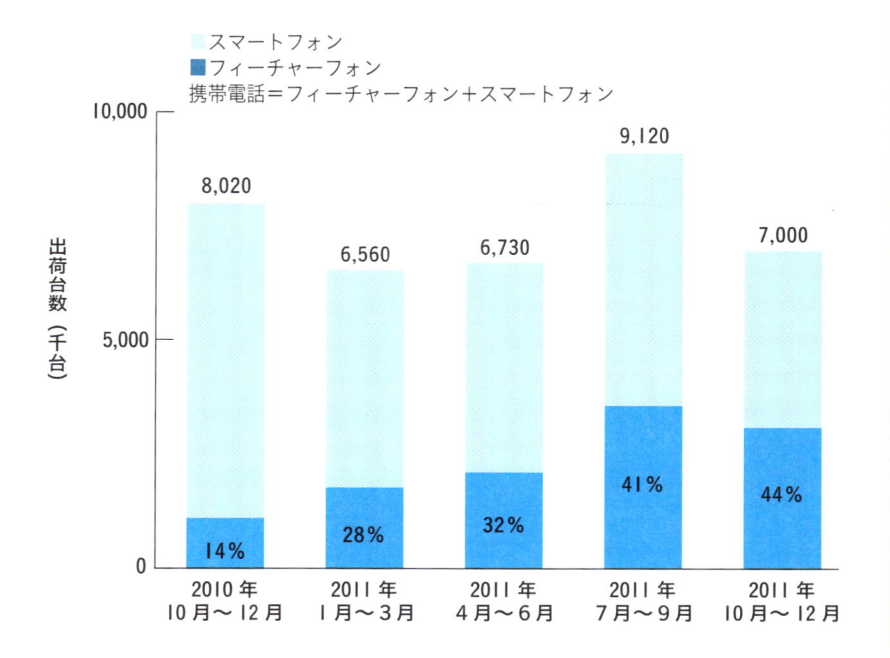

2010 年 10 月から 2011 月 12 月までの携帯電話の国内出荷台数の 1 カ月平均はおよそいくらか。最も近いものを以下の選択肢の中から 1 つ選びなさい。

- ○ 805 千台
- ○ 1,006 千台
- ○ 2,495 千台
- ○ 3,119 千台
- ○ 7,486 千台

問題 22

解答 別冊 P25 解答時間 40秒

表を見て次の問いに答えなさい。

【主な食料の品目別輸入率の推移】

（単位：%）

	1980 年	1985 年	1990 年	1995 年	2000 年	2005 年
米	0.3	0.3	0.5	4.4	8.5	9.8
小麦	90.5	85.6	84.8	92.8	89.2	85.8
果実	19.9	24.9	37.8	51.7	55.7	59.5
肉類	19.7	19.6	29.9	43.4	48.0	47.0
乳製品	17.8	17.5	21.4	28.0	32.0	31.6
野菜	2.9	5.0	9.0	15.2	18.0	21.3

資料：農林水産省「食料需給表」をもとに農林水産省で作成

5年前と比較したとき輸入率の増加率が最も大きいのは何年のどの品目か。以下の選択肢の中から1つ選びなさい。

- ○ 1990 年の野菜
- ○ 1985 年の果実
- ○ 1995 年の果実
- ○ 1995 年の米
- ○ 2005 年の米

問題 23

解答 別冊 P25 〜 26　解答時間 30秒

表を見て次の問いに答えなさい。

【身長表】

身長（cm）	度数（人）	累積度数（人）
155 以上〜 160 未満	1	1
160 以上〜 165 未満	5	6
165 以上〜 170 未満	14	20
170 以上〜 175 未満	11	31
175 以上〜 180 未満	5	36
180 以上〜 185 未満	3	39
185 以上	1	40

身長 175cm 以上の生徒は全体の何％か。以下の選択肢の中から 1 つ選びなさい。

○ 3.0％

○ 7.5％

○ 8.0％

○ 12.5％

○ 22.5％

問題 24

解答 別冊 P26～27 解答時間 30秒

表を見て次の問いに答えなさい。

【新車販売台数】

	2005年			2010年		
	販売台数（台）	前年比（%）	シェア（%）	販売台数（台）	前年比（%）	シェア（%）
普通乗用車	1,271,349	93.6	21.7	1,419,909	122.4	28.7
小型乗用車	2,089,992	102.6	35.7	1,507,693	101.9	30.4
乗用車合計	3,361,341	99.0	57.4	2,927,602	110.9	59.1
普通貨物車	197,548	105.9	3.4	101,697	116.0	2.1
小型貨物車	351,708	97.3	6.0	187,642	104.0	3.8
貨物車合計	549,256	100.2	9.4	289,339	107.9	5.8
バス	17,754	97.8	0.3	12,775	101.6	0.3
登録車合計	3,928,351	99.2	67.1	3,229,716	110.6	65.2
軽自動車	1,387,050	101.1	23.7	1,284,599	100.1	25.9
軽貨物車	536,520	103.4	9.2	441,723	109.1	8.9
軽自動車合計	1,923,570	101.7	32.9	1,726,322	102.3	34.8
合計	5,851,921	100.0	100.0	4,956,038	107.5	100.0

2009年の普通貨物車の販売台数はおよそ何台か。最も近いものを以下の選択肢の中から1つ選びなさい。

- ○ 74,281台
- ○ 87,700台
- ○ 101,697台
- ○ 117,969台
- ○ 186,542台

問題 25

解答 別冊 P27　解答時間 30秒

表を見て次の問いに答えなさい。

【人口と国会議員数・密度・1人あたりのGDPの国際比較】

	人口（千人）	国会議員1人に対する人口 人口/国会議員数 (千人/人)	人口密度 (人/㎢)	1人あたりのGDP (米ドル)
イギリス	59,500	56.7	197	40,862
イタリア	57,370	63.4	236	38,325
フランス	59,520	66.3	94	46,675
カナダ	30,750	75.9	3	56,551
ドイツ	82,260	109.0	230	43,853
日本	127,770	174.5	338	45,915
ロシア	145,500	231.7	9	12,718
アメリカ	281,420	526.0	29	53,570

カナダの国会議員数は何人か。以下の選択肢の中から1つ選びなさい。

- ○ 405人
- ○ 535人
- ○ 732人
- ○ 898人
- ○ 905人

問題 26　解答 別冊 P27 ～ 28　解答時間 40秒

グラフを見て次の問いに答えなさい。

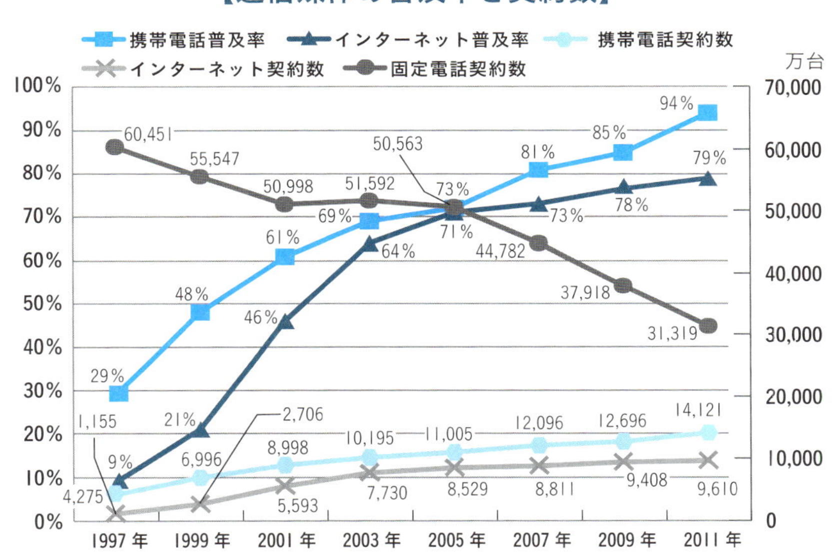

グラフから明らかに正しいといえるものはどれか。以下の選択肢の中から 1 つ選びなさい。

- ○ 近年、固定電話契約者がインターネット利用に変わってきている
- ○ 2011 年の携帯電話普及率は 1997 年と比較しておよそ 2.5 倍になっている
- ○ 2015 年には携帯電話契約数が固定電話契約数を上回る
- ○ 1997 年の携帯電話の契約数に比べ、2011 年は 3.3 倍になっている
- ○ 現状ではインターネットの普及率は固定電話の普及率を上回っていない

問題 27

解答 別冊 P28 ～ 29

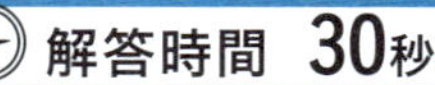

グラフを見て次の問いに答えなさい。

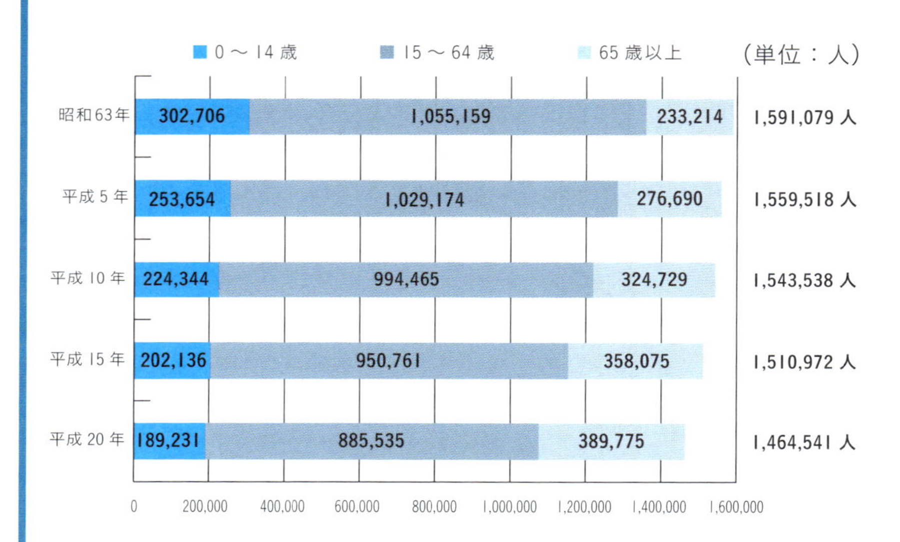

昭和 63 年から平成 20 年の間に、県人口全体に占める 15 ～ 64 歳の割合はどのように変化したか。以下の選択肢の中から 1 つ選びなさい。

- ○ 1 割以上増加
- ○ やや増加
- ○ 横ばい
- ○ やや減少
- ○ 1 割以上減少

問題 28

解答 別冊 P29 ～ 30  解答時間 30秒

グラフを見て次の問いに答えなさい。

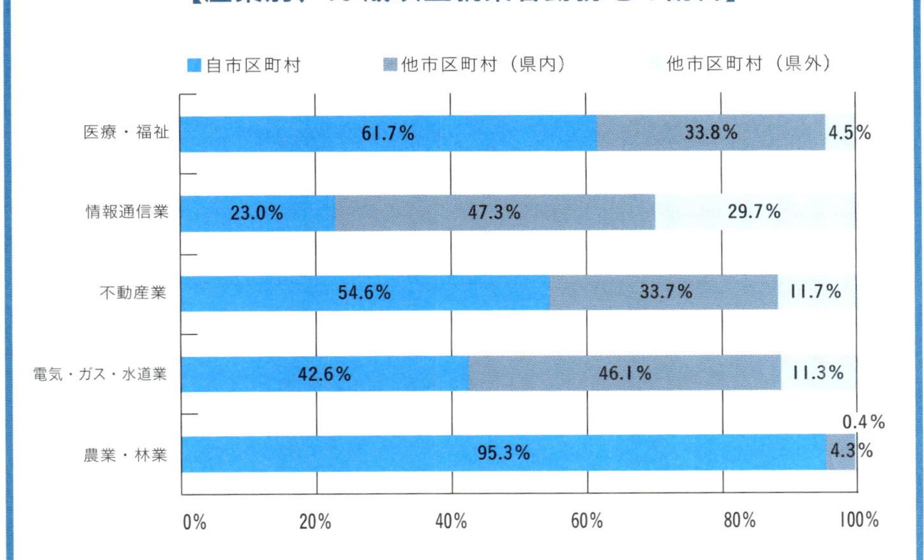

情報通信業では、県内勤務の就業者数は県外勤務の就業者数のおよそ何倍か。最も近いものを以下の選択肢の中から１つ選びなさい。

○ 0.8 倍

○ 1.6 倍

○ 2.4 倍

○ 4.7 倍

○ 7.5 倍

問題 29

解答 別冊 P30 解答時間 25秒

表を見て次の問いに答えなさい。

【山陽新幹線の主要駅間の距離表】

（単位：km）

			博多
		広島	280.7
	岡山		442.0
新大阪	180.3	341.6	622.3

岡山ー広島間は何kmか。以下の選択肢の中から１つ選びなさい。

- ○ 60.9km
- ○ 100.4km
- ○ 161.3km
- ○ 180.3km
- ○ 261.7km

【玉手箱】
計数テスト（表の穴埋め）

制限時間 20分

Check

問題 1

解答 別冊 P31  解答時間 30秒 

あるコンビニエンスストアで、6月から10月までの客単価と来店者数についてまとめている。

【平均客単価と来店者数】

	6月	7月	8月	9月	10月
平均客単価（円）	480	500	520	450	?
来店者数（千人）	5	5	5	6	7

10月期の平均客単価はいくらと推測できるか。

- ○ 400円
- ○ 425円
- ○ 455円
- ○ 485円
- ○ 510円

問題 2

解答 別冊 P32

ある建築設計事務所では、ある団地の修繕工事計画に際し、中層棟外壁の塗装費用の見積書を作成している。

【外壁塗装費用の見積金額】

	A 棟	B 棟	C 棟	D 棟	E 棟	F 棟
戸数	20	20	25	25	30	30
延床面積（㎡）	1,701	1,705	2,015	1,998	2,300	2,332
建築面積（㎡）	380	382	425	420	461	470
外壁面積（㎡）	2,200	2,214	2,464	2,398	2,590	2,790
見積金額（千円）	13,200	13,284	12,320	11,990	10,360	?

F棟の外壁塗装費用の見積金額はいくらと推測できるか。

- ○ 10,030 千円
- ○ 10,540 千円
- ○ 11,160 千円
- ○ 11,890 千円
- ○ 12,370 千円

問題3

解答 別冊 P32～33 解答時間 60秒

ある部品メーカーで、製品Aの四半期利益の推移についてまとめている。

【製品Aの四半期利益の推移】

	第1期（1月～3月）	第2期（4月～6月）	第3期（7月～9月）	第4期（10月～12月）
四半期利益（千円）	1,080	1,518	2,352	?
販売個数（千個）	45	66	112	85
原価（円/個）	120	115	105	110

第4期の四半期利益はいくらと推測できるか。

- ○ 1,870千円
- ○ 1,980千円
- ○ 2,060千円
- ○ 2,150千円
- ○ 2,290千円

問題 4

解答 別冊 P33 ～ 34

ある保険会社では、契約社員に関するデータをまとめている。

【契約社員のデータ】

	Aさん	Bさん	Cさん	Dさん	Eさん	Fさん
年齢（歳）	28	27	30	33	29	26
勤続年数（年）	5	4	7	11	5	3
担当地域	東北	東北	北関東	南関東	甲信越	甲信越
月平均契約件数（件）	31	25	33	41	19	28
給与（千円）	248	200	264	328	152	?

Fさんの給与はいくらと推測できるか。

- ○ 185 千円
- ○ 201 千円
- ○ 224 千円
- ○ 245 千円
- ○ 267 千円

問題5

解答 別冊 P34 ～ 35

あるゴルフ場で、毎月の売り上げデータをまとめている。

【各月の売上高】

	4月	5月	6月	7月	8月	9月
利用者数（人）	120	180	96	140	165	110
売上高（万円）	363.0	544.0	286.0	411.0	496.0	?

9月の売上高はいくらと推測できるか。

- ○ 290.0 万円
- ○ 315.5 万円
- ○ 330.0 万円
- ○ 350.5 万円
- ○ 375.0 万円

問題 6

解答 別冊 P35　解答時間 60秒

ある旅館では、宿泊プランを検討している。

【宿泊プラン】

（単価：円）

	プランA	プランB	プランC	プランD
2名利用	24,500	18,800	32,800	27,400
3名利用	34,300	26,300	45,900	38,400
4名利用	39,200	30,100	52,500	?

宿泊プランDの4名利用時の料金はいくらと推測できるか。

- ○ 40,500円
- ○ 41,600円
- ○ 42,700円
- ○ 43,800円
- ○ 44,900円

問題 7

解答 別冊 P36  解答時間 90秒 

ある引越請負会社では、引越作業を請負う際の見積案を検討している。

【引越作業依頼　見積案一覧】

	プランA	プランB	プランC	プランD	プランE
作業員数（人）	1	2	3	3	4
うち社員（人）	1	1	1	1	1
うちアルバイト（人）	0	1	2	2	3
社員平均人件費（千円／日）	15	15	15	15	15
アルバイト平均人件費（千円／日）	8	8	8	8	8
使用トラック	2tトラック	4tトラック	4tトラック	8tトラック	8tトラック
事務費（千円）	1.3	1.8	2.2	2.6	3.1
見積金額（千円）	21.3	34.8	43.2	53.6	?

プランEの見積金額はいくらと推測できるか。

- ○ 58.4 千円
- ○ 60.2 千円
- ○ 62.1 千円
- ○ 64.7 千円
- ○ 66.8 千円

問題 8

解答 別冊 P37　解答時間 45秒

あるリゾート地では、観光客の推移をまとめている。

【観光客の推移】

（単位：千人）

	2012 年	2013 年	2014 年	2015 年	2016 年
国内からの観光客	618	567	518	466	417
海外からの観光客	12	31	72	134	215
合計数	630	598	590	600	632

この観光客の推移が続くと仮定すると、海外からの観光客の人数が国内からの観光客の人数を上回るのは何年と推測できるか。

○ 2017 年

○ 2018 年

○ 2019 年

○ 2020 年

○ 2021 年

問題9

解答 別冊 P38

ある鉄道会社では、駅利用者数を時間帯ごとにまとめている。

【A駅　時刻別利用者数と上り電車本数一覧】

	5:00 ～ 7:00	7:00 ～ 9:00	9:00 ～ 11:00	11:00 ～ 13:00	13:00 ～ 15:00	15:00 ～ 17:00
利用者数（人）	2,692	14,010	4,162	3,116	3,132	?
各駅停車（6両編成）（本）	6	8	6	5	6	6
区間準急（6両編成）（本）	1	6	2	2	1	2
準急（8両編成）（本）	2	6	2	2	2	3
急行（10両編成）（本）	1	10	4	2	2	2

15:00 ～ 17:00 台のA駅利用者数は何人と推測できるか。

- 3,160 人
- 3,340 人
- 3,500 人
- 3,680 人
- 3,810 人

問題 10

解答 別冊 P38 ～ 39 解答時間 90秒 

ある自動車メーカーが、期間限定の特別販売企画を検討している。

【期間限定特別販売企画】

（単位：万円）

車種		シンプル企画（オプション無）		パフォーマンス企画（本革張りシート）		セーフティ企画（歩行者検知機能付）	
		通常価格	特別価格	通常価格	特別価格	通常価格	特別価格
versionA	2WD モデル	258	243	288	265	293	271
	4WD モデル	279	259	309	281	314	287
versionB	2WD モデル	378	363	408	385	413	391
	4WD モデル	399	379	429	401	434	?

versionB・4WD モデルのセーフティ企画の特別価格はいくらと推測できるか。

- ○ 4,030,000 円
- ○ 4,040,000 円
- ○ 4,050,000 円
- ○ 4,060,000 円
- ○ 4,070,000 円

問題 11

解答 別冊 P39 ～ 40　解答時間 45秒 

ある通信会社の支局への社員配置人数を集計した。

【支局社員配置人数表】

（単位：人）

年度		2013	2014	2015	2016
東海支局	営業部	98	84	95	112
	システム管理部	35	25	20	30
東北支局	営業部	35	30	34	?
	システム管理部	14	10	8	?

2016 年度の東北支局の営業部とシステム管理部の社員配置人数はそれぞれ何人と推測できるか。

- ○ 営業 36 人　システム管理 8 人
- ○ 営業 38 人　システム管理 10 人
- ○ 営業 40 人　システム管理 12 人
- ○ 営業 42 人　システム管理 14 人
- ○ 営業 44 人　システム管理 16 人

問題 12

解答 別冊 P40 解答時間 60秒

ある文房具店でコピー用紙を販売している。

【コピー用紙価格表】

販売枚数（枚）	20	100	500	2,500	5,000
包装形態	袋詰め	袋詰め	袋詰め	箱詰め	箱詰め
価格（円）	100	160	?	3,500	6,000

500 枚の販売価格はいくらと推測できるか。

- ○ 600 円
- ○ 650 円
- ○ 700 円
- ○ 750 円
- ○ 800 円

問題13

解答 別冊 P40～41 解答時間 60秒 

ある新規開店の、24時間営業のコンビニエンスストアで、第6週までの売り上げをまとめた。

【分野別商品売上表】

（単位：円）

	第1週	第2週	第3週	第4週	第5週	第6週
ファストフード	291,879	276,036	253,478	251,412	237,119	231,436
日配食品	208,485	197,169	181,056	179,580	169,371	?
文具・雑誌・雑貨	194,586	184,024	168,985	167,608	158,079	154,291
総来店者数（人）	1,695	1,603	1,472	1,460	1,377	1,344

日配食品の第6週の売上金額はいくらと推測できるか。

- ○ 165,312円
- ○ 166,523円
- ○ 166,725円
- ○ 167,821円
- ○ 168,265円

問題 14

解答 別冊 P41　解答時間 60秒

日本輸入車協会は、日本メーカー車の輸入乗用車新車登録数を集計した。

【輸入乗用車新車登録数】

（単位：台）

	2009 年	2010 年	2011 年	2012 年
日本メーカー車（逆輸入車）	3,561	3,578	4,283	4,764
輸入乗用車総計	29,654	27,523	30,562	?

2012 年の輸入乗用車総計は何台と推測できるか。

- ○ 31,187 台
- ○ 31,433 台
- ○ 31,555 台
- ○ 31,760 台
- ○ 31,884 台

問題 15

X 県で、農産物生産量の推移をまとめている。

【X県農産物生産量】

（単位：万 t）

	2012 年	2013 年	2014 年	2015 年	2016 年
じゃがいも	5.6	5.3	4.9	4.8	4.6
キャベツ	8.9	6.9	10.4	8.5	?
レタス	4.1	3.2	4.8	3.9	5.0
りんご	1.5	1.6	1.9	1.4	1.2

2016 年のキャベツの生産量はいくらと推測できるか。

- ○ 8.8 万 t
- ○ 9.6 万 t
- ○ 10.9 万 t
- ○ 11.7 万 t
- ○ 12.5 万 t

問題 16

解答 別冊 P43  解答時間 60秒

ある食器メーカーで、３年ごとのガラスコップの出荷個数と出荷額をまとめている。

【ガラスコップの出荷個数と出荷額】

	2001年	2004年	2007年	2010年	2013年	2016年
出荷個数（千個）	120	105	127	87	95	81
出荷額（千円）	12,000	9,450	10,160	6,090	5,700	？
従業員数（人）	37	29	28	25	24	18

2016 年の出荷額はいくらと推測できるか。

- ◯ 4,050 千円
- ◯ 4,700 千円
- ◯ 5,350 千円
- ◯ 6,050 千円
- ◯ 6,800 千円

問題 17

ある本屋で、新刊書の販売部数を調べている。

【新刊書販売部数の推移】

	発行初日	2日目	3日目	4日目	5日目	6日目
来店者数（人）	1,356	1,512	1,410	1,615	1,339	1,212
販売部数（部）	120	95	77	65	58	?

6日目の販売部数はいくらと推測できるか。

- ○ 38 部
- ○ 47 部
- ○ 55 部
- ○ 62 部
- ○ 70 部

問題 18

解答 別冊 P44 ～ 45

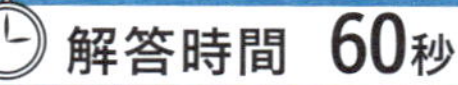

あるスーパーでは地域内の６店舗について、改装する前と後の来店者数と売上額の推移を表にしている。

【改装前後各半年の実績】

		A店	B店	C店	D店	E店	F店
改装前	1カ月あたりの平均来店者数（千人）	31.0	28.5	41.2	50.8	18.0	34.4
	1カ月あたりの平均売上額（百万円）	68.2	45.6	51.4	55.0	20.8	55.8
改装後	1カ月あたりの平均来店者数（千人）	37.2	34.2	49.44	60.96	21.6	41.28
	1カ月あたりの平均売上額（百万円）	102.3	68.4	77.1	82.5	31.2	?

F店の改装後の1カ月あたりの平均売上額はいくらと推測できるか。

- ○ 81.75 百万円
- ○ 82.8 百万円
- ○ 83.7 百万円
- ○ 84.85 百万円
- ○ 85.6 百万円

問題 19

解答 別冊 P45　解答時間 45秒

ある八百屋で、特売日の売り上げ予測をしている。

【特売日売上高予測】

	だいこん	にんじん	ごぼう	じゃがいも	さつまいも
通常時の売上高（百円 /日）	2,200	2,400	300	1,600	800
特売値引率（%）	50	35	20	40	35
特売日予測売上高（百円）	4,400	6,860	1,500	4,000	?

さつまいもの特売日予測売上高はいくらと推測できるか。

- ○ 1,800 百円
- ○ 1,920 百円
- ○ 2,000 百円
- ○ 2,150 百円
- ○ 2,290 百円

問題 20

解答 別冊 P46　解答時間 60秒

ある学習塾で、高校別の出願者数をまとめている。

【高校別出願者数】

（単位：人）

	A校	B校	C校	D校	E校
在籍生徒数	1,869	1,245	982	1,637	1,312
今年度出願者数	767	511	403	672	?
昨年度出願者数	780	498	398	685	535
教員数	37	29	19	24	33
職員数	15	12	11	18	19

E校の今年度出願者数は何人と推測できるか。

- 519人
- 538人
- 556人
- 577人
- 593人

コラム WEBテスティングの性格検査

WEB テスティングの性格検査は、日常の行動や考え方に近いものを選ぶ形式で、「**Aに近い～Bに近い**」の中から選択するパターン（図1）と「**あてはまらない～あてはまる**」の中から選択するパターン（図2）があります。実施時間は約15～30分です。

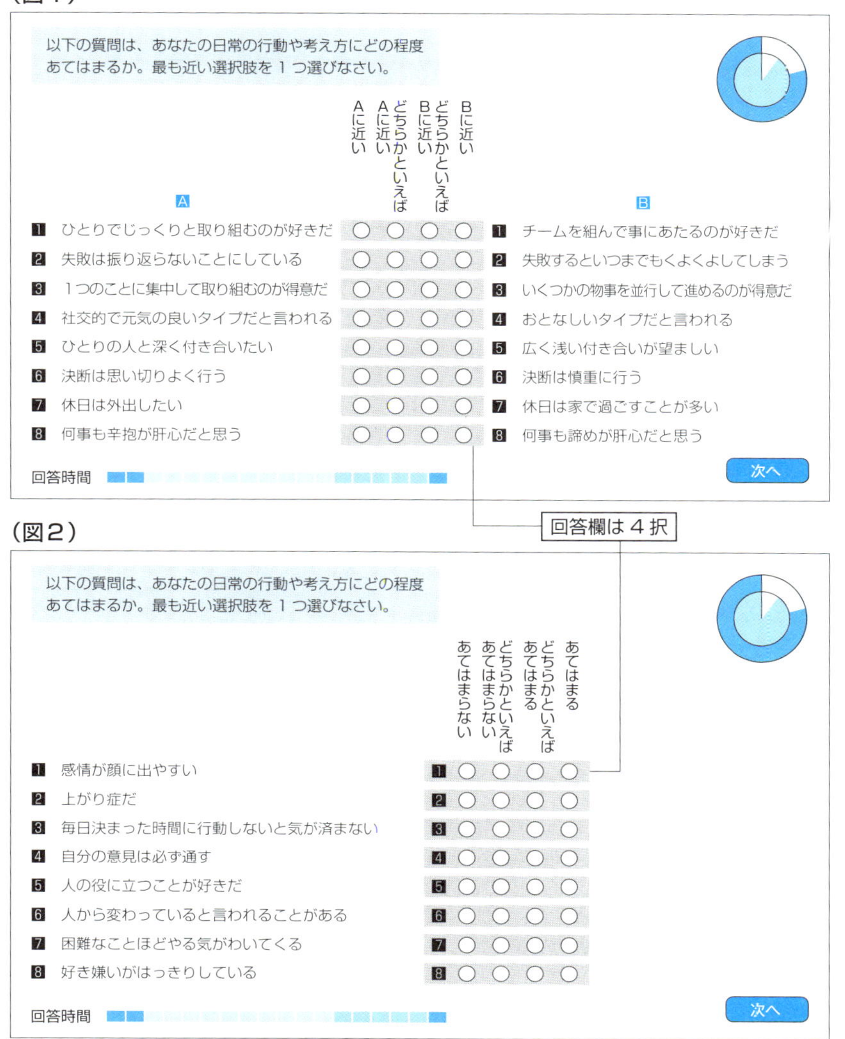

【玉手箱】言語テスト（GAB形式）

制限時間 7分

Check ☑☑☑

課題文 I

解答 別冊 P47　解答時間 100秒

以下の本文を読んで、設問文1つ1つについてA・B・Cのいずれに当てはまるかクリックして答えなさい。

人間の脳にとって、この世界がどのような成り立ちでできあがっているのか、それを知ることは、最も深く長続きのする「欲望」の対象であるはずである。私自身、「知る」ということに捧げた人生であるはずだった。ところが最近になって、知るということはいったいどのようなことなのか、確信が持てなくなってきた。考えれば考えるほど、ますますわからなくなっていく。いよいよ病は重い。しかし、それゆえに希望も増していく。情熱は闇夜の松明のように燃えさかる。

もともと、情熱（passion）という言葉は、キリストの「受難」（Passion）と同じ語源を持つ。この世で難を受けるからこそ、困ったことがあるからこそ、情熱は生まれる。誰だって、生きていくうえで苦しいことや悲しいことくらいある。だからこそ、生きるエネルギーも湧いてくるのである。親しみやすい演歌の世界からバッハのマタイ受難曲の至高の芸術性まで、情熱は受難によってこそ貫かれているのだ。

知的探求も同じだ。そう簡単にわかってしまったり、知り尽くしてしまえるのであれば、そもそも情熱は生まれない。「知る」ということが実にやっかいだからこそ、真理を熱心に探究する気持ちも強くなる。自分の志望する大学に入ったくらいで知の探究をやめてしまうような人は、もともと情熱の総量が足りない。本当に知るということの恐ろしさを知っている人は、無限を前にただ呆然とたたずむしかない。

（茂木健一郎『思考の補助線』ちくま新書）

【問1】

人間は脳で情熱をコントロールしている。

○ A　○ B　○ C

【問2】

困難な状況こそが情熱の源である。

○ A　○ B　○ C

【問3】

大学に入ってからが知の探究の始まりである。

○ A　○ B　○ C

【問4】

「知る」ということが難しいからこそ情熱が生まれる。

○ A　○ B　○ C

A　文脈の論理から明らかに正しい。または正しい内容を含んでいる。

B　文脈の論理から明らかに間違っている。または間違った内容を含んでいる。

C　問題文の内容からだけでは、設問文は論理的に導けない。

課題文 2

解答 別冊 P48　解答時間 100秒

以下の本文を読んで、設問文1つ1つについてA・B・Cのいずれに当てはまるかクリックして答えなさい。

1980年代に成熟期に入った日本は、挑戦という言葉を忘れたかのように守りに入った。それ以来、将来を語らず、世界の動きを先取りすることもなくなった。築き上げた体制に安住し、改革に目を背けてきた。気候の安定化に向けて産業社会を変えてゆこうとする世界の大きな流れを目の前にしても、将来ビジョンを語ることなく、目先の経済運営に終始している。変化に背を向ける人たちの、地球温暖化は嘘だ、二酸化炭素の排出削減はできない、やると損する、という大合唱が挑戦の足を引っ張ってきた。

しかし、もはや低炭素時代の到来は必至である。ならば、覚悟を決めてそこに乗り込んで行き、新たな時代の産業で国を興すしかない。日本は高齢化・人口減の国として世界の先頭を切っている。成長期で必要とされた、経済や産業における供給力主体の運営から、成熟期に入って、真の豊かさ、安全安心を保障する社会へと、生活者主体の運営に変わらなければならない時期にある。21世紀の新しいモデルとして、自信と誇りをもって国を運営してゆくありさまを世界に示す絶好の機会でもある。

「低炭素社会」は日本が世界に発信した概念で、広く社会や個人の行動や考えの改革までを含めている。日本とイギリスの共同研究で提案されていた「低炭素経済」という表現では、この改革の意味を十分に表せないのではないかということで、「低炭素社会」と言ったのである。

（西岡秀三『低炭素社会のデザイン』岩波新書）

【問5】
イギリスは低炭素社会に積極的に対応している。
○ A　○ B　○ C

【問6】
個人の行動や考え方の変化が二酸化炭素の排出削減につながる。
○ A　○ B　○ C

【問7】
産業社会を変革し、生活者が主体となった社会への運営を目指すべきだ。
○ A　○ B　○ C

【問8】
日本とイギリスの共同研究が発展することで低炭素社会の概念が生み出された。
○ A　○ B　○ C

A　文脈の論理から明らかに正しい。または正しい内容を含んでいる。

B　文脈の論理から明らかに間違っている。または間違った内容を含んでいる。

C　問題文の内容からだけでは、設問文は論理的に導けない。

課題文３

解答 別冊 P49　解答時間 100秒

以下の本文を読んで、設問文１つ１つについてA・B・Cのいずれに当てはまるかクリックして答えなさい。

マネジメントとは、「目標」を設定し、適切な「手段」を選択・実施して、その目標を達成していく「プロセス」を意味している。簡単に言えば「目標と手段の仕事」だ。このマネジメントというものについて、よく「日本人はマネジメントが苦手だ」といわれる。

例えば数年前に、ある自治体のプールで幼い少女が浄化設備の吸水口に吸い込まれて亡くなったとき、マスコミは「現場の危機管理に問題があった」と報じた。しかし、これは間違っている。問題は「事故が起きたときの危機管理」ではなく、「ずっと前から吸水口の金網がはずれていた」という「日ごろの管理」にあったのだ。つまり、日本人は危機管理が苦手なのではなく管理自体が苦手なのであって、危機的状況になるとそれが「バレる」だけなのである。

ちなみに、マネジメントに相当する日本語がそもそも存在しない。管理も運営も経営も、それぞれマネジメントとはニュアンスを異にしている。例えば「大学のマネジメント」は、教育・研究・人事・財務・施設整備・備品管理など、大学のあらゆる活動を包括する概念だ。しかしこれを「大学の経営」と訳してしまうと何か「主としてお金の出入りに関すること」といったニュアンスになってしまう。

（岡本薫『なぜ日本人はマネジメントが苦手なのか』KADOKAWA 中経出版）

【問 9】
目標の達成に向けたプロセスの管理がマネジメントである。
○ A ○ B ○ C

【問 10】
日本人は危機管理が苦手なため、マネジメントが苦手である。
○ A ○ B ○ C

【問 11】
マスコミの報道がマネジメントの浸透の妨げになっている。
○ A ○ B ○ C

【問 12】
日本にはマネジメントという概念が存在しない。
○ A ○ B ○ C

A　文脈の論理から明らかに正しい。または正しい内容を含んでいる。

B　文脈の論理から明らかに間違っている。または間違った内容を含んでいる。

C　問題文の内容からだけでは、設問文は論理的に導けない。

課題文 4

解答 別冊 P50　解答時間 100秒

以下の本文を読んで、設問文1つ1つについてA・B・Cのいずれに当てはまるかクリックして答えなさい。

論理展開を緻密に詰めていこうというとき、障害になるのが語句の意味の曖昧さだ。特に、我々はしばしば抽象的な言葉を好んで使いがちだが、それが落とし穴になる。

たとえば、「チャネルの最適化を図る」といった言い方をすることがあるが、はたして「チャネルの最適化」とは何なのか。まず、「チャネル」はどこまでを含むのか。外部チャネルだけを指すのか、それとも社内の営業担当者の物流網を含むのか。また、「最適化」とは何なのか。チャネル間摩擦の解消を指しているのか、不採算チャネルの切り捨てを指しているのか、それとも費用対効果の高いチャネル網を作ろうということなのか。

こうした抽象的な表現は、本人の頭の中に具体的なイメージがあり、単に表現されていないだけならまだ救いはあるのだが、多くの場合、具体的に考えることを放棄してしまい（抽象的レベルで思考停止してしまい）、何となく考えたつもりで実は何も考えていないというケースがほとんどである。第三者との共通認識をしっかり持つうえでも、大事なポイントは極力具体的に考え、表現したいものである。

（グロービス・マネジメント・インスティテュート
『MBA　クリティカル・シンキング』ダイヤモンド社）

【問 13】
ものをしっかりと考えていれば、抽象的な表現を使うことはない。

○ A　○ B　○ C

【問 14】
第三者との共通認識をもつためには、抽象的な思考を重視するべきである。

○ A　○ B　○ C

【問 15】
大事なポイントを具体的に考えれば、問題に対する解決策は見つかるものだ。

○ A　○ B　○ C

【問 16】
緻密な論理展開をするためには考えや表現の具体化が必要である。

○ A　○ B　○ C

A　文脈の論理から明らかに正しい。または正しい内容を含んでいる。

B　文脈の論理から明らかに間違っている。または間違った内容を含んでいる。

C　問題文の内容からだけでは、設問文は論理的に導けない。

【玉手箱】
言語テスト（IMAGES形式）

制限時間 6分

Check

課題文1

解答 別冊 P51～52 解答時間 80秒

以下の本文を読んで、設問文1つ1つについてA・B・Cのいずれに当てはまるかクリックして答えなさい。
ただし、4つの設問文の中には、AとCに該当するものがいずれも1つ以上含まれています。

不安に悩んでいる人に、不安のフィードバック情報を与えると、どんな効果があるだろうか。結果はさまざまだが、不安に悩む人の場合は、不安を軽くする方法に気づいていないのであるから、フィードバックされる情報は、「現在不安であり、それをうまくコントロールできていない」という内容になるであろう。そうすると、フィードバック情報が不安を増大するような思考を生んだり、焦りを引き起こしたりする。事実こうして、さらに不安が増大することがよくある。

一方、ある程度不安軽減の方法を持ち合わせている人の場合には、フィードバック情報が、不安軽減の効果的な戦略を弁別することで、不安軽減を促進することがある。たとえば、筋肉の力を抜けば不安が軽減するようなパターンになっている人が、筋電位によって、緊張している部分と力が抜けている部分の情報を与えてもらえば、効率よく筋肉をゆるめて、不安軽減が催促されることがある。つまり、すでに持ち合わせている不安軽減のさまざまな戦略の中で、今この戦略が有効であるということを伝えるようなフィードバック情報は、不安軽減を促進するのである。

（生月誠『不安の心理学』講談社現代新書）

【問1】
不安に悩んでいる人はフィードバック情報により不安が増大することがよくある。
○ A　○ B　○ C

【問2】
不安軽減の方法を持ち合わせている人にとってフィードバック情報は有益である。
○ A　○ B　○ C

【問3】
不安軽減のさまざまな戦略の中で有効な戦略を見つけるべきである。
○ A　○ B　○ C

【問4】
フィードバック情報により不安を増大させてしまう人もいれば軽減できる人もいる。
○ A　○ B　○ C

A　筆者が一番訴えたいこと（趣旨）が述べられている。

B　長文に書かれているが、一番訴えたいことではない。

C　この長文とは関係ないことが書かれている。

課題文２

解答 別冊 P52　解答時間 80秒

以下の本文を読んで、設問文１つ１つについてA・B・Cのいずれに当てはまるかクリックして答えなさい。
ただし、４つの設問文の中には、AとCに該当するものがいずれも１つ以上含まれています。

想起しやすさヒューリスティクスとは、人間が判断するさいに、心に思い浮かびやすい類例や記憶の鮮明さに過度に依存してしまうことである。我々は日常生活において、実際の統計的根拠とは無関係に、根拠の薄弱な経験だけに頼りすぎてはいないだろうか。溺れる者がワラをもつかむように、我々は主観的なイメージに頼りがちである。

たとえば、交通事故を考えるときに、我々は航空事故の惨劇をありありと思い浮かべることができる。一九八五年八月十二日夕方、日本航空123便、東京発大阪行きのジャンボジェットが群馬県多野郡上野村の御巣鷹の尾根に墜落した事故は、今なお人の心を揺さぶり、小説や映画の題材になっている。

しかしながら、実際には、航空事故の頻度は自動車事故の頻度とは比べものにならないくらい低い。事故で怖いのは、頻度からいえば、飛行機ではなく自動車のほうである。それでも、我々は自動車よりも飛行機を危ないものと考えがちである。これも飛行機事故の想起しやすさからくるバイアスの一種である。

（依田高典『行動経済学』中央公論新社）

【問５】
我々は主観的なイメージで物事をとらえすぎてしまう。
○ A　○ B　○ C

【問６】
飛行機より自動車のほうが事故を起こしやすい。
○ A　○ B　○ C

【問７】
我々は思い浮かびやすい経験と統計的根拠を結び付けている。
○ A　○ B　○ C

【問８】
飛行機事故のイメージは想起しやすさからくるバイアスにより作りだされている。
○ A　○ B　○ C

A　筆者が一番訴えたいこと（趣旨）が述べられている。

B　長文に書かれているが、一番訴えたいことではない。

C　この長文とは関係ないことが書かれている。

課題文３

解答 別冊 P53　解答時間 80秒

以下の本文を読んで、設問文１つ１つについてA・B・Cのいずれに当てはまるかクリックして答えなさい。
ただし、４つの設問文の中には、AとCに該当するものがいずれも１つ以上含まれています。

近代では、サラリーマンが築き上げる家庭像に、おおむね共通するモデルがあった。夫婦プラス子供２人の４人家族で、妻は専業主婦という構成だ。いわゆる「標準世帯」と呼ばれる家族のかたちである。

「標準世帯」は、年金制度の設計や住宅の間取りを決める基礎的前提となっていた。「4LDK」とか、「３号被保険者（配偶者が会社員、公務員、私立学校の教師など第２号被保険者で、夫によって生計を維持されている20歳以上60歳未満の人：大部分は専業主婦）」といった概念は、まさにこの「標準世帯」モデルに基づいたものである。

これにも違和感を持つ人が多いと思う。1970年でさえ全世帯の41.2％にすぎなかった「標準世帯」は、その後も減少を続け、2005年の国勢調査では29.9％になり、2030年には21％まで減っていく見込みである。

一方で増加一辺倒なのが「単身世帯」、すなわち１人暮らしだ。2005年は29.5％で、すでに標準世帯とほぼ同数となっており、2030年には37.4％にまで膨らむ見通しである。実態とかけ離れた「標準世帯」を、もはやモデルと呼ぶのは困難だ。

（三菱総合研究所編『「プラチナ社会」がやってくる！』
※収録：『三菱総研の総合未来読本 Phronesis「フロネシス」04』
丸善プラネット）

【問 9】

「標準世帯」は年金の制度設計における基礎的前提である。

○ A　○ B　○ C

【問 10】

「標準世帯」は今後減少が見込まれる。

○ A　○ B　○ C

【問 11】

「標準世帯」は実態に即しているとはいえない。

○ A　○ B　○ C

【問 12】

「標準世帯」より「単身世帯」のほうが重要になりつつある。

○ A　○ B　○ C

A　筆者が一番訴えたいこと（趣旨）が述べられている。

B　長文に書かれているが、一番訴えたいことではない。

C　この長文とは関係ないことが書かれている。

課題文４

解答 別冊 P54　解答時間 80秒

以下の本文を読んで、設問文１つ１つについてA・B・Cのいずれに当てはまるかクリックして答えなさい。
ただし、４つの設問文の中には、AとCに該当するものがいずれも１つ以上含まれています。

人間の歴史は、進化の歴史である。進化の歴史は、文明の発展の歴史だと言い換えてもよい。その文明の発展をうながしたものは、人間の作為であり、かくありたいと欲する工夫である。もう一つきめつけていえば、あくなき欲望であり、欲望を加工する人智である。

考えてみれば、人間は太古の昔から、ひたすら不便で貧しい生活からの脱却をはかってきた。少しでも快適で便利な暮らしを求めつづけてきた。そのために、より生きやすい環境をつくることに悪戦苦闘してきた。より豊かで恵まれた暮らしを目指して、生産の増大と富の獲得に惜しみなく努力してきた。

その結果、今日人間の知恵は、豊かで快適な生活をもたらす方向において、たしかに成功を収めた。

しかしながら、今日まで人間が営々として獲得してきた富と、人智を傾けて到達した文明が、はたして人間をほんとうに幸せにしているかどうか。人間の心をほんとうに豊かにしているかどうか。たしかに疑問なしとはしないだろう。

（林田愼之助『「タオ＝道」の思想』講談社現代新書）

【問 13】
人間の欲望が文明の発展を促した。
○ A　○ B　○ C

【問 14】
文明の発展は人間の欲望によりもたらされることはなかった。
○ A　○ B　○ C

【問 15】
豊かで快適な生活は人間の知恵によりもたらされた。
○ A　○ B　○ C

【問 16】
今日の富と文明は必ずしも人間の心を豊かにしていない。
○ A　○ B　○ C

A　筆者が一番訴えたいこと（趣旨）が述べられている。

B　長文に書かれているが、一番訴えたいことではない。

C　この長文とは関係ないことが書かれている。

【玉手箱】
言語テスト（趣旨把握形式）

制限時間 4分

Check ☑☑☑

問題１

解答 別冊 P55　解答時間 70秒

次の文章を読んで、筆者の訴えに最も近いものを選択肢の中から１つ選んでクリックしなさい。

少子化自体については、私はべつに心配をする理由がないと思っている。子どもの分まで、元気になった女性が引き受けてくれるであろうからである。それよりも将来にかかわる問題は、子どもの教育であろう。そっちのほうが、人数の問題より、はるかに深刻であろう。

いまでは数少ない子どもを、体力にすぐれた栄養のいい女性が、徹底的に面倒をみている。これでは子どもも大変にちがいない。私が子どもだったころは、大人は食物の入手に忙しく、子どもにかまうどころではなかった。私の家では父親がなく、母親が医者だったから、子どもの私はもっぱら外で遊んでいた。子どもたち同士で遊ぶ。いまでは少なくなったといわれる、年齢の異なった子どもたちの集団である。

年齢違いの子どもたちが集まって、日がな一日、遊んで暮らす。そのどこがいいか。一歳児を三歳児が、三歳児を五歳児が、五歳児を七歳児がというふうに、順送りに面倒をみる。そうして育つ子ども達のなかで、年上の連中は、自分がついこのあいだまでそうであった状態を、年下の子どもの面倒をみることによって再確認する。つまり学習でいうなら、復習するのである。さらに面倒をみてもらう年下の子たちは、少し発育の進んだ子どもと接することになる。これはすなわち予習である。異世代の子どもたちが団子になって遊ぶことの利点は、まさに発育の予習と復習を繰り返すこと、現代風にいうならフィードバックを繰り返しながら育つことである。

子どもたちだけで遊んでいるのは、親がつきっきりで面倒をみるのに比べたら、乱暴な育て方だ。いまではそう思っている母親が多いのではないかと思う。私はそれは逆ではないかと思う。子どもの集団のなかで育つほうが、じつは右に述べたように、ていねいに育っているのかもしれないのである。

（養老孟司『あなたの脳にはクセがある』中央公論新社）

○ A　少子化については特に心配する必要はない。

○ B　子育てをきちんとしようとしない共同体のあり方に問題がある。

○ C　母親のみに子育ての責任がかかっている現状には問題がある。

○ D　子どもの教育のためには、子どもは子どもの集団の中で育った方が良い。

問題2

解答 別冊P56　解答時間 70秒

次の文章を読んで、筆者の訴えに最も近いものを選択肢の中から1つ選んでクリックしなさい。

　これまで教養概念の中心には、文字があり書物がおかれていた。「教養がある」人とは多くの書物を読み、古今の文献に通じている人を指すことが多かった。当然読書の結果その人は世の中をよく知り、様々な事柄について的確な判断ができるとされていた。ときには「教養がある」人とは人格者でもあるとされていた。しかし歴史的に辿ってみると、それらは個人の教養に過ぎず、教養概念の一部分でしかないことが解る。「いかに生きるか」という問いを自ら立てる必要がなく、人生を大過なく渡っていた人々は数多くいたのである。それらの人々のことを考慮に入れ、「教養」の定義をするとすれば、次のようになるであろう。

「自分が社会の中でどのような位置にあり、社会のためになにができるかを知っている状態、あるいはそれを知ろうと努力している状況」を「教養」があるというのである。そうだとするとそのような態度は人類の成立以来の伝統的な生活態度であったことが解るだろう。

　たとえば農業に従事している人を考えてみよう。彼らは自分たちの仕事が人々の生活を支えていることを知っていたであろう。自分たちの仕事が社会の中でどのような位置を占めているかについては自ら考えをめぐらすことはなくても、知っていたであろう。ただし彼らがそのことを言葉に出して語るためにはもう一つの「教養」つまり文字が必要であったから、それが言葉になるためには長い年月が必要であった。しかし彼らはこうしたことを身体で知っていたから、「いかに生きるか」という問いを立てる必要もなかったのである。こうした人々の人生に向かう姿勢をあえて教養というとすれば、それは集団の教養というべきものであろう。

（阿部謹也『「教養」とは何か』講談社現代新書）

○ A　自分が社会の中でどのような位置にあり、社会のためになにができるか知っている状態、あるいはそれを知ろうと努力している状況が、「教養」があると定義づけられる。

○ B　個人の教養は、教養概念の一部分でしかない。

○ C　文字のない時代においては、「教養」は存在しなかった。

○ D　「教養がある」人とは、古今の文献に通じている人を指す。

問題3

解答 別冊 P56　解答時間 70秒

次の文章を読んで、筆者の訴えに最も近いものを選択肢の中から1つ選んでクリックしなさい。

今、日本の社会には「希望」がないと言われています。

たしかにテレビから流れるニュースは殺伐としたものばかりで、日々の我々の生活も忙しい。仕事に追われ、連日のスケジュールをこなしていくのに精一杯です。

そうした中で「希望」とは、いったいどこから生まれてくるものなのか。

「希望」とは空白から生まれるものです。未来が空白の状態から「希望」は生まれるのです。

だからもし、今僕たちが「希望」を持てていないとすると、それは僕たちがあまりにも「未来」を知りすぎているからかもしれません。

たとえば、自分が子どもだったころを思い出してみてください。幼い頃、僕たちにはスケジュールなんて無かったはずです。明日の夕方何時に、どこで誰と何をしているか。あるいは二週間後の何曜日、何時にどこで何をしているか。そんなことは誰も予定に組み込んでいなかったはずです。あるいは青春時代はどうでしょう。僕が甘美な理想を抱いた大学生だった頃、そんな未来の予定など分かってはいませんでした。一年後、自分がどこで何をしているかなんて想像もできなかった。

それが大人になった今は、すべて分かっています。数日後、一週間後、一ヵ月後、自分がどこで何をしているか、僕たちは未来を把握しています。スケジュール表にすべて書き込んであるからです。そこには「空白」のときなど、ほとんど存在していません。一年後ですら、さすがに多少変化はあるでしょうが、基本的にはそんなに状況は変わっていないはず。それを前提のこととして、我々は日々の生活を送っているのです。

僕たちは「未来」のことも、今の延長線上にあるものだと思ってしまっている。でもそれでは単なる予定であって、本当の意味での「未来」とは言えません。

やはり「空白」こそが「希望」の母なのです。一年後に自分がどういう行動をして、新たに何を受け入れているか。それが自分でも完全に予測はできていない。そういう精神の「空白」状態から、新たな「希望」や創造は生まれるのです。

（茂木健一郎『「赤毛のアン」に学ぶ幸福になる方法』講談社文庫）

○ A　今の延長線上にあるものは単なる予定であり「未来」ではない。

○ B　未来の中に「空白」を作れば新たな「希望」は生まれる。

○ C　大人になると「空白」のときなど、ほとんど存在しなくなる。

○ D　今の時代に「希望」がないのは「未来」を知りすぎているからである。

【玉手箱】 英語テスト（GAB形式）

制限時間 5分

Check

課題文 I

解答 別冊 P57 ～ 58

Read the text and choose the best description for each of the question that follow.

The first IQ Test was developed by the French psychologist Alfred Binet in 1905 by observing that average students could do assignments that mentally handicapped students couldn't. Then he estimated what was the normal ability for students of different ages. The French government wanted to use Binet's test to tell which children needed to be placed in schools for children with special needs, but testing for a person's intelligence quotient became a huge industry. Binet was forthright about the limitations of his scale at that time. He stressed that intelligence was not based solely on genetics and could also be influenced by environments. In fact, he thought that IQ Test was subject to variability and was not generalizable. Binet advanced his research and also developed his mental scale. Today, millions of IQ tests are being given to people when they join the military, to students entering school, and even job applicants.

Question 1 : Alfred Binet observed that average students and mentally handicapped students could perform the same assignments equally well.

O A　　O B　　O C

Question 2 : The French government used the test so that average students could go to special schools.

O A　　O B　　O C

Question 3 : IQ tests never became popular.

O A　　O B　　O C

A: The statement is patently TRUE or follows logically, given the information or opinions contained in the passage.

B: The statement is patently UNTRUE or the opposite follows logically, given the information or opinions contained in the passage.

C: You CANNOT SAY whether the statement is true or untrue, or follows logically, without further information.

課題文 2

解答 別冊 P58～59 解答時間 75秒 

Read the text and choose the best description for each of the question that follow.

Why do Americans carve pumpkins, wear costumes, and ask for candy on Halloween?

The holiday of Samhain was celebrated by the Celts in Ireland and Scotland on October 31st over a thousand years ago. It marked the beginning of winter. People would light large bonfires, wear silly masks and costumes, have feasts, and leave food out for their dead ancestors. It was a day to welcome loved ones who had died, a practice similar to Obon in Japan.

Carving pumpkins and asking for candy came from the legend of "Stingy Jack," an Irishman who offered to buy the devil a drink of whisky and then never paid for it. After Jack died, the devil made him wander the Earth forever with only a lantern made out of a carved turnip to light his way.

So Irish children carved lanterns out of turnips and called them "Jack-O-Lanterns" and carried them door to door asking people for "soul cakes" on October 31st. Turnips changed to pumpkins in America by Irish immigrants because pumpkins were more readily available, bigger, and easier to carve than turnips.

Question 1 : Pagans came after the Christians.

○ A ○ B ○ C

Question 2 : On Samhain people remembered their dead ancestors.

○ A ○ B ○ C

Question 3 : The story of "Stingy Jack" is true.

○ A ○ B ○ C

A: The statement is patently TRUE or follows logically, given the information or opinions contained in the passage.

B: The statement is patently UNTRUE or the opposite follows logically, given the information or opinions contained in the passage.

C: You CANNOT SAY whether the statement is true or untrue, or follows logically, without further information.

課題文 3

解答 別冊 P59 ～ 60

解答時間 75秒

Read the text and choose the best description for each of the question that follow.

In 1902, Roosevelt was on a bear hunt in Mississippi. The hunting party was getting very tired and discouraged, when their dogs caught an old bear and injured it. Then the hunting guide tied the old bear to a tree so Roosevelt could shoot the bear. Roosevelt refused saying there was no sport in that, but he did have the animal killed to save it from further suffering.

A political cartoonist heard the story and published a cartoon in the newspaper, but instead of showing an old bear, he depicted Roosevelt sparing a cute little bear cub.

A toy maker in New York saw the cartoon and created a little stuffed bear and asked Roosevelt for permission to call it the "Teddy Bear." Roosevelt said yes, and one of the most popular toys ever invented came into being.

Question 1 : Roosevelt didn't like nature.

○ A ○ B ○ C

Question 2 : The hunting guide wanted to make Roosevelt's hunt successful.

○ A ○ B ○ C

Question 3 : The cartoon depicted an old, injured bear tied to a tree.

○ A ○ B ○ C

A: The statement is patently TRUE or follows logically, given the information or opinions contained in the passage.

B: The statement is patently UNTRUE or the opposite follows logically, given the information or opinions contained in the passage.

C: You CANNOT SAY whether the statement is true or untrue, or follows logically, without further information.

課題文 4

解答 別冊 P60 ～ 61　解答時間 75秒 

Read the text and choose the best description for each of the question that follow.

Pancakes have become a popular breakfast to order for millions of people in the world, but the "maple syrup" people pour on their restaurant hotcakes is actually a blend of high fructose corn syrup, water, caramel color, cellulose, and sodium benzoate. There is no pure maple syrup in it.

Pure maple syrup is made in Canada (which produces 80% of the world's supply) and the Northeast United States. While maple trees are found in many places, the climate must be perfect for "sugaring season." This begins in late February and ends in April. It must be freezing at night and thawing during the day for people to collect the sap from the trees.

Pure maple syrup is expensive because it takes up to 50 gallons of sap to make one gallon of syrup. It's a slow process. The sap is collected drop by drop and then the water is evaporated out of the sap.

Healthy and delicious (it contains nutritionally significant amounts of zinc and manganese), real maple syrup makes pancakes (and other dishes) taste better.

Question 1 : The sugaring season takes place in the spring.

○ A ○ B ○ C

Question 2 : Canada produces 80% of the world's pure maple syrup.

○ A ○ B ○ C

Question 3 : Pure maple syrup is easy and inexpensive to produce.

○ A ○ B ○ C

A: The statement is patently TRUE or follows logically, given the information or opinions contained in the passage.

B: The statement is patently UNTRUE or the opposite follows logically, given the information or opinions contained in the passage.

C: You CANNOT SAY whether the statement is true or untrue, or follows logically, without further information.

【玉手箱】英語テスト（IMAGES形式）

制限時間 5分

Check

課題文 I

解答 別冊 P62〜63

以下の英語の文章を読んで、設問に適する解答をA～Eの選択肢から選び、ボタンをクリックしなさい。

After the disaster of nuclear power plant in Fukushima, Japan, many countries have reviewed their energy policies. At the same time, the consumption of coal has rapidly risen in Europe, especially the import of coal from the US has shown a sharp increase.

First, coal is a cheap alternative to other resources. Coal fulfills about a quarter of the world's energy demand and it also generates almost 40% of the global electricity. In addition, about 70% of the total global steel production depends on the heat gained by burning coal. Accordingly, coal is a source of energy which is less risky than nuclear power and easier and cheaper than oil and gas. Second, the US has developed a new technology to exploit shale oil, which is even cheaper than coal, and it has expanded the oil production. It is no wonder that the US wants to export abundant coal overseas.

However, it involves negative dimension. Coal is responsible for about 40% of the worldwide carbon dioxide emissions from fossil fuels. Further, coal emits about a third more carbon dioxide per unit of energy than oil, and 70% more than natural gas.

Question 1 : Why is Europe importing more coal from the US?

- ○ A Because coal is cheaper than oil and gas.
- ○ B Because coal is easy to refine.
- ○ C Because coal produces massive heat.
- ○ D Because coal is mined all over Europe.
- ○ E Because coal is easy to transport.

Question 2 : Which percent does coal provide of the world's energy demand?

- ○ A About 70%
- ○ B About 25%
- ○ C More than 40%
- ○ D Less than 20%
- ○ E About 80%

Question 3 : What is the problem with coal consumption?

- ○ A Coal gives harmful effects on human health.
- ○ B Coal promotes global consumption of energy.
- ○ C Coal enters competition with natural gas.
- ○ D Coal raises the global oil market.
- ○ E Coal emits a great amount of carbon dioxide.

課題文２　解答 別冊 P64～65　解答時間 75秒

以下の英語の文章を読んで、設問に適する解答をA～Eの選択肢から選び、ボタンをクリックしなさい。

According to a research in the Journal of the American Medical Association, there is happy news for people on the obese side. The research states that the overweight are less likely to die earlier than people with standard weight. Health specialists condueted 97 studies covering about 2.9 million people in order to compare death rates with Body Mass Index (BMI: weight÷height^2) —a way to measure the obesity. A standard or healthy BMI lies between 18.5 and 25.0.

However, the report revealed that overweight people (with a BMI between 25 and 30) were 6% less likely to die early than people with a standard BMI. What's more, mildly obese people (with a BMI between 30 and 35) could live up to the same age as people with a healthy BMI. One possible explanation is that overweight people are conscious of their health and willing to have medical treatment. As a result, when people have a slight ailment, they may be more careful about their health. On the other hand, the report faced severe criticism from other medical experts because they insisted that obesity clearly leads to various diseases. According to the criticism, obese people may think that being fat is not so bad. One of them called it "complete hogwash."

Question 1 : What is the Body Mass Index (BMI)?

○ A　The standard to predict life span.

○ B　The index to measure body fat based on an adult's height and weight.

○ C The index to measure healthy life style.

○ D The standard to calculate the best weight.

○ E The index to measure calorie consumption.

Question 2: Which is a BMI for “mildly obese people”?

○ A 17

○ B 22

○ C 27

○ D 32

○ E 37

Question 3: How did other medical researchers react to the report?

○ A They generally accepted the report.

○ B There was a controversy about the definition of BMI.

○ C Many health experts supported the result but statisticians criticized it.

○ D Some experts in medicine cast a doubt on the report.

○ E It can not be concluded from the information given in the passage.

課題文 3

解答 別冊 P66～67 解答時間 75秒 

以下の英語の文章を読んで、設問に適する解答をA～Eの選択肢から選び、ボタンをクリックしなさい。

The number of registered sites in UNESCO's World Heritage list has exceeded 930 and it will soon reach 1,000. There are a variety of guide books and photographic collections published to explain each of the sites. However, Having such a great number of registered sites is an excessive burden on the World Heritage Fund, which distributes the contributions from the UNESCO member states.

In addition, too many applications to the registration often cause conflicts over the conditions and qualifications as World Heritage. Many states expect the registration to promote the national assets and invite more tourists. This is why governments and locals engage in large-scale invitation campaigns. Ironically, however, as the number of the sites increases, the prestige of the World Heritage might decrease.

Another criticism is that the UNESCO is culturally biased towards Europe and North America, which occupy about 48% of all the sites. Italy has the most Heritage sites (47), followed by Spain (43), China (41), France (37), Germany (36) and so on. By comparison, African and Middle Eastern nations have less number of sites on the Heritage list.

Question 1 : How does the UNESCO maintain the World Heritage Fund?

○ A　Member states pay their contributions.

○ B　Developed countries donate a large part of the Fund.

○ C　The admission tourists pay is collected for the Fund.

○ D　Private donations and contributions from member states are added up.

○ E　The UN gives a special budget for the UNESCO.

Question 2 : Why do many countries try to have their national treasures registered in the World Heritage?

○ A　They want to protect historically important buildings.

○ B　They want to invest on developing the Heritage sites.

○ C　They hope that the registration will make their country more popular.

○ D　They expect tourists to donate for the conservation of the sites.

○ E　They want to attract more tourists who visit the World Heritage.

Question 3 : Which nation ranks second in the number of the registered sites?

○ A　France
○ B　Italy
○ C　China
○ D　Spain
○ E　Germany

課題文 4

解答 別冊 P68 ～ 69　解答時間 75秒 

以下の英語の文章を読んで、設問に適する解答をA～Eの選択肢から選び、ボタンをクリックしなさい。

About a decade ago, a wrinkle-free shirt was a hit among busy business people because they did not have to iron the shirt. And now Chinese scientists have developed a self-cleaning cotton fabric that may soon eliminate the need to wash clothes.

The scientists used titanium dioxide— a chemical known to be an effective catalyst to decompose organic pollutants. The substance has already been applied to "stay-clean kitchen" and "odor-free socks." However, the developers had to overcome a problem that self-cleaning power gets activated only under ultraviolet light. Therefore, they created a nanoparticle compound made up of titanium dioxide and nitrogen in order to soak the particle of titanium dioxide into the fabric.

In an experiment, the fabric stained orange was washed in water without any detergent and hung out in the sun. After the exposure to the sun for six hours, about 99% of the stain was removed.

Question 1 : Why was a wrinkle-free shirt popular?

- ○ A Because it was cheaper than other shirts.
- ○ B Because it was light to wear.
- ○ C Because it always stayed clean.
- ○ D Because it was easy to care for.
- ○ E Because it smelled nice.

Question 2 : What is the important role of titanium dioxide?

- ○ A It reacts to the wind.
- ○ B It creates new substance in the air.
- ○ C It removes the wrinkle of the fabric.
- ○ D It makes the fabric stronger.
- ○ E It helps the decomposition of the dirt.

Question 3 : How long should the fabric be hung out in the sun to remove the stain?

- ○ A Less than one hour
- ○ B Two hours
- ○ C Six hours
- ○ D Ten hours
- ○ E About a day

【WEB テスティング】能力検査①

Check

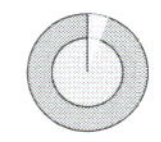

解答 別冊 P70～71  解答時間 225秒 

表はある美術館の年間来場者数の５年ごとの推移を利用者区分別にまとめたものである。以下の問いに答えなさい。

	平成 20 年	平成 25 年	平成 30 年
成人（大学生以上）	76,000 人	83,000 人	87,600 人
中高生	17,000 人	16,500 人	20,400 人
小学生以下	23,500 人	22,000 人	24,800 人

1 平成 30 年の中高生の来場者数は、平成 20 年の［　　　］倍である(必要なときは小数点以下第３位を四捨五入すること)。

1 回答欄

2 次のア、イ、ウのうち、正しいものはどれか。A～F の中から１つ選びなさい。

ア　平成 20 年の総来場者数は平成 30 年の総来場者数の 80％以下である

イ　平成 30 年の来場者数のうち平成 20 年に対する増加率が最も大きかったのは「中高生」である

ウ　平成 25 年の総来場者数に占める成人の割合は 70％以上である

A　アだけ　　B　イだけ　　C　ウだけ

D　アとイの両方　　E　アとウの両方

F　イとウの両方

2 回答欄　○A　○B　○C　○D　○E　○F

次へ

回答時間

解答 別冊 P71　解答時間 75秒

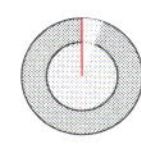

以下の５つの熟語の成り立ち方として、適したものをA～Dの中から１つずつ選びなさい。

3 優秀

4 民営

5 脳波

6 地震

7 空虚

A　似た意味を重ねる
B　前が後ろを修飾する
C　主語と述語の関係
D　A～Cのどれでもない

3 回答欄　○A　○B　○C　○D

4 回答欄　○A　○B　○C　○D

5 回答欄　○A　○B　○C　○D

6 回答欄　○A　○B　○C　○D

7 回答欄　○A　○B　○C　○D

次へ

回答時間

解答 別冊 P71 ~ 72　解答時間 75秒

以下の５つの熟語の成り立ち方として、適したものをＡ～Ｄの中から１つずつ選びなさい。

8　着陸

9　退職

10　有無

11　表面

12　豊富

A　反対の意味を重ねる
B　動詞の後ろに目的語がくる
C　前が後ろを修飾する
D　A～Cのどれでもない

8	回答欄	○A	○B	○C	○D
9	回答欄	○A	○B	○C	○D
10	回答欄	○A	○B	○C	○D
11	回答欄	○A	○B	○C	○D
12	回答欄	○A	○B	○C	○D

次へ

回答時間

解答 別冊 P72 ～ 73　解答時間 60秒

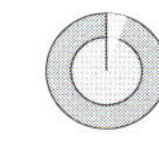

以下の3つの文を完成させるためにA～Eの中から最もつながりのよいものを1つずつ選びなさい。ただし、同じ選択肢を重複して使うことはありません。

13 利用者同士なら無料で可能な通話はもちろんだが、［　　］。

14 いったん友人と判断され、互いにつながれば、［　　］。

15 既存の電話会社と異なり、無料通話アプリを提供するのに必要なのは、［　　］。

（『日経ビジネス　2012年12月3日号』日経BP社）

A　後は様々なツールを用いてコミュニケーションできる
B　こうした新たな脅威が理由だ
C　携帯のキラーアプリだった電子メールにも影響を与える
D　極論すればソフトとサーバーだけ
E　電話番号を変更せずに携帯電話事業者を移行できるというもの

13 回答欄　○A　○B　○C　○D　○E

14 回答欄　○A　○B　○C　○D　○E

15 回答欄　○A　○B　○C　○D　○E

次へ

回答時間

解答 別冊 P73　解答時間 60秒

以下の３つの文を完成させるためにＡ～Ｅの中から最もつながりのよいものを１つずつ選びなさい。ただし、同じ選択肢を重複して使うことはありません。

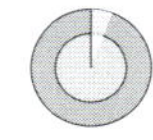

16 以前のようにツアー客がバスを横付けする姿は見えなくなったが、［　　　　］。

17 ツアー代金だけでは利益が出ない旅行会社にとって、［　　　　］。

18 中国団体観光客への依存は政治的要因で「客が消える」リスクが大きいのみならず、［　　　　］。

（『日経ビジネス　2012年12月3日号』日経BP社）

A　個人や少人数グループの客足は絶えない
B　ほかの国からの集客のチャンスを見逃すことにもなる
C　利益の一部を旅行会社側にキックバックする
D　日本にとっても、さらに中国の旅行客にとっても、プラスになる
E　稼ぎどころの１つは土産物屋や免税店からのバックマージンだ

16 回答欄　○A　○B　○C　○D　○E

17 回答欄　○A　○B　○C　○D　○E

18 回答欄　○A　○B　○C　○D　○E

次へ

回答時間

解答 別冊 P73～74　解答時間 45秒

文中のア～エの空欄にA～Dの語句を入れて文を完成させるとき、最も適切な組み合わせを答えなさい。

19 そのど真剣な［ア］［イ］［ウ］［エ］することはできません。

（稲盛和夫『生き方』サンマーク出版）

A　正しい考え方をしようとも
B　いかに能力に恵まれ
C　熱意がなければ
D　人生を実り多きものに

19 回答欄

ア	○A	○B	○C	○D
イ	○A	○B	○C	○D
ウ	○A	○B	○C	○D
エ	○A	○B	○C	○D

次へ

回答時間

解答 別冊 P74　解答時間 45秒

文中のア～エの空欄にA～Dの語句を入れて文を完成させるとき、最も適切な組み合わせを答えなさい。

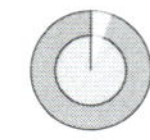

20 仕事において、[ア] [イ] [ウ] [エ] ついてきます。

（前田佳子『伝説コンシェルジュが明かすプレミアムなおもてなし』ダイヤモンド社）

A　スキルは自然と
B　悩む人がいますが
C　マインドが高ければ
D　スキル不足で

20 回答欄

ア	○A	○B	○C	○D
イ	○A	○B	○C	○D
ウ	○A	○B	○C	○D
エ	○A	○B	○C	○D

次へ

回答時間

解答 別冊 P75　解答時間 45秒

文中の空欄に入れる語句として最適なものを、A～D の中から１つ選びなさい。

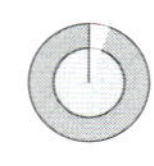

幕府が釘をさしているのは、政治的なデモンストレーションである上洛の員数は法令通りにすることと、公の役は石高に応じて負担するという二点である。参勤の人数については、幕府も［　］。

（山本博文『参勤交代』講談社）

21
A　あまり要求する必要はなかった
B　さらに厳しく制限しなければならなかった
C　法令を順守することはなかった
D　細部にわたり規定しようとした

21 回答欄　○A　○B　○C　○D

次へ

回答時間

解答 別冊 P75 ～ 76　解答時間 180秒

以下の文を読んで問いに答えなさい。

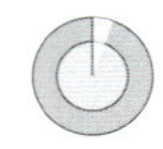

そもそも企業はなぜ複数の事業を持つのであろうか。大きく分けて２つの理由が存在する。【a】１つは、関連事業をはじめとして［　　　　］し、事業領域を拡大することにより成長の機会を得るためである。もう１つは、事業環境の変化によるリスクを分散するためである。【b】

事業範囲が拡大するにつれ、企業は個別事業戦略だけでなく、新たに参入すべき事業の選択や事業間の資源配分、事業を全体としてうまく運営していくための全社戦略を重視せざるをえなくなってくる。

全社戦略の要である事業ポートフォリオを考える際は、３つの要素を勘案するのが効果的とされている。第１は事業の魅力度をどう評価するかという点である。第２は、自社がその事業で競争上の優位性を構築する可能性の評価である。【c】第３は、事業間のシナジーの問題である。すなわち、自社の他の事業との相乗効果がどれだけ期待できるかの評価である。【d】

（グロービス経営大学院『MBA マネジメント・ブック』ダイヤモンド社）

22 次の一文を挿入するのに最も適切な場所は、文中の【a】～【d】のうちどこか。

この２つを合せて平たく言うと、儲かるのか、勝ち目はあるのかということである。

A 【a】
B 【b】
C 【c】
D 【d】

22 回答欄 ○A ○B ○C ○D

23 文中の空所［　　　　］に入るべき言葉として、適切なものは次のうちどれか。

A　細分化
B　多角化
C　国有化
D　単一化

24 文中下線の部分3つの要素について、次のア、イの正誤を答えなさい。

ア　競合他社より自社事業が優位となることができるか判断する。
イ　事業毎の独立性がリスク軽減につながる。

A　アもイも正しい
B　アは正しいがイは誤り
C　アは誤りだがイは正しい
D　アもイも誤り

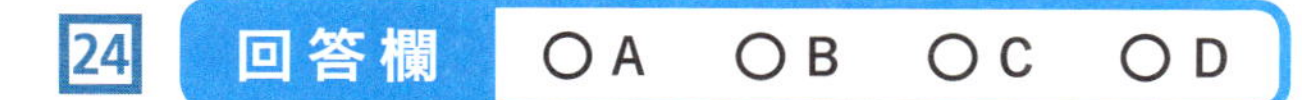

次へ

回答時間

解答 別冊 P76　解答時間 45秒

文中の空欄に入れる語句として最適なものを、A～Dの中から1つ選びなさい。

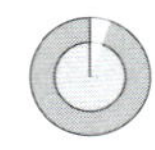

以前から合併、買収が頻繁に行われていたアメリカでは、企業と従業員、また従業員同士のコミュニケーションを向上させることが重要視されてきました。これが上手くいけば企業の活性化につながりますし、逆に上手くいかないと、[　]、不祥事の発端にもなりかねません。

（矢島尚『好かれる方法』新潮社）

25
- A　企業の財務状況がさらに悪化する事態を招き
- B　単に働きづらいというような問題が起きるだけでなく
- C　これまでに築かれてきた顧客との信頼関係を失い
- D　競争相手である他社を利することになるうえに

25　回答欄　○A　○B　○C　○D

次へ

回答時間

 解答時間 180秒

空欄にあてはまる数値を求めなさい。

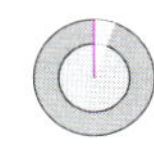

26 朝の清掃作業に集まった人のうち男性の割合は36％だった。また、集まった女性のうち大学生の割合は25％だった。このとき、集まった人数のうち、大学生の女性の割合は［　　　］％である（必要な時は、最後に小数点以下第1位を四捨五入すること）。

26 回答欄 ［　　　］

27 ある結婚式の席について、列席者が円卓に4人ずつ座ると3人が座れなくなる。また、5人ずつ座ると最後の円卓には4人が座ることになり、円卓が4つ余る。このときの列席者は［　　　］人である。

27 回答欄 ［　　　］

28 あるファストフード店では、バーガー類などにポテトセット250円かサラダセット320円を付けることができる。チキンバーガー［　　　］円にポテトセットを付けた価格は、サラダセットを付けた価格の7/8になる。

28 回答欄 ［　　　］

次へ

回答時間

空欄にあてはまる数値を求めなさい。

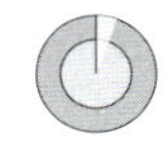

29 P・Q・Rの3人が10点満点のテストを受けた。3人の得点について、以下のことがわかっている。

ア　3人の合計点は26点だった

イ　Pの得点はQの得点より3点高かった

このとき、Rの得点は［　　　］点である。

29 回答欄

30 ある店で商品A・B・Cの販売価格を比べたところ、高い方からA・B・Cの順であり、以下のことがわかっている。

ア　3つの商品の販売価格の平均は70円だった

イ　商品AとCの販売価格の差は8円だった

このとき、商品Aの販売価格は最も高くて［　　　］円である。

30 回答欄

31 サイコロを3回振った。出た目について、以下のことがわかっている。

ア　出た目の和は11だった

イ　最大の目と最小の目の差は3だった

このとき、出た目の積は［　　　］である。

31 回答欄

次へ

回答時間

解答 別冊 P80〜81 解答時間 120秒

空欄にあてはまる数値を求めなさい。

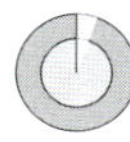

32 A：B：C＝5：12：22 であり、A＋B＋C＝273 のとき、Bは［　　　］である。

32 回答欄 ［　　　］

33 ある電車がP駅からQ駅を通過してR駅まで走行した。PQ駅間は平均時速78km/時で12分、QR駅間は平均時速66km/時で6分かかったとすると、PR駅間の平均時速は［　　　］km/時である（必要なときは、最後に小数点以下第1位を四捨五入すること）。

33 回答欄 ［　　　］

次へ

回答時間

解答 別冊 P81 ～ 82 解答時間 60秒 

以下について、ア、イの情報のうち、どれがあれば［問い］の答えがわかるかを考え、A～Eの中から正しいものを1つ選び、答えなさい。

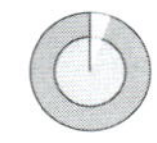

34 現在、父の年齢は子どもの年齢のちょうど5倍である。
［問い］ 父は何歳か。
ア　4年前、父の年齢は子どものちょうど9倍だった
イ　8年後、父の年齢は子どものちょうど3倍になる

A　アだけでわかるが、イだけではわからない
B　イだけでわかるが、アだけではわからない
C　アとイの両方でわかるが、片方だけではわからない
D　アだけでも、イだけでもわかる
E　アとイの両方があってもわからない

34 

次へ

回答時間

解答 別冊 P82 解答時間 60秒

空欄にあてはまる数値を求めなさい。

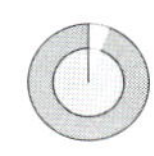

35 ある小学校では学年別のマラソン大会が行われ、優勝者はU・V・W・X・Y・Zであった。優勝者について、以下のことがわかっている。

ア　UはVより3学年下である
イ　WはUより2学年下である
ウ　YはXより2学年上である

このとき、Zは［　　　］年生である。

35 回答欄

次へ

回答時間

空欄にあてはまる数値を求めなさい。

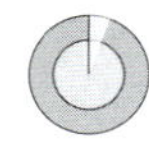

36 あるイタリア料理店のコースでは前菜３種類の中から１品、パスタ４種類またはピッツァ３種類の中から１品、デザート２種類の中から１品の計３品を選ぶことができる。コースの選び方は［　　］通りである。

36 回答欄

37 ３個のサイコロを同時に振る。出た目の積が偶数になる確率は［　　］／［　　］である。約分した分数で答えなさい。

37 回答欄

38 １から６までの目をもつ六面体でできたサイコロＡと、１から８までの目をもつ八面体のサイコロＢがある。それぞれのサイコロの目の出かたはどの目も同じ確率である。これらのサイコロを同時に投げる時、出た目の数の和が11になる確率は［　　］／［　　］である。約分した分数で答えなさい。

38 回答欄

次へ

回答時間

解答 別冊 P85 ～ 87　解答時間 180秒

空欄にあてはまる数値を求めなさい。

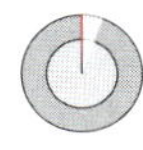

39 ある木にいる昆虫について調査を行った。樹液を吸う昆虫が134 個体、鳴く昆虫が45 個体だった。樹液を吸い、かつ鳴く昆虫が23 個体だったとき、樹液を吸うが鳴かない昆虫は［　　　］個体である。

39 回答欄 ［　　　］

40 ある大学で言語分野、非言語分野の 2 種類の試験を行った。言語分野ができた学生は 258 人、非言語分野ができた学生は 192 人だった。両方できた学生は全体の 1 / 6 で、両方できなかった学生は全体の 1 / 8 だったとき、試験を受けた学生は全体で［　　　］人である。

40 回答欄 ［　　　］

41 180 人を対象に旅行の好みについてアンケートをとった。海外旅行が好きな人は全体の 60 %、国内旅行が好きな人は全体の 75 %だった。また、海外旅行が好きでない人のうち、50 %は国内旅行も好きではなかった。このとき、両方好きな人は［　　　］人である。

41 回答欄 ［　　　］

次へ

回答時間

解答 別冊 P88 解答時間 45秒 

文中の空欄ア〜ウに入れるのに最適な語を、A〜Cの中から１つずつ選びなさい。ただし、それぞれの語は１回だけ使うものとします。

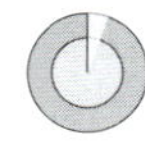

42 （アジアの開発途上の国などにみられる）インフォーマル・セクターで働く人々はできるならば、工場、事務所、商店などの［ア］安定した職業分野（フォーマル・セクター）で仕事がないかと［イ］探し求めている。しかし、そうした機会は［ウ］空きができたとしても、ほとんど縁故者その他で埋められてしまい、割り込む隙もない。

（桑原靖夫『国境を越える労働者』岩波書店）

A　仮りに
B　絶えず
C　相対的に

42 回答欄

ア	○A	○B	○C
イ	○A	○B	○C
ウ	○A	○B	○C

次へ

回答時間

【WEB テスティング】
能力検査②

制限時間
35分

Check

解答 別冊 P89 ～ 90 解答時間 225秒

各設問では、文字または文字列が、それぞれ一定の規則性にしたがって並んでいます。どのような規則性に基づいて並んでいるかを考え、空欄に入る文字または文字列を回答欄に入力しなさい。

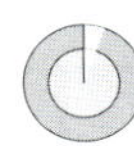

1 g j h k i l j m k n l □ m p 　　1 回答欄

2 1 2 4 5 7 □ 　　2 回答欄

3 g h m i j o k l q m n □ o p u 　　3 回答欄

4 もめほへの□とて 　　4 回答欄

5 e f d h i g k l j n o m □ r 　　5 回答欄

次へ

回答時間

解答 別冊 P90～91　解答時間 75秒 

以下の５つの熟語の成り立ち方として、適したものをA～Dの中から１つずつ選びなさい。

6 執筆

7 遺言

8 親疎

9 尊敬

10 誠意

A　似た意味を重ねる
B　反対の意味を重ねる
C　動詞の後ろに目的語がくる
D　A～Cのどれでもない

6 回答欄　○A　○B　○C　○D

7 回答欄　○A　○B　○C　○D

8 回答欄　○A　○B　○C　○D

9 回答欄　○A　○B　○C　○D

10 回答欄　○A　○B　○C　○D

次へ

回答時間

解答 別冊 P91 ～ 92　解答時間 75秒

以下の５つの熟語の成り立ち方として、適したものをA～Dの中から１つずつ選びなさい。

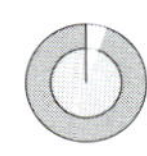

11 巧拙

12 偏食

13 消灯

14 包囲

15 禍福

A　似た意味を重ねる
B　前が後ろを修飾する
C　反対の意味を重ねる
D　A～Cのどれでもない

11 回答欄 ○A ○B ○C ○D

12 回答欄 ○A ○B ○C ○D

13 回答欄 ○A ○B ○C ○D

14 回答欄 ○A ○B ○C ○D

15 回答欄 ○A ○B ○C ○D

次へ

回答時間

解答 別冊 P92 解答時間 60 秒

以下の３つの文を完成させるためにＡ～Ｅの中から最もつながりのよいものを１つずつ選びなさい。ただし、同じ選択肢を重複して使うことはありません。

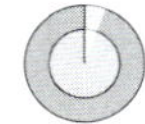

16 ［　　　］、無降水日数の頻度も多くの地域で増加すると予測されている。

17 ［　　　］、従来の対策で「安全」「守れる」とされてきたものが通用しなくなる深刻な問題が生じる恐れがある。

18 ［　　　］、これらを受け止める我が国社会の「脆弱性」の変化を考慮する必要がある。

A　既存の想定を上回る豪雨等の高頻度化により
B　受ける被害は外力の強さのみに依存するものではなく
C　強い台風の発生数、台風の最大強度、最大強度時の降水強度は
D　気候変動がもたらす災害の激甚化に備えるための
E　短時間強雨の頻度がすべての地域で増加する一方で

（『平成 28 年版防災白書』内閣府）

16 回答欄　○A　○B　○C　○D　○E

17 回答欄　○A　○B　○C　○D　○E

18 回答欄　○A　○B　○C　○D　○E

次へ

回答時間

解答 別冊 P93 解答時間 45秒

文中の空欄ア〜ウに入れるのに最適な語を、A〜Cの中から1つずつ選びなさい。ただし、それぞれの語は1回だけ使うものとします。

19 最近は、単に人気取りでなく、大企業などの［ア］を受けて、ある具体的目的（利潤追求第一であり住民の環境を悪化させるような内容の再開発事業など）を持って企画される「まちづくり運動」もあるので、［イ］が必要です。このようなケースは別ですが、一般には自治体主導ではじまっても、住民の［ウ］と民主的運営が保証されていれば、住民主体のまちづくり運動に発展することが可能です。

（本多昭一『私たちのまちづくり運動』新日本新書）

A　参加
B　注意
C　意向

19 回答欄

ア	○A	○B	○C
イ	○A	○B	○C
ウ	○A	○B	○C

次へ

回答時間

解答 別冊 P93 解答時間 45秒 

文中の空欄ア～ウに入れるのに最適な語を、A～Cの中から１つずつ選びなさい。ただし、それぞれの語は１回だけ使うものとします。

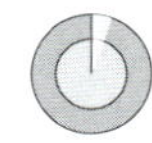

20 敗戦直後の一般庶民の衛生状態は、[ア]、ひどいものだった。風呂にも思うようには入れない。医薬品も不足がち。[イ]、食べるものもろくに食べていないとあって、[ウ]、体の抵抗力が極端に落ちていた。

（深川英雄『キャッチフレーズの戦後史』岩波新書）

A　これもまた
B　当然ながら
C　しかも

20 回答欄

ア	○A	○B	○C
イ	○A	○B	○C
ウ	○A	○B	○C

次へ

回答時間

解答 別冊 P94　解答時間 45秒

文中のア〜エの空欄にA〜Dの語句を入れて文を完成させるとき、最も適切な組み合わせを答えなさい。

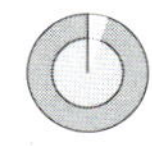

21 世界のどこかで［ア］［イ］［ウ］［エ］高めることはできない。

（『日本経済新聞　2013年1月6日付「社説　国力を高める（4）国際ルール順守だけでなく創出を」』日本経済新聞社）

A　真面目に守るだけでは
B　日本の国力を
C　誰かが決めた規範を
D　国際競争で優位に立ち

21 回答欄

ア	○A	○B	○C	○D
イ	○A	○B	○C	○D
ウ	○A	○B	○C	○D
エ	○A	○B	○C	○D

次へ

回答時間

文中のア～エの空欄にA～Dの語句を入れて文を完成させるとき、最も適切な組み合わせを答えなさい。

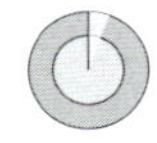

22 貴重な人的資源を［ア］［イ］［ウ］［エ］不可欠だ。

（『日経ビジネス　2012年12月24日・31日年末合併号』日経BP社）

A　グローバルに一元管理された
B　適材適所で
C　人事システムが
D　活用するためには

22 回答欄

ア	○A	○B	○C	○D
イ	○A	○B	○C	○D
ウ	○A	○B	○C	○D
エ	○A	○B	○C	○D

次へ

回答時間

解答 別冊 P95～96  解答時間 45秒

文中の空欄に入れる語句として最適なものを、A～Dの中から1つ選びなさい。

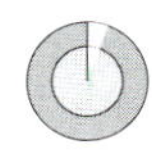

プロスポーツは、勝敗を争うものであり、どちらが勝つのかを予想し、はらはらしながら観戦することに楽しみがある。実力差が大きく最初からどちらが勝つかわかっている試合を見に行く人は少ない。つまり、プロスポーツにおいては対戦相手がいないとスポーツ観戦というサービスを売ることができない。プロスポーツ産業におけるこの単純な事実が、プロスポーツのチームを［　］要因になっている。

（大竹文雄『経済学的思考のセンス』中央公論新社）

23
A　利益最大化が目的の競争企業に分類する
B　慢性的な赤字経営に落とし入れる
C　直ちに勝利至上主義へと導く
D　通常の企業と単純に同一視できない

23 回答欄　〇A　〇B　〇C　〇D

次へ

回答時間

解答 別冊 P96 解答時間 45秒 

文中の空欄に入れる語句として最適なものを、A～Dの中から１つ選びなさい。

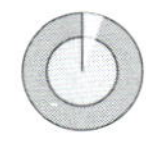

近年流行の「シェア」という言葉は、「情報共有」の進化の新局面をよく捉えている。「貸したい」「借りたい」という情報と、「売りたい」「買いたい」という情報がネット上でうまく共有されれば、消費者同士の貸し借り、売り買いを促進することになる。たとえば使わなくなった子供のおもちゃを遠くにいる必要な誰かに売ったり、余っている部屋や家を空ける一定の間、ホテルの代わりに安く泊まりたいと思っている人に貸したり、[　]。

（三菱総合研究所編『消費のニューノーマル』
※収録：『三菱総研の総合未来読本 Phronesis「フロネシス」06』
丸善プラネット）

24
A　見知らぬ人同士のマッチングが簡単に行える
B　ネット取引が対面取引を凌駕すると予想される
C　インターネットで消費生活すべてが行えるようになった
D　信用力が低いユーザーにも商機が広がっている

24 回答欄 ○A　○B　○C　○D

次へ

回答時間

解答 別冊 P97 解答時間 45秒

文中の空欄に入れる語句として最適なものを、A～Dの中から1つ選びなさい。

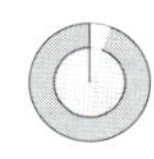

世界の歴史は、ふつう「古代」「中世」「近代」そして「現代」と分けられるのが常識となっている。こうした時代の分け方は、もともとヨーロッパで生まれた学問的モデルであったが、いまではヨーロッパ以外の国や地域の歴史を見る場合にも、このモデルが意識的ないし無意識的に使われているのである。また、それは、[　]、人々の意識のなかで、いまさら問い返してみる気を起させないほどに潜在化していることも事実である。

（山本雅男『ヨーロッパ「近代」の終焉』講談社）

25

A　とりわけ学問上のモデルに限定して

B　もはや学問上のモデルとしてではなく

C　学問上のモデルにおいて広く応用され

D　たんなる学問上のモデルに留まらず

25 回答欄　○A　○B　○C　○D

次へ

回答時間

解答 別冊 P97　解答時間 45秒

文中の空欄に入れる語句として最適なものを、A～Dの中から1つ選びなさい。

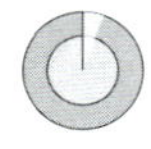

ヒポクラテスは「自然こそが最良の医師である」という方法論を提示した。つまり、医師の主たる役割というのは身体が持つ自然に治癒しようとする性質を助けることなのであり、医師は身体の動きをよく観察し、治癒的な性質の妨げになっているものを取り除くことによって、[　]、と述べた。

26
A　身体は医師の処方を必要とする
B　身体は精神面からも影響を受ける
C　身体は自然に治癒することはない
D　身体はそれ自体で健康を取り戻す

26 回答欄 ○A ○B ○C ○D

次へ

回答時間

解答 別冊 P98 ～ 99 解答時間 60秒

空欄にあてはまる数値を求めなさい。

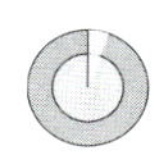

27 A、B、Cの３人がサイコロを振った。３人が出した目について以下のことがわかっている。

ア　Aが出した目はBが出した目の２倍である
イ　３人が出した目の積は24である

このとき、Cが出した目は［　　　］である。

27 回答欄

28 １から８の数字がそれぞれ１つだけ書かれた８枚のカードがある。A、B、Cの３人がこの中から２枚ずつ取り出した。取り出したカードについて以下のことがわかっている。

ア　Aの２枚のカードの差は４で、和はBの持つ２枚のうち大きな数と同じである。
イ　Cは７を持っており、Cのもう一方のカードはBの２枚のカードの和より２小さい。

このとき、Cのカードの数字の和は［　　　］である。

28 回答欄

次へ

回答時間

空欄にあてはまる数値を求めなさい。

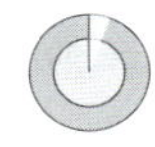

29 現在、2人の子どもの年齢の和は26歳、父の年齢は45歳である。父の年齢が2人の子どもの年齢の和の1.5倍になるのは［　　　］年後である。

29 回答欄

30 A小学校のグラウンドの1/4はB小学校のグラウンドの2/5である。A小学校とB小学校のグラウンドの大きさを足すと、9,100㎡だった。このとき、A小学校のグラウンドの面積は［　　　］㎡である。

30 回答欄

次へ

回答時間

解答 別冊 P101　解答時間 225 秒

ある遊園地では春休み期間の来場者数を毎年調査している。表はここ３年間の来場者数を分類別に表したものである。以下の問いに答えなさい。

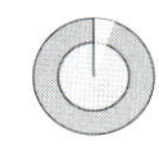

	2016 年	2017 年	2018 年
大人	5,487		6,621
中高生	8,341	8,524	8,831
小学生以下	9,468	9,733	10,378
計	23,296	24,229	25,830

31 2017 年の来場者数合計に占める大人の割合は［　　　］％である（必要なときは最後に小数点以下第1位を四捨五入すること）。

31 回答欄［　　　］

32 2016 年の分類別来場者数を基準とした 2018 年の分類別来場者数で増加率が大きい順に「大人」「中高生」「小学生以下」を並べたものはどれか。

A　「小学生以下」「中高生」「大人」
B　「小学生以下」「大人」「中高生」
C　「中高生」「小学生以下」「大人」
D　「中高生」「大人」「小学生以下」
E　「大人」「小学生以下」「中高生」
F　「大人」「中高生」「小学生以下」

32 回答欄　○A　○B　○C　○D　○E　○F

次へ

回答時間

解答 別冊 P102 ～ 103  解答時間 60秒 

空欄にあてはまる文字を回答欄に入力しなさい。

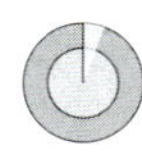

33 4人の男性A、B、C、Dと4人の女性W、X、Y、Zが円卓に等間隔に座っている。AとW、BとX、CとY、DとZはそれぞれ夫婦である。8人の座り方について以下のことがわかっている。

ア　両隣に男性が座っているのはWのみである
イ　BとX、CとYだけが夫婦で真向かいに座っており、BとCは隣り合わない

このとき、Wの真向かいに座っているのは［　　　］である。

33 回答欄 ［　　　］

次へ

回答時間

解答 別冊 P103 ～ 104  解答時間 60秒

以下について、ア、イの情報のうち、どれがあれば［問い］の答えがわかるかを考え、A ～ E の中から正しいものを 1 つ選び、答えなさい。

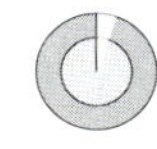

34 A、B、C の 3 人で回転寿司に行った。3 人の食べた皿の合計が 40 皿だった。ただし 1 人 1 皿は必ず食べるものとする。

［問い］ A は何皿食べたか。

ア　A は B より 4 皿多かった

イ　C が食べた量は一番少なかった

A　アだけでわかるが、イだけではわからない

B　イだけでわかるが、アだけではわからない

C　アとイの両方でわかるが、片方だけではわからない

D　アだけでも、イだけでもわかる

E　アとイの両方があってもわからない

34 回答欄　○A　○B　○C　○D　○E

次へ

回答時間

解答 別冊 P104 ～ 105 解答時間 60秒 

以下について、ア、イの情報のうち、どれがあれば［問い］の答えがわかるかを考え、A～Eの中から正しいものを1つ選び、答えなさい。

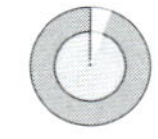

35 ある商品を定価の20％引きで売った。

［問い］ 商品1個あたりの利益はいくらか

ア 仕入れ値に4割の利益を見込んで定価をつけた

イ 定価で売ったときに比べて1個あたりの利益が420円減った

A アだけでわかるが、イだけではわからない

B イだけでわかるが、アだけではわからない

C アとイの両方でわかるが、片方だけではわからない

D アだけでも、イだけでもわかる

E アとイの両方があってもわからない

35 

次へ

回答時間

解答 別冊 P106 解答時間 60秒

以下について、ア、イの情報のうち、どれがあれば［問い］の答えがわかるかを考え、A～Eの中から正しいものを1つ選び、答えなさい。

36 2つの整数X、Yがある。

［問い］ X、Yはそれぞれいくつか。

ア 3Y－X＝0

イ X／Y＝3

A アだけでわかるが、イだけではわからない

B イだけでわかるが、アだけではわからない

C アとイの両方でわかるが、片方だけではわからない

D アだけでも、イだけでもわかる

E アとイの両方があってもわからない

36 回答欄 ○A ○B ○C ○D ○E

次へ

回答時間

解答 別冊 P106～107 解答時間 60秒

以下について、ア、イの情報のうち、どれがあれば［問い］の答えがわかるかを考え、A～Eの中から正しいものを1つ選び、答えなさい。

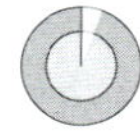

37 W、X、Y、Zの4チームが野球の大会を総当たり方式で行った。ただし試合に引き分けはなかったものとする。

［問い］Yは何勝何敗か。

ア　2勝1敗が2チームあった

イ　XはWとYに勝った

A　アだけでわかるが、イだけではわからない

B　イだけでわかるが、アだけではわからない

C　アとイの両方でわかるが、片方だけではわからない

D　アだけでも、イだけでもわかる

E　アとイの両方があってもわからない

37 回答欄　○A　○B　○C　○D　○E

次へ

回答時間

空欄にあてはまる数値を求めなさい。

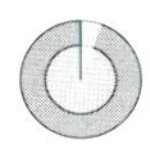

38 ある大学で150人を対象に、ノートパソコンとデスクトップパソコンの所有状況についてアンケートをとった。ノートパソコンを持っている人は98人、デスクトップパソコンを持っている人は74人だった。このとき、両方持っている人は最も少なくて［　　　］人である。

38 回答欄［　　　］

39 ある学校では課題A、B、Cのうち1つ以上を提出することになっている。生徒全部で120人、課題Aを提出した人は55人、課題Bを提出した人は41人、課題Cを提出した人は68人だった。
課題AとBの両方を提出した人が15人だったとき、課題Cだけ提出した人は［　　　］人である（ただし、A、B、Cすべての課題を提出した人はいないものとする）。

39 回答欄［　　　］

40 書店でA、B、Cの3冊の本を購入したところ、合計金額が3,600円だった。Aの値段はBの値段の1.5倍、Bの値段はCの値段の0.8倍であるとすると、Bの値段は［　　　］円である。

40 回答欄［　　　］

次へ

回答時間

解答 別冊P110～111

空欄にあてはまる数値を求めなさい。

41 箱の中に赤玉４個、青玉３個、黒玉２個が入っている。この箱の中から玉を１個取り出し、色を確認したら箱に戻す。この操作を４回繰り返すとき、４回目に２度目の青玉を取り出す確率は［　　］／［　　］である。

42 100円玉と50円玉と10円玉を組み合わせて400円にする。その組み合わせは［　　］通りである。ただし、どの硬貨も少なくとも１個は用いるものとする。

42 回答欄

43 ７人のグループがP、Qの２台の車に分乗して移動する。Pには３人、Qには４人が乗るとすると、２台に分乗する人の組み合わせは［　　］通りである。

43 回答欄

次へ

回答時間

解答 別冊 P112 解答時間 45秒

空欄にあてはまる数値を求めなさい。

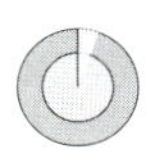

44 ある大学のテニスサークルには全部で80人の学生が在籍しており、男女比は5：3である。また、他大学の学生が12人在籍していることがわかっている。
このサークルに在籍する他大学ではない女子学生は少なくとも［　　　］人である。

44 回答欄

45 A、B、Cの3人でアメ玉を分けた。分けた個数について以下のことがわかっている。

ア　3人の個数の積は24である
イ　Aの個数はBの個数より4多い

このとき、Cの個数は［　　　］である。

45 回答欄

次へ

回答時間

著者紹介

笹森　貴之（ささもり　たかゆき）
（株）サポートシステム代表取締役。慶応義塾大学卒。就職模擬試験（SPI 対策・CABGAB 対策・ES・面接対策など）を全国の大学で実施している。試験の企画・開発のみならず各種試験の対策ガイダンスに全社を挙げて取り組み、「現場力」で日本一のプロ集団を目指している。

久米　良光（くめ　よしみつ）
（株）サポートシステム講師。早稲田大学大学院博士後期課程終了（博士）。高度な専門知識を基礎としつつも、「わかりやすさ」を徹底的に追求し、各種就職試験の講座を展開中。

橋本　隆司（はしもと　たかし）
（株）サポートシステム社員。横浜国立大学卒。各種の Web テストに精通し、多数の大学で SPI や筆記試験、各種 Web テスト対策講座を担当する。わかりやすい語り口に定評がある。

柴田　由美子（しばた　ゆみこ）
英語講師＆英語教育コンサルタント。10 年の米国留学を経て、TOEFL®・IELTS™・TOEIC® 対策指導、ビジネス英語・英会話指導等、複数の大学や企業にて幅広く英語教育に従事する。翻訳・通訳者。TOEIC®990 点（満点）。

編集：有限会社ヴュー企画　デザイン：有限会社 PUSH
イラスト：サワダサワコ
企画編集：成美堂出版編集部（原田洋介・今村恒隆）

本書に関する正誤等の最新情報は、下記のアドレスで確認することができます。
http://www.seibidoshuppan.co.jp/support/

上記 URL に記載されていない箇所で正誤についてお気づきの場合は、書名・発行日・質問事項・ページ数・氏名・郵便番号・住所・ファクシミリ番号を明記の上、**郵送**または**ファクシミリ**で**成美堂出版**までお問い合わせください。
※電話でのお問い合わせはお受けできません。
※本書の正誤に関するご質問以外にはお答えできません。また受検指導などは行っておりません。
※ご質問の到着後、10日前後に回答を普通郵便またはファクシミリで発送いたします。
※ご質問の受付期限は、2021年６月末までとさせていただきます。ご了承ください。

5日で攻略！ Webテスト '22年版

2020年８月１日発行

著　者　笹森貴之（ささもりたかゆき）
発行者　深見公子
発行所　成美堂出版
〒162-8445　東京都新宿区新小川町1-7
電話(03)5206-8151　FAX(03)5206-8159
印　刷　広研印刷株式会社

ISBN978-4-415-23093-1

'22年版

5日で攻略！ Webテスト

別冊 実力模試 解答・解説

矢印の方向に引くと別冊が取り外せます。

成美堂出版

実力模試　解答・解説

玉 手 箱 ▶ 計数テスト

四則逆算

問題 1 正解：12 問題 本冊 P.124

4 ×□＝ 48
□＝ 48 ÷ 4
□＝ 12

問題 2 正解：50% 問題 本冊 P.124

$\frac{2}{6} + \frac{1}{6} = \frac{3}{6} = \frac{1}{2}$

$\frac{1}{2}$ ＝ 50%

問題 3 正解：28 問題 本冊 P.124

□＋ 30 ＝ 58
□＝ 58 − 30
□＝ 28

問題 4 正解：49 問題 本冊 P.124

□÷ 7 ＝ 20 − 13
□÷ 7 ＝ 7
□＝ 7 × 7
□＝ 49

問題 5 正解：48 問題 本冊 P.124

□÷ 4 ＝ 12
□＝ 12 × 4
□＝ 48

問題 6 正解：2 問題 本冊 P.125

12 ÷□＝ 6
□＝ 12 ÷ 6
□＝ 2

問題 7 正解：13 問題 本冊 P.125

7 × （□− 11） ＝ 14
□− 11 ＝ 14 ÷ 7
□− 11 ＝ 2
□＝ 2 ＋ 11
□＝ 13

問題 8 正解：10 問題 本冊 P.125

12 ×□＝ 120
□＝ 120 ÷ 12
□＝ 10

問題 9 正解：13 問題 本冊 P.125

6 ÷ 3 ＝□− 11
2 ＝□− 11
2 ＋ 11 ＝□
□＝ 13

問題10 正解：8/3 問題 本冊 P.125

$3 \times \square = 25 - 17$

$3 \times \square = 8$

$\square = 8 \div 3$

$\square = \dfrac{8}{3}$

問題11 正解：1.2 問題 本冊 P.126

$\square \div 100 = 0.012$

$\square = 0.012 \times 100$

$\square = 1.2$

問題12 正解：25% 問題 本冊 P.126

$\dfrac{1}{4} = 0.25$

$\square = 25\%$

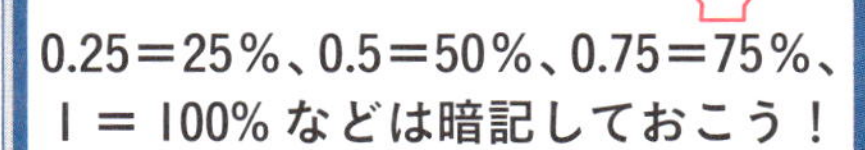

◎問題を解くコツ

0.25＝25%、0.5＝50%、0.75＝75%、1＝100%などは暗記しておこう！

問題13 正解：7/4 問題 本冊 P.126

$\dfrac{7}{16} = \dfrac{1}{4} \times \square$

$\dfrac{7}{16} \div \dfrac{1}{4} = \square$

$\dfrac{7}{16} \times 4 = \square$

$\square = \dfrac{7}{4}$

問題14 正解：13 問題 本冊 P.126

$49 - \square = 4 \times 9$

$\square = 49 - 36$

$\square = 13$

問題15 正解：8 問題 本冊 P.126

$4 \times \square = 52 - 20$

$4 \times \square = 32$

$\square = 32 \div 4$

$\square = 8$

問題16 正解：3 問題 本冊 P.127

$12 \times \square = 36$

$\square = 36 \div 12$

$\square = 3$

問題17 正解：1/6 問題 本冊 P.127

$-12 \times \square = 3 - 5$

$-12 \times \square = -2$

$\square = -2 \div (-12)$

$\square = \dfrac{1}{6}$

問題18 正解：18 問題 本冊 P.127

$9 = 38 - \square - 11$

$9 + 11 = 38 - \square$

$\square = 38 - 20$

$\square = 18$

【別解】

$9 = 38 - \square - 11$

$9 + 11 = 38 - \square$

$20 - 38 = -\square$

$-18 = -\square$

$\square = 18$

問題19 正解：32 問題 本冊 P.127

$\square\% = \frac{\square}{100}$

$240 \times \frac{\square}{100} = 76.8$

$240 \times \square = 76.8 \times 100$

$240 \times \square = 7680$

$\square = 7680 \div 240$

$\square = 32$

問題20 正解：17 問題 本冊 P.127

$7 + \square = 32 \div \frac{4}{3}$

$7 + \square = 32 \times \frac{3}{4}$

$\square = 24 - 7$

$\square = 17$

問題21 正解：144 問題 本冊 P.128

$\square = 48 \times 3$

$\square = 144$

◎問題を解くコツ

50 × 3 = 150 と概数計算をすると早く正解が導ける

問題22 正解：9/7 問題 本冊 P.128

$\frac{1}{3} \times \square = \frac{3}{7}$

$\square = \frac{3}{7} \div \frac{1}{3}$

$\square = \frac{3}{7} \times 3$

$\square = \frac{9}{7}$

問題23 正解：1728 問題 本冊 P.128

$30 \times 60 = 1800$

1800に近いものは1728

◎問題を解くコツ

選択肢の数値が離れているので、概数で近い数値を導くほうが早く解ける

問題24 正解：5％ 問題 本冊 P.128

$\frac{1}{20} = 0.05$

$\square = 5\%$

問題25 正解：70 問題 本冊 P.128

$294 \div \square = 4.2$

$\square = 294 \div 4.2$

$\square = 70$

問題26 正解：1 問題 本冊 P.129

$3 = 3 \times \square$

$3 \div 3 = \square$

$\square = 1$

問題 27　正解：11　問題 本冊 P.129

$11 \times (\square - 4) = 77$
$\square - 4 = 77 \div 11$
$\square - 4 = 7$
$\square = 7 + 4$
$\square = 11$

問題 28　正解：4　問題 本冊 P.129

$12 = (2.5 + 0.5) \times \square$
$12 = 3 \times \square$
$\square = 12 \div 3$
$\square = 4$

問題 29　正解：3　問題 本冊 P.129

$24 \div \square = 8$
$\square = 24 \div 8$
$\square = 3$

問題 30　正解：0.75　問題 本冊 P.129

$\square = 2 \div \frac{8}{3}$
$\square = 2 \times \frac{3}{8}$
$\square = \frac{3}{4}$
$\frac{3}{4} = 0.75$

問題 31　正解：2　問題 本冊 P.130

$84 \div \square = 42$
$\square = 84 \div 42$
$\square = 2$

問題 32　正解：12.5　問題 本冊 P.130

$\square \times 0.6 \div 9 = \frac{3}{6} + \frac{2}{6}$
$\square \times \frac{6}{10} = \frac{5}{6} \times 9$
$\square = \frac{45}{6} \div \frac{6}{10}$
$\square = \frac{45}{6} \times \frac{10}{6}$
$\square = \frac{450}{36}$
$\square = \frac{50}{4}$
$\square = 12.5$

問題 33　正解：1.6　問題 本冊 P.130

$1.7 + \square + 2.4 = 5.7$
$4.1 + \square = 5.7$
$\square = 5.7 - 4.1$
$\square = 1.6$

問題 34　正解：27　問題 本冊 P.130

$\square \times \frac{4}{9} = 12$
$\square = 12 \div \frac{4}{9}$
$\square = 12 \times \frac{9}{4}$
$\square = 27$

問題 35　正解：5 / 6　問題 本冊 P.130

$\frac{15}{6} = \square \times 3$
$\frac{15}{6} \times \frac{1}{3} = \square$
$\square = \frac{5}{6}$

問題 36 正解：400 問題 本冊 P.131

$8 \div 0.02 = \square$

$\square = 400$

問題 37 正解：2.5 問題 本冊 P.131

$30 = 15 \times \frac{\square}{1.25}$

$30 \div 15 = \frac{\square}{1.25}$

$2 = \frac{\square}{1.25}$

$\square = 2 \times 1.25$

$\square = 2.5$

問題 38 正解：836 問題 本冊 P.131

$40 \times 20 = 800$

選択肢の中で 800 に近いのは 836

◎問題を解くコツ

44 → 40　19 → 20 の概数で計算

問題 39 正解：5 % 問題 本冊 P.131

$\frac{3}{5}$は 60%、$\frac{1}{4}$は 25%

したがって左辺は 85%

$85\% = 17 \times \square$

$\square = 85\% \div 17$

$\square = 5\%$

問題 40 正解：9 / 8 問題 本冊 P.131

$\frac{27}{8} = \square \times 3$

$\frac{27}{8} \times \frac{1}{3} = \square$

$\square = \frac{9}{8}$

問題 41 正解：580 問題 本冊 P.132

$35 \times \frac{\square}{100} = 203$

$35 \times \square = 20300$

$\square = 20300 \div 35$

$\square = 580$

問題 42 正解：2 / 9 問題 本冊 P.132

$12 \times \square = \frac{8}{3}$

$\square = \frac{8}{3} \div 12$

$\square = \frac{8}{3} \times \frac{1}{12}$

$\square = \frac{2}{9}$

問題 43 正解：0.4 問題 本冊 P.132

$12 = 15 \times \frac{\square}{0.5}$

$\frac{12}{15} = \frac{\square}{0.5}$

$0.8 = \frac{\square}{0.5}$

$\square = 0.8 \times 0.5$

$\square = 0.4$

問題44 正解：16/5 問題 本冊 P.132

1.6 は$\frac{16}{10}=\frac{8}{5}$

$3\times\frac{□}{8}=\frac{8}{5}\times\frac{3}{4}$

$\frac{3}{8}\times□=\frac{6}{5}$

$□=\frac{6}{5}\times\frac{8}{3}$

$□=\frac{16}{5}$

問題45 正解：81 問題 本冊 P.132

$(□-9)=24\times3$

$□-9=72$

$□=72+9$

$□=81$

問題46 正解：14 問題 本冊 P.133

$3=15\div(19-□)$

$15\div3=19-□$

$5=19-□$

$□=19-5$

$□=14$

問題47 正解：6/5 問題 本冊 P.133

$\frac{5}{6}=1\div□$

$□=1\div\frac{5}{6}$

$□=1\times\frac{6}{5}$

$□=\frac{6}{5}$

問題48 正解：5% 問題 本冊 P.133

$\frac{2}{5}$は40%、$\frac{3}{10}$は30%

したがって左辺は70%

70%＝14×□

□＝70%÷14

□＝5%

問題49 正解：2 問題 本冊 P.133

$\frac{16}{12}-\frac{15}{12}=\frac{1}{6}\div□$

$\frac{1}{12}=\frac{1}{6}\div□$

$□=\frac{1}{6}\div\frac{1}{12}$

$□=\frac{1}{6}\times12$

$□=2$

問題50 正解：5 問題 本冊 P.133

$9\times(7-□)=18$

$7-□=18\div9$

$7-□=2$

$□=7-2$

$□=5$

図表の読み取り

問題 1 正解：0.95X 問題 本冊 P.134

設問からグラフの7月の増加率に注目する。

1998年の前年同月と比べた製品売上個数の増加率はおよそ5.5％（＝0.055）と読み取ることができる。

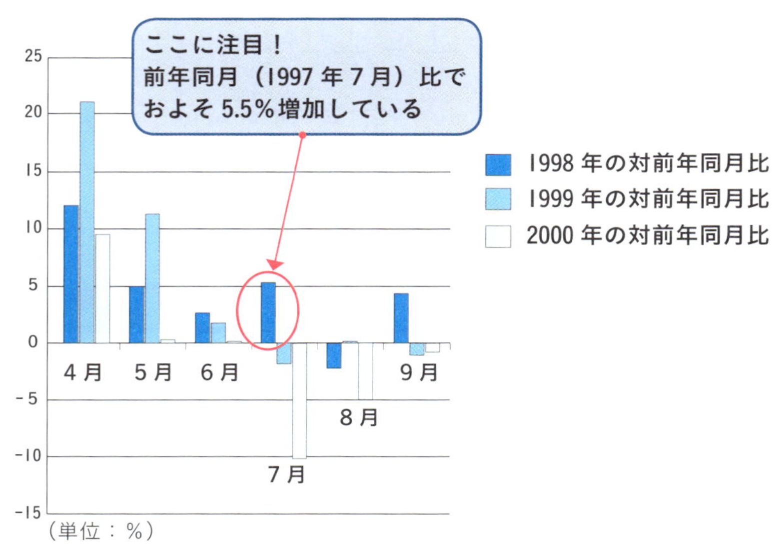

（単位：％）

対前年同月比の増加率から売上個数を求める公式は、

当年の製品売上個数＝**前年の製品売上個数**×（1＋**対前年増加率**）

設問より1998年7月の製品売上個数をX、1997年7月の製品売上個数をYとすると、

$$X = Y \times (1 + 0.055)$$

$$\frac{Y \times (1 + 0.055)}{(1 + 0.055)} = \frac{X}{(1 + 0.055)}$$

$$Y = \frac{1}{(1 + 0.055)} X$$

Y ＝ **0.948X** （小数点以下第４位四捨五入）
となる。選択肢の中から最も近い **0.95X** が正解。

問題 2 正解：27.3 万円

問題 本冊 P.135

本問の円グラフは、外側と内側の二重円グラフになっており、外側は大分類（「租税及び印紙収入」「公債金」「その他収入」の３種類）、内側はそれらをより細かく分けた小分類を表している。

問われているのは所得税についてである。所得税は「租税及び印紙収入」の中の小分類の１つであるが、所得税（17％）を含めた内側の小分類の数値の合計も 100％となるので、所得税の金額は歳入全体の金額の 17％であることがわかる。

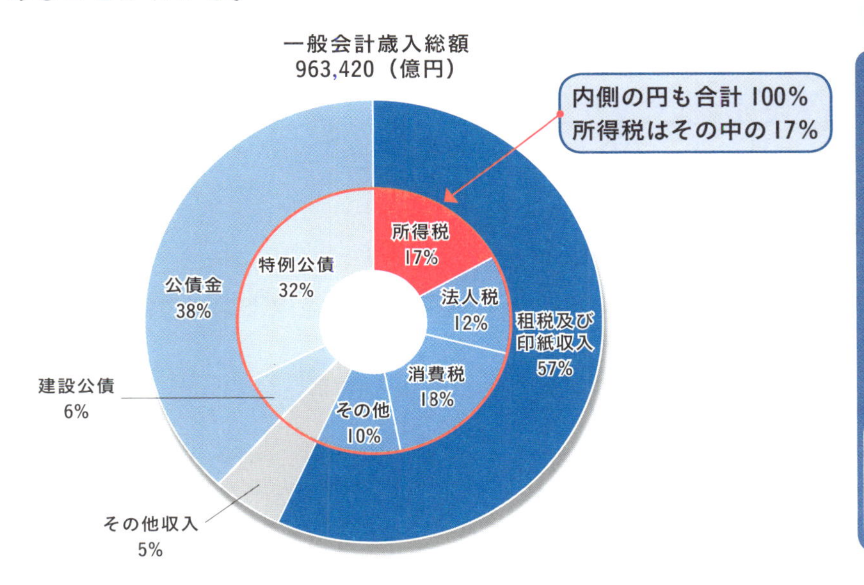

平成 27 年度の所得税の総額は、**963,420 × 0.17 ＝ 163,781.4（億円）**となる。

求めるのは１人あたりの所得税の金額なので、**総額を納税者数の６千万人（＝ 0.6 億人）で割る**ことにより算出でき、

163,781.4（億円）÷ 0.6（億人）＝ 272,969（円）

となる。選択肢の中から最も近い **27.3 万円**が正解。

問題 3　正解：3月－5月－6月－4月－2月－1月

問題 本冊 P.136

テレビ1台あたりの平均製造原価は、**製造原価総額÷製造台数**で求めることができる。

表に与えられたデータは1月を100とした指数だが、ここでは1台あたりの平均製造原価の正確な数字を知る必要はなく、月別の順序付けさえできればよいので、表に与えられた数字を計算式に当てはめて問題ない。

製造原価総額÷製造台数より平均製造原価を求める

月	製造原価総額	月間製造台数
1月	100	100
2月	108	99
3月	120	103
4月	111	101
5月	117	103
6月	120	106

計算結果は次の表のようになる（小数点以下第4位四捨五入）。

月	平均製造原価	
1月	1.000	⑥
2月	1.091	⑤
3月	1.165	①
4月	1.099	④
5月	1.136	②
6月	1.132	③

問題 4 正解：1,450 万戸

問題 本冊 P.137

住宅数に関して「建て方・階数、構造別」と「所有関係別」の比率の２つの表が与えられているが、問われているのは民営の借家の戸数なので、使用するのは「所有関係別」の表のみである。

民営の借家戸数については「借家」中の「民営」の部分を見ればよく、「木造」が 8.3％、「非木造」が 19.5％なので、合計は 8.3 ＋ 19.5 ＝ 27.8％となる。

②所有関係別　（単位：％）

持　家			59.9
借家	公営		3.8
	UR・公社		1.6
	民営	木造	8.3
		非木造	19.5
	給与住宅		2.1
その他			4.8
計			100.0

合計 27.8%

住宅の総数が５千２百万戸で、民営の借家はそのうちの 27.8％であることから、民営の借家戸数は、

5,200（万戸）× 0.278 ＝ 1,445.6（万戸）

となる。選択肢の中から最も近い 1,450 万戸が正解。

問題 5　正解：Q 県の B 社　1991 年から 1992 年にかけて　問題 本冊 P.138

この問題では売り場面積の折れ線グラフが与えられているだけで、正確な面積がわからない。よって、グラフから推測することになる。

まず、選択肢にある期間を 2 つのグラフの中から見つけ出す。

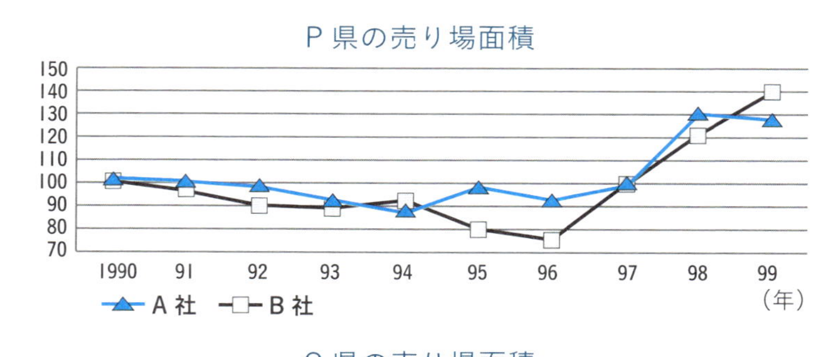

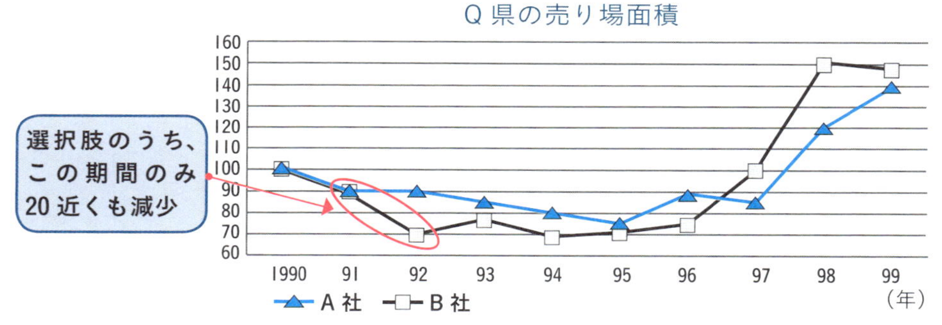

指数がおよそ **20** も大きく落ち込んだところは、「**Q 県の B 社　1991 年から 1992 年にかけて**」のみで、すぐに正解を見つけることができる。

問題 6　正解：1.07 倍　問題 本冊 P.139

さまざまな情報が記載されているが、ここで必要なのは B 県の畑の面積と E 県の山林の面積。

設問から B 県の畑の面積の E 県の山林の面積に対する倍率を求める必要がある。

その倍率は、**B 県の畑の面積 ÷ E 県の山林の面積**で求めることができる。

表の数値を用いて計算すると、**986 ÷ 921 ＝ 1.07**

となり（小数点以下第 3 位四捨五入）、正解は **1.07 倍**であることがわかる。

この2つの数値のみ注目！
B県の畑の面積÷E県の山林の面積で倍率を求める

（単位：km²）

	A県	B県	C県	D県	E県	F県
宅地	276	356	599	514	322	321
田	287	250	1,002	876	756	197
畑	58	986	546	982	293	482
山林	310	1,501	2,789	1,120	921	725
その他	34	56	118	72	28	102
合計	965	3,149	5,054	3,564	2,320	1,827

問題 7 正解：1.6割

問題 本冊 P.140

穀物類・飼料類の貿易額÷**全体の貿易額**で、全体に占める穀物類・飼料類の割合を求める。

区分	1980年	1990年	2000年	2005年	2009年
	主要食料品貿易額（単位：億ドル）				
全体	1,966	2,820	3,996	6,413	9,370
畜産物・酪農品	364	588	817	1,329	1,773
水産物	123	308	507	715	874
穀物類・飼料類	523	576	696	1,024	1,715
野菜類・果実類	240	476	687	1,141	1,580
その他	716	872	1,289	2,204	3,428
	対前年増加率（単位：％）				
畜産物・酪農品	4.2	5.8	3.7	6.2	3.1
水産物	10.1	14.7	6.6	4.3	1.9
穀物類・飼料類	0.8	0.9	2.4	4.9	6.4
野菜類・果実類	7.8	9.5	4.1	6.1	3.9
その他	3.2	2.5	4.3	7.5	5.1

ここに注目！
貿易額を拾い出す

2005年の値を拾い出して計算してみると、1,024 ÷ 6,413 ≒ 0.160となり、およそ1.6割。

問題 8 正解：D 社 問題 本冊 P.141

与えられている表は 2016 年 10 月の表。それに対して問われているのは 2015 年 10 月の契約台数。

ここで、表の一番右の列を見てみると、前年同月比という項目があることがわかる。

前年同月比というのは前年の同じ月に対して今年はどれくらい増えたか（減ったか）をみるときに使われるもの。たとえば A 社の前年同月比は 1.15 なので、

前年（2015 年）10 月の契約台数 × 1.15 ＝ **今年（2016 年）10 月の契約台数**

となる。両辺を ÷ 1.15 とすると、

前年（2015 年）10 月の契約台数 ＝ **今年（2016 年）10 月の契約台数** ÷ 1.15

となる。

この計算式に当てはめて 2015 年 10 月の値を求めていく。

2016 年 10 月	契約台数（千台）	前月比	前年同月比
A 社	50,700	1.01	1.15
B 社	45,000	0.99	0.90
C 社	35,000	1.05	1.35
D 社	20,500	0.95	0.74
合計	151,200	1.00	1.02

この 2 つを計算して 2015 年 10 月（前年同月）を求める

以下、A 社から D 社について、順に計算すると（小数点以下切り捨て）、

A 社：**50,700 ÷ 1.15 ＝ 44,086**　②

B 社：**45,000 ÷ 0.90 ＝ 50,000**　①

C 社：**35,000 ÷ 1.35 ＝ 25,925**　④

D 社：**20,500 ÷ 0.74 ＝ 27,702**　③

これにより、契約台数が 3 番目に多い会社は **D 社**ということがわかる。

問題 9　正解：2007 年は死亡率上位 4 位までで、全体のおよそ 3 分の 2 を占めている

問題 本冊 P.142

問われているのは「明らかに正しい」といえるもの。

選択肢を上から順に確認していく。

「2007 年の悪性新生物による死亡率は肺炎による死亡率のおよそ 3.8 倍である」は、**悪性新生物の値÷肺炎の値**を計算すると、**30.1 ÷ 9.8 ≒ 3.07** となる。

およそ **3.1** 倍であるため、**明らかに誤り**。

次に、「毎年最も高い死亡率は悪性新生物である」は、グラフからだけでは毎年とは判断できない。

「2007 年の不慮の事故による死亡者数を 1 としたとき、心疾患による死亡者数は 5.1 である」は、全体の死亡者数が与えられていないため、具体的な人数を求めることはできない。

ただし、基準となる全体の死亡者数が同じであるため、割合の値を用いて、

不慮の事故の値：1 ＝**心疾患の値**：x

を計算することで求めることができる。実際の値で計算すると、

3.3：1 ＝ **15.8**：x ⇒ **3.3**x ＝ **15.8**

よって、x ≒ **4.79** となるため、**明らかに誤り**。

「老衰の割合は年々高まっている」は、グラフからでは 87 年→ 3.8、07 年→ 3.4 とむしろ減っているといえる。

最後に、「2007 年は死亡率上位 4 位までで、全体のおよそ 3 分の 2 を占めている」は、上位 4 位の**悪性新生物**、**心疾患**、**脳血管疾患**、**肺炎**の値を足すと、**30.1 ＋ 15.8 ＋ 10.7 ＋ 9.8 ＝ 66.4** となる。**3 分の 2** は約 0.667、すなわち **66.7**％であるため、最も近く、これが正解。

問題10　正解：18.7　問題 本冊P.143

平成22年から平成26年にかけての航空旅客数と増減率の推移についての表が与えられている。増減率とは前年に対する増減率のことで、(「当年の旅客数」－「前年の旅客数」)÷「前年の旅客数」×100で算出できる。

求める（X）は、平成24年の韓国への旅客数増減率なので、平成24年の旅客数（1,948千人）とその前年である平成23年の旅客数（1,641千人）を用いて算出する。

上の公式にあてはめると、

(1,948－1,641)÷1,641×100＝307÷1,641×100≒18.7%

となる。よって、18.7が正解。

この＋307が1,641に対して何％にあたるかを計算する

（単位：千人、％）

航空路線＼年度		平成22年	平成23年	平成24年	平成25年	平成26年
韓国	旅客数	1,873	1,641	1,948	1,762	1,572
	増減率	－15.5	－12.4	（X）	－9.5	－10.8

＋307

問題11　正解：4月　問題 本冊P.144

このグラフのデータは、対前月増加率なので、前月の値に対しての増減を表していることに注意する。

つまり、グラフの傾きにかかわらず、該当月の値がプラスであれば前月より増加、マイナスであれば前月より減少しているということ。

設問は「売上高の変化の割合が最も大きいもの」をきいている。

「変化の割合が最も大きい」ということは増加または減少の割合が大きいということ、あくまでその数値が大きいか小さいかで、プラスであるかマイナスであるかは関係がない。

グラフから実際に牛丼屋Bの2月から6月の数値を読み取ってみると、次のようになる。

	2月	3月	4月	5月	6月
対前月比	0.3	0	−0.5	−0.2	0.4

プラス、マイナスにかかわらず数値（絶対値）の大小を見る

これにより、売上高の変化の割合が最も大きいのは**4月**であることがわかる。

問題12 正解：2010年度

問題 本冊P.145

設問から、前年と比較した一人あたりの排出量の増加率を求める必要がある。ただし、この問題では具体的な値が与えられていない。そこでグラフの傾きに注目してみる。

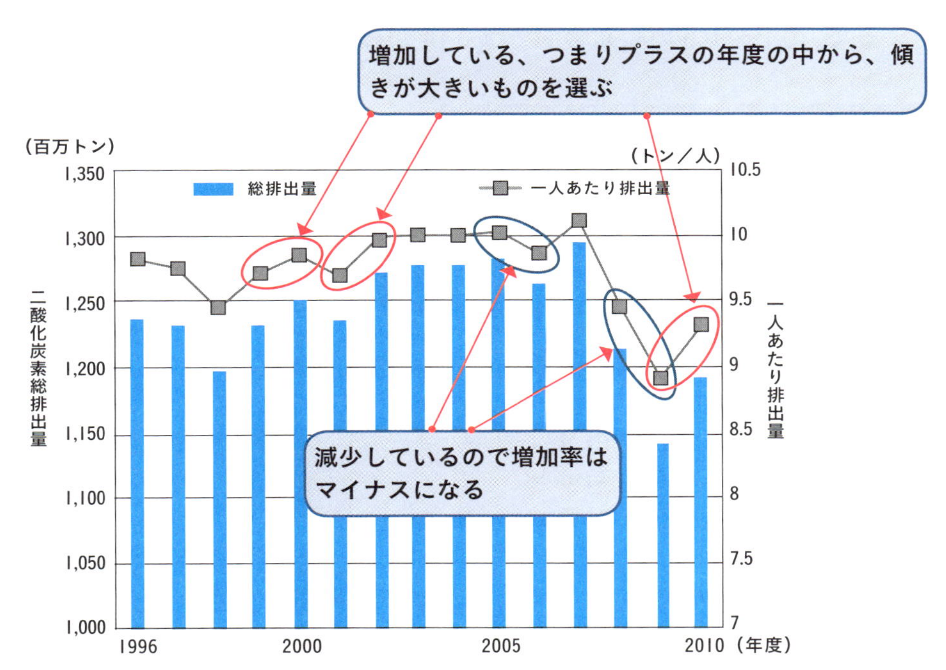

傾きがプラスの年度の中で、より傾きが大きい**2002年度**と**2010年度**とで考える。**2002年度**が0.3トン前後の増加量に対して、**2010年度**は0.5トン近くの増加量。また、分母となる前年度の値も**2010年度**の前年のほうが小さくなっている。分母が小さく、分子が大きいことから増加率は**2010年度**のほうが高いことがわかる。

問題13 正解：0.14 問題 本冊 P.146

各地域の人口は、**総人口×構成比率**で求められる。アジアの人口、中南米の人口をそれぞれ求めると、

アジア：68億9,600万×0.604≒41億6,500万

中南米：68億9,600万×0.086≒5億9,300万

アジアの人口を1とすると、中南米の人口は、

5億9,300万÷41億6,500万≒**0.14**となる。

ただし、この計算では時間がかかる。基準となる世界の総人口が共通なので、割合のみを考えて、8.6÷60.4≒**0.14**で求めることも可能。

さらに時間を短縮するためには、選択肢の値にばらつきがあるので、8.6は60.4の$\frac{1}{10}$より大きいが、半分よりは大幅に小さいことを使う。

よって、0.1～0.5の範囲の中では**0.14**が最も近いと判断できる。

問題14 正解：A大学 問題 本冊 P.147

問題で問われているのは、全学生数に占める女子学生数の割合なので、計算式は、**全学生数に占める女子学生数の割合＝女子学生数÷全学生数**

選択肢にあがっているものだけに絞って計算すると、**A大学**が最も高くなる（小数点第4位以下は四捨五入）。

A大学：5,235÷10,577≒**0.495** ①

C大学：3,210÷6,805≒**0.472** ③

E大学：685÷1,577≒**0.434** ④

F大学：445÷914≒**0.487** ②

I大学：95÷230≒**0.413** ⑤

別解

選択肢の中で、A大学、C大学、F大学では男子学生数と女子学生数に大きな差がないので、求める割合は**0.5**に近くなることが予想される。反対にE大学とI大学は男女の差が大きいので、女子学生数の比率は**0.5**よりも大幅に小さくなることが推測できる。

このような推測ができれば、A大学、C大学、F大学に絞って計算でき、時間の節約になる。

	全学生数	男子学生数	女子学生数
A 大学	10,577	5,342	5,235
B 大学	469	248	221
C 大学	6,805	3,595	3,210
D 大学	2,802	1,452	1,350
E 大学	1,577	892	685
F 大学	914	469	445
G 大学	3,955	2,153	1,802
H 大学	6,982	4,526	2,456
I 大学	230	135	95

男女の差が大きい。女子学生数の比率は小さくなる

男女の差があまりない。求める割合は0.5に近い数字になると予測できる

問題 15 正解：7 時 52 分 30 秒

問題 本冊 P.148

甲、乙、丙の３町間のバスの運行表（ダイヤグラム）から、丙町を７時20分に出発したバスが、甲町から丙町に向かうバスと甲町と乙町の間で出会う時刻を求める問題。

グラフの各線を次のように色分けして考える。

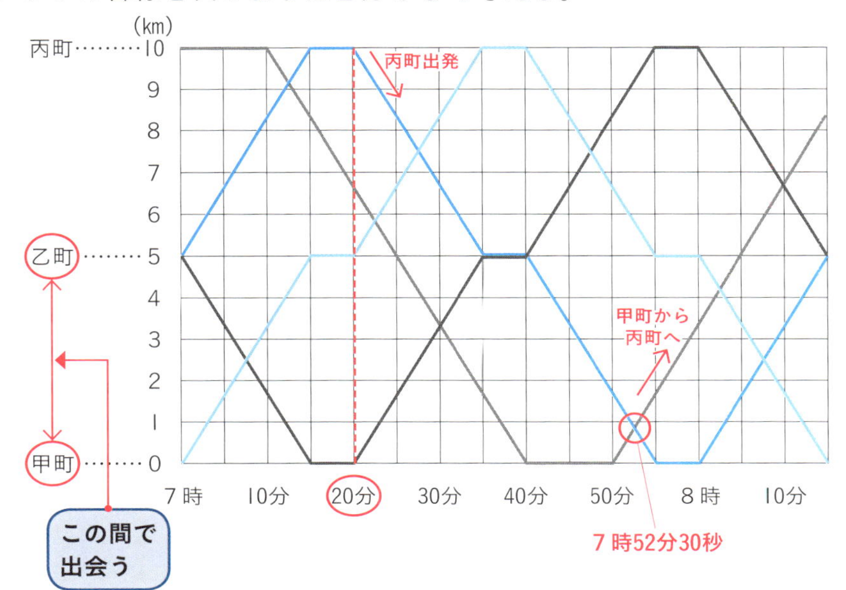

丙町を７時20分に出発したバスは、グラフ中の濃い青色の線で表されている。グラフの線をたどると、その後このバスは**７時35分**に乙町に到着して５分間停車し、**７時40分**に乙町を出発して**７時55分**に甲町

に到着していることなどがわかる。

途中で違う色の線と何回か交わっている箇所は、その時刻に別のバスと同じ地点にいる、すなわち「出会った」ことを表している。設問にあるように「甲町から丙町に向かうバスと甲町と乙町の間で出会う時刻」というのは、**このバスがグレー色の線が表すバスと交わっている時刻**のことであり、**7時50分**と**7時55分**のちょうど真ん中の時刻なので、**7時52分30秒**であるとわかる。

問題16　正解：1.34X

問題 本冊 P.149

ファストフードとファミリーレストランについて、「やや便利になった」と感じた人の割合を比較する。

グラフから、ファストフードが「やや便利になった」と感じた人の割合は21.5%、ファミリーレストランは28.8%なのがわかる。

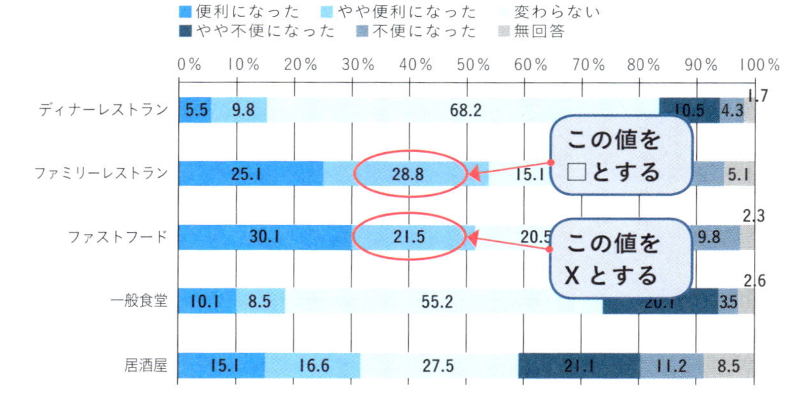

ここで、ファストフードが「やや便利になった」と感じた人を設問のとおりXとし、ファミリーレストランが「やや便利になった」と感じた人を□として比の形にしてみる。

$21.5 : X = 28.8 : \square$

$21.5 \times \square = 28.8X$

$\square = 28.8X \div 21.5$

$\fallingdotseq 1.34X$

問題 17　正解：71,550 千台　問題 本冊 P.150

2008 年の北米の自動車生産台数を求める必要がある。そのためにまず、1998 年の北米の自動車生産台数を求める。計算式は、

1998 年の総生産台数×**北米の構成比（%）**÷ 100

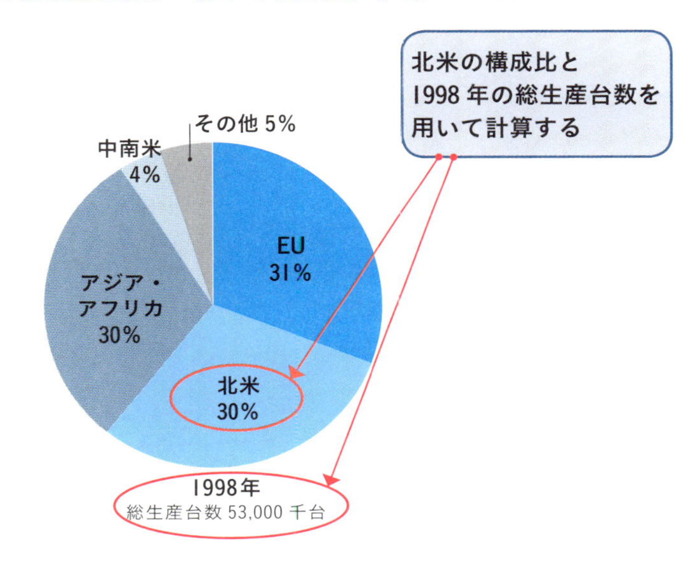

計算をすると、

53,000 千台× 30%÷ 100 ＝ **15,900 千台**

となる。ここから 2008 年には 19%減少するため、

15,900 千台×（100%－ **19%**）÷ 100 ＝ **12,879 千台**

2008 年の北米の自動車生産台数は **12,879 千台**となる。

2008 年の総生産台数を求める計算式は、

2008 年の北米の生産台数÷**北米の構成比（%）**× 100

2008 年の北米の構成比は **18%**なので、

12,879 千台÷ **18%**× 100 ＝ **71,550 千台**

となる。

問題 18 正解：6.5

問題 本冊 P.151

設問から、1996 年のタイからの輸入額と 2006 年のアメリカからの輸入額の比較をする必要がある。

輸入額の計算式は、

各国からの輸入額＝輸入総額×構成比（%） ÷ 100

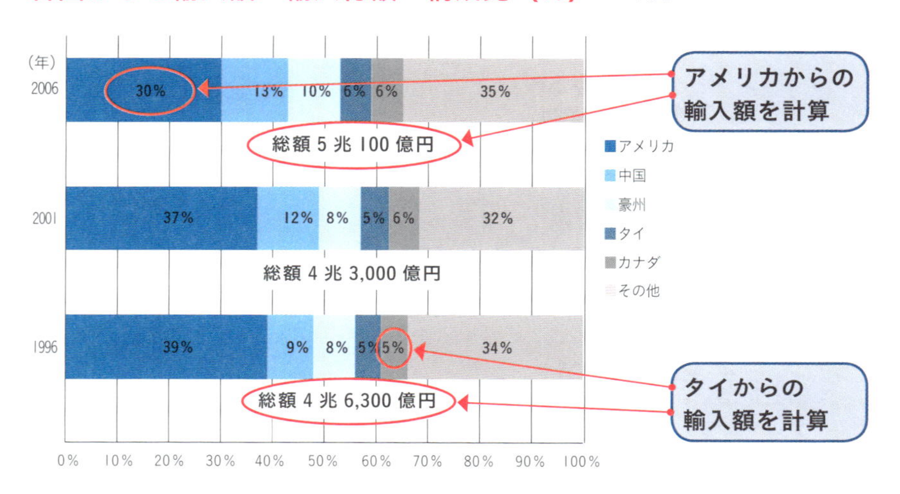

1996 年のタイからの輸入額は、

4 兆 6,300 億× 5 ÷ 100 ＝ **2,315 億**

同様に 2006 年のアメリカからの輸入額は、

5 兆 100 億× 30 ÷ 100 ＝ **1 兆 5,030 億**

となる。

1996 年のタイからの輸入額を 1 、2006 年のアメリカからの輸入額を x とし、比の形で表すと、

2,315 ： 1 ＝ 15,030 ： x

2,315x ＝ 15,030

x ≒ 6.5

以上より、およそ 6.5 となる。

問題 19 正解：3.50X

問題 本冊 P.152

棒グラフでは第１次産業、第２次産業、第３次産業の就業人口が年度ごとに表されている。問われているのは1970年の第１次産業就業者と、1950年の就業者全体の比較なので、数値を実際に拾い上げて計算していく。

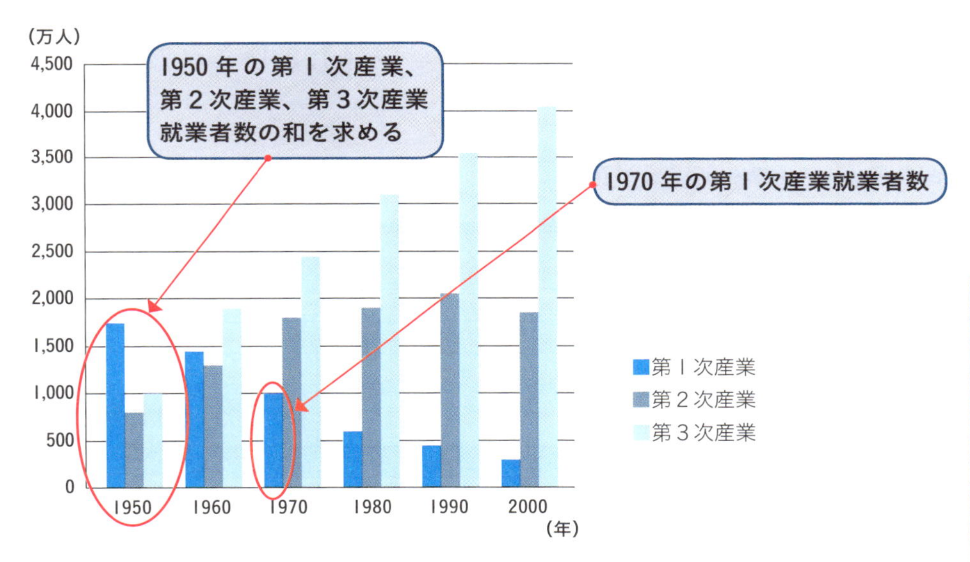

1970年の第１次産業就業者はおよそ**1,000**万人。

1950年の第１次産業就業者はおよそ1,750万人、第２次産業就業者はおよそ750万人、第３次産業就業者はおよそ1,000万人で、合計およそ**3,500**万人と読み取ることができる。

1970年の第１次産業就業者数を設問の通りX、1950年の就業者全体の数を□とし、比の形で表すと、

1,000：X ＝ **3,500**：□

1,000□＝ **3,500**X

□＝ **3.50X**

問題 20　正解：59.7%　問題 本冊 P.153

日本の産業別就業者数の推移に関する表を用いて、2002 年から 2014 年にかけての「医療・福祉」の就業者数増加率を求める問題である。

増加率もしくは減少率は、(「**当年の数値**」－「**元の年の数値**」) ÷「**元の年の数値**」× 100、すなわち、「**増加数（減少数）**」÷「**元の年の数値**」× **100** で算出できる。

「医療・福祉」については、2002 年が 474（万人）、2014 年が 757（万人）となっているため、増加率は、

(**757** － **474**) ÷ **474** × **100** ＝ **283** ÷ **474** × **100** ≒ **59.7%**

となる。よって、**59.7%** が正解。

（単位：万人）

年次	総数	農業・林業	建設業	製造業	運輸・郵便業	卸売・小売業	金融・保険・不動産業	教育・学習支援業	医療・福祉	その他
2002	6,330	268	618	1,202	327	1,108	270	277	474	1,786
〜										
2014	6,351	209	505	1,040	336	1,059	266	301	757	1,878
男	3,621	126	431	731	273	515	142	134	187	[illegible]
女	2,730	83	74	309	63	544	124	167	570	[illegible]
	＜2002年〜2014年の増加率＞									
	0.3%	−22.0%	−18.3%	−13.5%	2.8%	−4.4%	−1.5%	8.7%	(X)	5.2%

＋283

474 に対して何％か

問題 21　正解：2,495 千台　問題 本冊 P.154

2010 年 10 月から 2011 年 12 月までの 15 カ月間の携帯電話の国内出荷台数の平均を求める。計算式は、

携帯電話の国内出荷台数の合計÷ 15 カ月

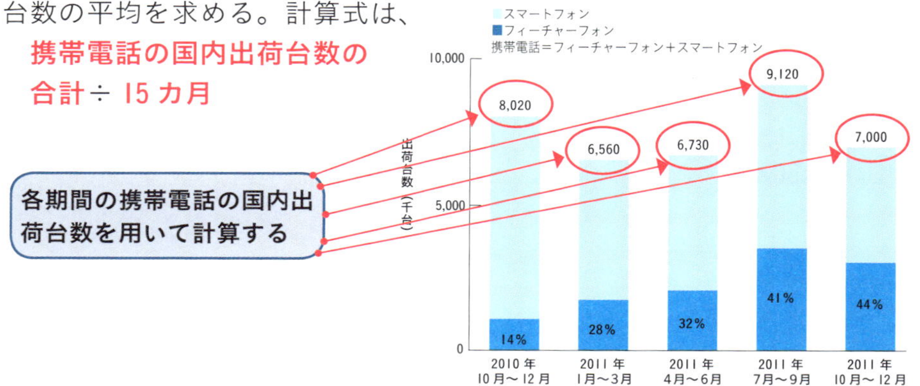

携帯電話の国内出荷台数の１カ月平均は、

(8,020 ＋ 6,560 ＋ 6,730 ＋ 9,120 ＋ 7,000) ÷ 15 ≒ 2,495

となり、およそ 2,495 千台ということがわかる。

問題 22 正解：1995 年の米 問題 本冊 P.155

表の縦には食料の品目が、横には年がある。問われているのは５年前と比較した輸入率の増加率が最も大きい品目と年。増加率を求める計算式は、

対５年前増加率＝（今年度の輸入率÷５年前の輸入率）－１

となる。たとえば、1990 年の野菜の場合は、

(9.0 ÷ 5.0) － 1 ＝ 0.80

ただし、設問は大小関係を比較しているだけなので、－１をせずに、対５年前比（今年度の輸入率÷５年前の輸入率）で比べることができる。

しかし、これらのすべての値を求めると時間がかかってしまう。早く解くために、選択肢を確認する。

4.4 ÷ 0.5 ＝ 8.8 と、９倍近くになっている

ほとんど変わっていない

	1980 年	1985 年	1990 年	1995 年	2000 年	2005 年
米	0.3	0.3	0.5	4.4	8.5	9.8
小麦	90.5	85.6	84.8	92.8	89.2	85.8
果実	19.9	24.9	37.8	51.7	55.7	59.5
肉類	19.7	19.6	29.9	43.4	48.0	47.0
乳製品	17.8	17.5	21.4	28.0	32.0	31.6
野菜	2.9	5.0	9.0	15.2	18.0	21.3

２倍にもなっていない

表から選択肢の５年前からの増加率を検討してみると、1995 年の米が他に比べて大幅な増加をしていることがわかる。細かな計算をする必要はなく、1995 年の米の増加率が最も大きいと判断できる。

問題 23 正解：22.5％ 問題 本冊 P.156

表には、身長の範囲ごとの度数が与えられている。累積度数とはその

範囲までの度数の合計のこと。たとえば、165以上〜170未満までの累積度数（20）はそれまでの度数の和なので、1＋5＋14＝20となっている。ここから、全体の人数は40人とわかる。

身長（cm）	度数（人）	累積度数（人）
155以上〜160未満	1	1
160以上〜165未満	5	6
165以上〜170未満	14	20
170以上〜175未満	11	31
175以上〜180未満	5	36
180以上〜185未満	3	39
185以上	1	40

合計が「累積度数」になる

この値が全体の合計になる

身長175cm以上の生徒の人数は、5＋3＋1＝**9**（人）

身長175cm以上の生徒の割合を求める計算式は、

身長175cm以上の人数÷全体の人数×100

実際の数値で求めると、

9÷**40**×100＝**22.5%**

問題24 正解：87,700台

問題 本冊P.157

2009年の普通貨物車の販売台数を求めるが、この表には2005年と2010年のデータしか与えられていない。そこで前年比を用いて2009年の販売台数を計算していく。計算式は、

2010年の普通貨物車の販売台数÷前年比（%）×100

	2005年			2010年		
	販売台数（台）	前年比（%）	シェア（%）	販売台数（台）	前年比（%）	シェア（%）
普通乗用車	1,271,349	93.6	21.7	1,419,909	122.4	28.7
小型乗用車	2,089,992	102.6	35.7	1,507,693	101.9	30.4
乗用車合計	3,361,341	99.0	57.4	2,927,602	110.9	59.1
普通貨物車	197,548	105.9	3.4	101,697	116.0	2.1
小型貨物車	351,708	97.3	6.0	187,642	104.0	3.8
貨物車合計	549,256	100.2	9.4	289,339	107.9	5.8
バス	17,754	97.8	0.3	12,775	101.6	0.3
登録車合計	3,928,351	99.2	67.1	3,229,716	110.6	65.2
軽自動車	1,387,050	101.1	23.7	1,284,599	100.1	25.9
軽貨物車	536,520	103.4	9.2	441,723	109.1	8.9
軽自動車合計	1,923,570	101.7	32.9	1,726,322	102.3	34.8
合計	5,851,921	100.0	100.0	4,956,038	107.5	100.0

2010年の普通貨物車の販売台数と前年比を用いて計算する

適切な値を入れて計算してみると、
101,697 ÷ 116.0 × 100 ＝ 87,669.8 （小数点第２位で四捨五入）
となる。以上により、87,700 台が答えになる。

問題 25 正解：405 人

問題 本冊 P.158

縦に各国名、横には人口（千人）、国会議員 1 人に対する人口（千人）、人口密度（人 /km²）、1 人あたりの GDP（米ドル）がある。問われているのは、カナダの国会議員数で、計算式は、
国会議員数＝人口÷国会議員 1 人に対する人口
となる。実際の値で計算すると（小数点第３位以下四捨五入）、
30,750 ÷ 75.9 ＝ 405.14
となり、405 人であることがわかる。

カナダの人口と国会議員 1 人に対する人口を用いて計算する

	人口（千人）	国会議員 1 人に対する人口 人口 / 国会議員数 (千人 / 人)	人口密度 (人 /km²)	1 人あたりの GDP (米ドル)
イギリス	59,500	56.7	197	40,862
イタリア	57,370	63.4	236	38,325
フランス	59,520	66.3	94	46,675
カナダ	30,750	75.9	3	56,551
ドイツ	82,260	109.0	230	43,853
日本	127,770	174.5	338	45,915
ロシア	145,500	231.7	9	12,718
アメリカ	281,420	526.0	29	53,570

参考
面積は人口÷人口密度で求め、GDP は 1 人あたりの GDP × 人口で求める。

問題 26 正解：1997 年の携帯電話の契約数に比べ、2011 年は 3.3 倍になっている

問題 本冊 P.159

グラフの左側の縦軸は普及率、右側の縦軸は契約数を示している。各グラフがどちらの軸のものかを判断する必要があるが、この問題では各グラフ上に数字が記入されているので、その値を用いて計算をする。
選択肢を順に確認していく。
「近年、固定電話契約者がインターネット利用に変わってきている」
これはグラフからだけでは判断できない。
「2011 年の携帯電話普及率は 1997 年と比較しておよそ 2.5 倍になっている」

実際の値を確認すると、2011 年の携帯電話普及率は 94%、1997 年の携帯電話普及率は 29%。94 ÷ 29 ≒ **3.241**…より、およそ **3.2** 倍。よって「**明らかに誤り**」。

「2015 年には携帯電話契約数が固定電話契約数を上回る」

これはグラフからだけでは判断できない。

「1997 年の携帯電話の契約数に比べ、2011 年は 3.3 倍になっている」

実際の値を確認すると、2011 年の携帯電話の契約数は 14,121 万台、1997 年の携帯電話の契約数は 4,275 万台。

14,121 ÷ 4,275 ≒ **3.30** より、およそ **3.3** 倍。よって「**明らかに正しい**」といえるため、これが正解。

「現状ではインターネットの普及率は固定電話の普及率を上回っていない」

これはグラフからだけでは判断できない。

問題 27 正解：やや減少 問題 本冊 P.160

帯グラフには、0 ～ 14 歳の人数、15 ～ 64 歳の人数、65 歳以上の人数と、合計人数が年ごとに示されているが、構成比ではないことに注意する。

まず、人口全体に占める割合は、**15 ～ 64 歳の人数**÷**県人口全体**で求められる。

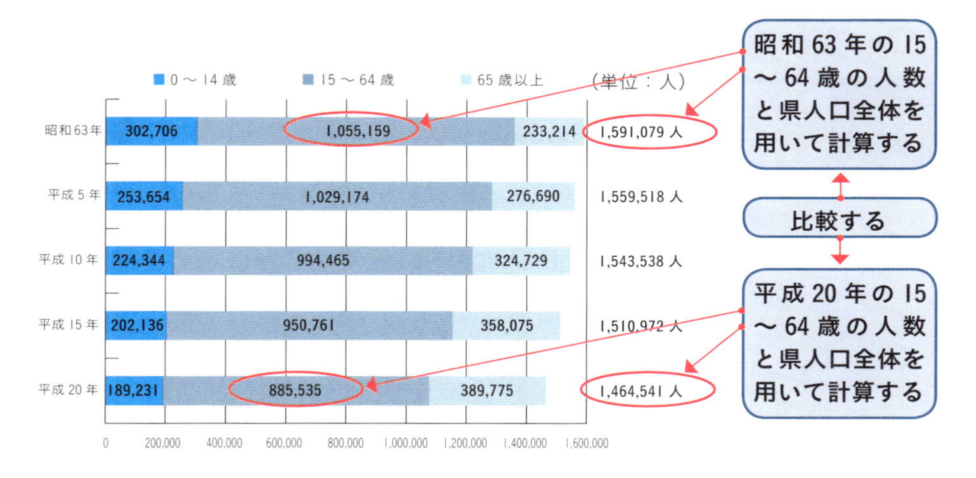

実際の値で計算してみると、昭和 63 年は、

1,055,159 ÷ 1,591,079 ≒ 0.663

同様に、平成 20 年は、

885,535 ÷ 1,464,541 ≒ 0.605

割合の変化を確認すると、0.663（6割6分3厘）から0.605（6割5厘）に減少しているが、1割以上の減少ではないため、「やや減少」が正解となる。

問題28 正解：2.4倍

問題 本冊 P.161

情報通信業における県内勤務の就業者数と県外勤務の就業者数の比較をする。注意する点は、県内勤務が自市区町村内と他市区町村内（県内）の合計であるということ。

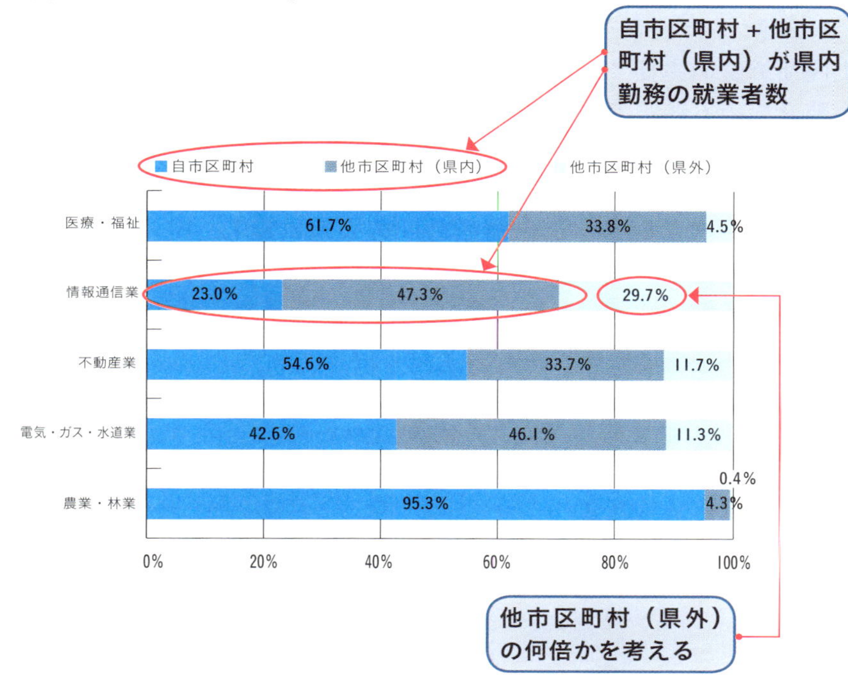

情報通信業の全就業者数は不明なので、xとする。

県内勤務はx ×（23.0 ＋ 47.3）＝ 70.3x（人）

県外勤務はx × 29.7 ＝ 29.7x（人）と表すことができる。

したがって、県内勤務の就業者数が県外勤務の就業者数の何倍になるかを計算すると、

$70.3x \div 29.7x \fallingdotseq 2.37$
となる。よって、およそ2.4倍ということがわかる。

問題 29 正解：161.3km 問題 本冊 P.162

（単位：km）

			博多
		広島	280.7
	岡山	?	442.0
新大阪	180.3	341.6	622.3

山陽新幹線の主要4駅間の距離表より空欄になっている岡山－広島間の距離を求める問題で、表の見方を理解することがポイントとなる。

たとえば表中の180.3というのは、左の**新大阪駅**と上の**岡山駅**の間の距離が180.3kmであることを示している。同様に、表中の341.6というのは、左の**新大阪駅**と上の**広島駅**の間の距離を示し、622.3は左の**新大阪駅**と上の**博多駅**の間の距離を示している。

岡山－広島間の距離は、新大阪－広島間の距離から新大阪－岡山間の距離を引くことで求めることができる。つまり、

$341.6 - 180.3 = 161.3$（km）

となり、161.3kmが正解である。

なお、岡山－博多間の距離442.0kmから広島－博多間の距離280.7kmを引くことでも求められる。

玉 手 箱 ▶ 計数テスト
表の穴埋め

問題 1　正解：400 円　問題 本冊 P.163

与えられた表から、各月の数字の推移について何らかの法則性を見出す必要がある。表中の平均客単価と来店者数の推移からは特に法則性を見出すことができない。そこで、平均客単価と来店者数から売上高を考えてみる。

売上高の計算式は、

売上高（千円）＝**平均客単価（円）**×**来店者数（千人）**

６月から９月までの月別の売上高を計算すると、次の表のようになる。

	6月	7月	8月	9月	10月
平均客単価（円）	480	500	520	450	?
来店者数（千人）	5	5	5	6	7
売上高（千円）	2,400	2,500	2,600	2,700	?

＋100　＋100　＋100

売上高の推移に注目すると、毎月 100 千円ずつ上昇しているのがわかる。この傾向が続くとすると、10 月の売上高は、

2,700 ＋ 100 ＝ **2,800**（千円）

と推測できる。平均客単価は、

平均客単価（円）＝売上高（千円）÷来店者数（千人）

で求められるので、10 月の平均客単価は、

2,800 ÷ 7 ＝ **400**（円）

となる。

問題 2 正解：11,160 千円

問題 本冊 P.164

この設問では外壁塗装費用の見積金額が問われている。見積金額を出すのに必要と思われるデータは外壁面積と戸数であると推測することができる。そこで、1㎡あたりの塗装費用である塗装単価を、

塗装単価（千円/㎡）＝**見積金額（千円）**÷**外壁面積（㎡）**

により計算してみると、各棟の塗装単価は、次の表のようになる。

	A 棟	B 棟	C 棟	D 棟	E 棟	F 棟
戸数	20	20	25	25	30	30
外壁面積（㎡）	2,200	2,214	2,464	2,398	2,590	2,790
見積金額（千円）	13,200	13,284	12,320	11,990	10,360	?
塗装単価（千円/㎡）	6	6	5	5	4	?

塗装単価はすべて同じにはならなかったが、戸数に注目すると法則性が見出せる。戸数が 20 戸の A、B 棟では 6 千円/㎡、戸数が 25 戸の C、D 棟では 5 千円/㎡になっていることがわかる。このことから戸数によって塗装単価が異なると推測することができる。

戸数＝ 30 戸の E 棟では 4 千円/㎡となっているので、同じく戸数が 30 戸の F 棟も 4 千円/㎡と考えることができる。よって、

見積金額（千円）＝**外壁面積（㎡）**×**塗装単価（千円/㎡）**

より、

2,790 × **4** ＝ **11,160 千円**

となる。

問題 3 正解：1,870 千円

問題 本冊 P.165

四半期利益を推測する問題だが、表の四半期利益からは特に法則性は見出せない。よって、販売個数と原価から推測していく。

まず、四半期別の販売原価を、

販売原価（千円）＝**販売個数（千個）**×**原価（円/個）**

より計算すると、各四半期の販売原価は次の表のようになる。

	第1期(1月～3月)	第2期(4月～6月)	第3期(7月～9月)	第4期(10月～12月)
販売個数（千個）	45	66	112	85
原価（円／個）	120	115	105	110
販売原価（千円）	5,400	7,590	11,760	9,350

次に各四半期において販売原価に占める利益の割合はどのようになっているのかを、

販売原価に占める利益の割合＝**四半期利益（千円）**÷**販売原価（千円）**

により、計算してみる。

	第1期(1月～3月)	第2期(4月～6月)	第3期(7月～9月)	第4期(10月～12月)
四半期利益（千個）	1,080	1,518	2,352	?
販売原価（千円）	5,400	7,590	11,760	9,350
販売原価に占める利益の割合	0.2	0.2	0.2	?

第1期は、1,080 ÷ 5,400 ＝ **0.2**

第2期は、1,518 ÷ 7,590 ＝ **0.2**

第3期は、2,352 ÷ 11,760 ＝ **0.2**

となり、すべて**0.2**であることがわかる。

第4期も**0.2**と推測できるので、四半期利益は、

販売原価× **0.2** より、

9,350 × **0.2** ＝ **1,870千円**となる。

問題4　正解：224千円

問題 本冊 P.166

ここでは、Fさんの給与がいくらかを問われているので、表中から何が給与を決めているのか知る必要がある。

年齢と給与の関係性は、AさんとEさんを比べてみるとわかるが、年齢が高いからといって給与が高いわけではない。勤続年数と給与の関係性も、BさんとEさんを比べてみるとわかるが、勤続年数が長いからといって給与が高いわけではない。担当地域が同一で給与がわかっているのはAさんとBさんだけなので、これだけでは判断がつかない。

一方、月平均契約件数と給与を比べてみると、月平均契約件数が多ければ給与が高くなっていく傾向が表から読み取れる。

	Aさん	Bさん	Cさん	Dさん	Eさん	Fさん
年齢（歳）	28	27	30	33	29	26
勤続年数（年）	5	4	7	11	5	3
担当地域	東北	東北	北関東	南関東	甲信越	甲信越
月平均契約件数（件）	31	25	33	41	19	28
給与（千円）	248	200	264	328	152	?

年齢、勤続年数、担当地域からは給与との関連性が見出せない

月平均契約件数が多ければ給与が高くなっていく傾向がある

そこで、

給与（千円）÷月平均契約件数（件）

より、契約1件あたりの給与を計算してみると、

Aさん：248 ÷ 31 ＝ 8（千円）

Bさん：200 ÷ 25 ＝ 8（千円）

Cさん：264 ÷ 33 ＝ 8（千円）

Dさん：328 ÷ 41 ＝ 8（千円）

Eさん：152 ÷ 19 ＝ 8（千円）

となり、すべて8千円になる。

Fさんについても同様に契約1件あたり給与が8千円と推測できるので、Fさんの給与は、

月平均契約件数×8（千円）

より、

28 × 8 ＝ **224千円**

となる。

問題5 正解：330.0万円 問題 本冊P.167

売上高からは何の傾向も見出せないので、利用者数を用いて売上高を推測していく。

まず、4月から9月までの利用者1人あたりの売上高を、

売上高（万円）÷利用者数（人）

により計算すると（小数点以下第3位四捨五入）、次の表のようになる。

	4月	5月	6月	7月	8月	9月
利用者数（人）	120	180	96	140	165	110
売上高（万円）	363.0	544.0	286.0	411.0	496.0	?
利用者1人あたりの売上高（万円）	3.03	3.02	2.98	2.94	3.01	?

きれいに割り切ることができず、一見すると、利用者１人あたりの売上高には法則性がないように見える。しかし、小数点以下第１位を四捨五入すると、４月から８月まですべて３万円になることがわかる。９月も同様に３万円になると推測することができる。

９月の売上高は、

利用者数（人）×３（万円）

より、

110 × 3 = 330.0 万円

となる。

問題 6 正解：43,800 円

問題 本冊 P.168

宿泊プランＡからＣまでの料金を見ると、利用者の人数が増えるに従い料金が上昇していることがすぐに読み取れる。ここでは、その料金の増え方に何らかの法則性を見出す必要がある。

しかし、料金の上昇幅には特に法則性は見出せない。そこで、料金増加の割合に注目してみる。２名利用時の料金を基準として、３名利用時、４名利用時の料金は何倍になっているかについて計算してみると（小数点以下第３位四捨五入）、次の表のようになる。

	プランＡ	プランＢ	プランＣ	プランＤ
３名利用時の料金÷２名利用時の料金	1.40	1.40	1.40	1.40
４名利用時の料金÷２名利用時の料金	1.60	1.60	1.60	?

上の表から明らかなように、３名利用時の料金は２名利用時の料金の1.4 倍、４名利用時の料金は２名利用時の料金の 1.6 倍になっていることがわかる。プランＤの４名利用時の料金も２名利用時の料金の 1.6 倍と推測できる。設問の４名利用時の料金は、

２名利用時の料金× 1.6

より計算できるので、

27,400 × 1.6 = 43,840（円）

となり、選択肢の中で最も近い 43,800 円が正解になる。

問題 7 正解：62.1 千円

問題 本冊 P.169

ここでは見積金額についての計算方法を知る必要がある。表にはプランごとに作業員の社員数、アルバイト人数、およびそれぞれの平均人件費が記載されている。作業員についての人件費を社員、アルバイトに分けて計算し合算することで、総人件費を計算することができる。総人件費は、

（社員数×社員平均人件費）＋（アルバイト人数×アルバイト平均人件費）

さらに、表にはプランごとに事務費が計上されているので、

総人件費＋事務費

を計算してみると、計算結果は次の表のとおりとなる。

	プラン A	プラン B	プラン C	プラン D	プラン E
社員人件費（千円/日）	15	15	15	15	15
アルバイト人件費（千円/日）	0	8	16	16	24
総人件費（千円/日）	15	23	31	31	39
事務費（千円）	1.3	1.8	2.2	2.6	3.1
総人件費＋事務費（千円）	16.3	24.8	33.2	33.6	42.1
見積金額（千円）	21.3	34.8	43.2	53.6	?
差額（見積金額－総人件費－事務費）（千円）	5	10	10	20	?

しかし、総人件費＋事務費は各プランの見積金額より低くなっている。それらの差額を計算してみると、上の表の最下行のとおり。差額には何か法則性があるように見える。設問の表の使用トラックと照らし合わせると、２ｔトラックであれば差額は５千円、４ｔトラックであれば10千円、８ｔトラックであれば**20**千円となっている。すなわち、**見積金額との差額はトラックのトン数に比例**していることがわかる。

プランＥは８ｔトラックなので、プランＤと同様に、

総人件費＋事務費＋**20**（千円）

で見積金額を計算することができる。よって、プランＥの見積金額は、

39 ＋ 3.1 ＋ **20** ＝ **62.1 千円**

となる。

問題 8 正解：2018 年

問題 本冊 P.170

国内からの観光客の人数を海外からの観光客の人数が上回るのがいつかを問われているので、それらの推移についての法則性を見出す必要がある。

まず、2013 年から 2016 年までの前年からの変動分を計算してみると、次の表のようになる（2012 年については 2011 年の観光客数がわからないので計算できない）。

		2013 年	2014 年	2015 年	2016 年
対前年度観光客数の変動分（千人）	国内	-51	-49	-52	-49
	海外	19	41	62	81

毎年、約 50 減少

およそ 20 → 40 → 60 → 80

計算結果から、国内からの観光客数は前年と比べておよそ 50 千人ずつ減少し、海外からの観光客数はおよそ 20 千人、40 千人、60 千人、80 千人と増加し、増加人数が毎年 20 千人ずつ増えていることがわかる。

この傾向が 2017 年以降も続くとすると、2016 年の観光客数（国内からの観光客＝ 417（千人）、海外からの観光客＝ 215（千人））をもとにすれば、次の表のようになる。

	2016 年	2017 年	2018 年
国内からの観光客	417	367	317
前年からの変動分		−50	−50
海外からの観光客	215	315	435
前年からの変動分		＋100	＋120

上の表より、海外からの観光客の人数が国内からの観光客の人数を上回るのは **2018 年**と推測できる。

なお、計算するうえで 2018 年が正解とわかれば、それより後（2019 年以降）の計算は必要ない。

問題 9 正解：3,680 人 問題 本冊 P.171

時刻別の利用者数からは法則性は見出せない。その他の情報として、各電車の車両編成と本数があるので、ここから法則を見出したい。

そこで、各電車の編成車両数の違いを考慮して、1両あたりの利用者数を計算してみる。計算式は、

利用者数÷（各駅停車本数×６＋区間準急本数×６＋準急本数×８＋急行本数× 10）

計算結果は次の表のようになる（小数点以下第２位四捨五入）。

	5:00 ～ 7:00	7:00 ～ 9:00	9:00 ～ 11:00	11:00 ～ 13:00	13:00 ～ 15:00	15:00 ～ 17:00
利用者数（人）	2,692	14,010	4,162	3,116	3,132	?
総車両数（両）	68	232	104	78	78	92
1両あたりの利用者数（人）	39.6	60.4	40.0	39.9	40.2	?

上の表は一見したところ法則性がないようだが、7：00 ～9：00 の通勤時間帯を除くと、1両あたりの利用者数は 40 人（小数点以下第1位四捨五入）になっており、電車の本数・車両がそのように設定されていると推測することができる。

15：00 ～ 17：00 も1両あたりの利用者数が 40 人に設定されているとすると、利用者数は、

（各駅停車本数×６＋区間準急本数×６＋
準急本数×８＋急行本数× 10）× 40

より、

（６×６＋２×６＋３×８＋２× 10）× 40 ＝ 3,680 人

となる。

問題 10 正解：4,070,000 円 問題 本冊 P.172

問われているのは、versionB・４WD モデルのセーフティ企画の特別価格なので、version B の２WD モデルと４WD モデルの価格に法則性がないか、検討してみる。

車種		シンプル企画（オプション無）		パフォーマンス企画（本革張りシート）		セーフティ企画（歩行者検知機能付）	
		通常価格	特別価格	通常価格	特別価格	通常価格	特別価格
version A	2WD モデル	258	243	288	265	293	271
	4WD モデル	279	259	309	281	314	287
version B	2WD モデル	378	363	408	385	413	391
	4WD モデル	399	379	429	401	434	?
version B 車種（4WD-2WD）		21	16	21	16	21	

2WD モデルと 4WD モデルの価格差を調べてみる

2WD モデルと 4WD モデルの価格差を調べてみると、通常価格については、シンプル企画、パフォーマンス企画、セーフティ企画のいずれも 2WD モデルと 4WD モデルの価格差は 21 万円。特別価格については、シンプル企画、パフォーマンス企画のいずれも価格差は 16 万円であることから、セーフティ企画についても価格差は 16 万円と推測できる。

よって、391（万円）＋ **16（万円）** ＝ **407（万円）**

以上より、正解は **4,070,000 円**となる。

問題 11　正解：営業 40 人　システム管理 12 人

問題 本冊 P.173

東北支局の 2016 年度の営業部とシステム管理部の社員配置人数を推測するわけだが、表からは法則性は見当たらない。そこで、まず東海支局と東北支局を見比べてみる。

営業部について見てみると、2013 年度の東海支局は 98 人、東北支局は 35 人。この比率を見ると、98 ÷ 35 ＝ **2.8** から、東海支局の人数は東北支局の **2.8** 倍となっている。

同様に、2014 年度：84 ÷ 30 ＝ **2.8**

2015 年度：95 ÷ 34 ≒ **2.8**

となるので、2016 年度も **2.8** 倍になると推測できる。

したがって、2016 年度の東北支局営業部の人数は、

112 ÷ **2.8** ＝ **40 人**

同様に、システム管理部についても比率を見てみると、

2013 年度：35 ÷ 14 ＝ **2.5**

2014 年度：25 ÷ 10 ＝ **2.5**

2015 年度：20 ÷ 8 ＝ **2.5**

となるので、2016 年度も **2.5** 倍と推測できる。

したがって、システム管理部の人数は、
30 ÷ 2.5 ＝ 12 人

年度		2013	2014	2015	2016
東海支局	営業部	98	84	95	112
	システム管理部	35	25	20	30
東北支局	営業部	35	30	34	?
	システム管理部	14	10	8	?

2.8 倍
2.5 倍

問題 12　正解：750 円

問題 本冊 P.174

梱包形態に違いがあるが、枚数が多ければ 1 枚あたりの金額が安くなることは推測できる。そこで、1 枚あたりの金額を比較してみると、
20 枚：100 ÷ 20 ＝ 5（円 / 枚）
100 枚：160 ÷ 100 ＝ 1.6（円 / 枚）
2,500 枚：3,500 ÷ 2,500 ＝ 1.4（円 / 枚）
5,000 枚：6,000 ÷ 5,000 ≒ 1.2（円 / 枚）
購入枚数ごとに 1 枚あたりの価格を計算すると、以下のようになる。つまり、枚数が多くなれば単価が安くなっている。すると、500 枚の購入では単価が 1.4 円より高く、1.6 円より安いと推測ができる。

販売枚数	20	100	500	2,500	5,000
価格（円）	100	160	?	3,500	6,000
1 枚あたりの価格（円）	5	1.6	?	1.4	1.2

よって 500 枚の価格は、
1.4 × 500 ＝ 700（円）より高く、
1.6 × 500 ＝ 800（円）より安い
と推測できる。つまり、700 円を超えるが、800 円未満である。
選択肢では、この範囲にある金額は 750 円以外にない。

問題 13　正解：165,312 円

問題 本冊 P.175

表からは開店の第 1 週から第 6 週までの総来店者数の減少に伴って、各商品分野も減少しているのがわかるので、売り上げは総来店者数と関係があることが推測できる。
問われているのは日配食品の売上金額なので、日配食品の売上金額と

総来店者数の関係を調べてみる。そこで、来店者1人あたりの日配食品の売上金額を計算する。計算式は、

来店者1人あたりの売上金額（客単価）＝売上金額÷総来店者数

各週の来店者1人あたりの売上金額は下の表のようになる。

	第1週	第2週	第3週	第4週	第5週	第6週
日配食品	208,485	197,169	181,056	179,580	169,371	?
総来店者数（人）	1,695	1,603	1,472	1,460	1,377	1,344
来店者1人あたりの売上金額	123	123	123	123	123	

来店者1人あたりの売上金額(客単価)＝売上金額÷総来店者数

第1～5週の日配食品の来店者1人あたりの売上金額は123円であることがわかる。したがって、第6週も**123**円と推測できる。

売上金額＝客単価×総来店者数なので、

売上金額（第6週）＝ **123** × 1,344 ＝ **165,312円**

となる。

問題14 正解：31,760台 問題 本冊P.176

日本メーカー車の輸入乗用車新車登録数を年ごとに見ても規則性が見当たらない。そこで、輸入乗用車総計に占める日本メーカー車の割合を調べてみる。割合の計算式は、

輸入乗用車総計に占める日本メーカー車の割合

＝日本メーカー車÷輸入乗用車総計

これを各年に当てはめて計算すると、

2009年：3,561 ÷ 29,654 × 100 ≒ 12.01%

2010年：3,578 ÷ 27,523 × 100 ≒ 13.00%

2011年：4,283 ÷ 30,562 × 100 ≒ 14.01%

となり、日本メーカー車の割合が毎年約1.0%増加していることがわかる。

つまり、2012年には**15.0%**となることが推測できる。

したがって、2012年の日本メーカー車4,764台が輸入乗用車総計の**15%**にあたるので、輸入乗用車総計をxとおくと、

$x \times 0.15 = 4,764$

$x = 31,760$

よって、2012年の輸入乗用車総計は**31,760台**となる。

問題15 正解：10.9 万 t 問題 本冊 P.177

キャベツの生産量の推移自体からは何らかの法則性は見出せない。表には他に3種類の農産物の生産量の推移が示されているので、それらをキャベツの生産量の推移と照らし合わせて推測する必要がある。

キャベツの生産量は、2013 年は前年に比べて減少、2014 年は増加、2015 年は減少している。これと同じような推移を示しているのは、レタスのみであることが表から読み取れる。

キャベツとレタスの生産量は同じような動きをしている

	2012 年	2013 年	2014 年	2015 年	2016 年
じゃがいも	5.6	5.3	4.9	4.8	4.6
キャベツ	8.9	6.9	10.4	8.5	?
レタス	4.1	3.2	4.8	3.9	5.0
りんご	1.5	1.6	1.9	1.4	1.2

そこで次に、キャベツとレタスの生産量の対前年変化率（%）を、

（当年の生産量－前年の生産量）÷前年の生産量× 100

より求めてみる。計算結果（小数点以下第2位四捨五入）は次の表のようになる。

	2013 年	2014 年	2015 年	2016 年
キャベツ	−22.5%	＋50.7%	−18.3%	?
レタス	−22.0%	＋50.0%	−18.8%	＋28.2%

2013 年から 2015 年までのキャベツとレタスの対前年変化率はほぼ同じであることがわかる。2016 年のレタスの対前年変化率は＋ 28.2%なので、キャベツについても＋ 28.2%（＝＋ 0.282）であると推測できる。

よって、

2015 年のキャベツの生産量 ×（1 ＋ 0.282）

より、2016 年のキャベツの生産量が推測できるので、

8.5 ×（1 ＋ 0.282）＝ 10.9 万 t（小数点以下第2位四捨五入）

となる。

問題16 正解：4,050千円 問題 本冊 P.178

設問で問われている出荷額の推移自体からは何らかの法則性は見出せない。表にある出荷個数と従業員数から推測する必要がある。

まず、出荷個数に注目すると、

出荷額（千円）÷出荷個数（千個）

より、ガラスコップ1個あたりの出荷額（円）を計算することができる。

出荷額÷出荷個数より1個あたりの出荷額を計算する

	2001年	2004年	2007年	2010年	2013年	2016年
出荷個数（千個）	120	105	127	87	95	81
出荷額（千円）	12,000	9,450	10,160	6,090	5,700	?
従業員数（人）	37	29	28	25	24	18
1個あたりの出荷額（円）	100	90	80	70	60	?

上の表から明らかなように、1個あたりの出荷額が3年ごとに10円ずつ下がっている。よって、2016年の1個あたりの出荷額は、

60 − 10 ＝ 50（円）

になると推測できる。

出荷額（千円）は、

出荷個数（千個）×1個あたりの出荷額（円）

より計算できるので、

81 × 50 ＝ 4,050千円

となる。

なお、従業員数は減少し続けているので、出荷額の推移とは関係がないことがすぐにわかる。

問題17 正解：55部 問題 本冊 P.179

表には販売部数以外に来店者数の推移が記載されている。来店者数と販売部数の推移を照らし合わせてみても、特段の法則性は見出せない。一方、販売部数のみに注目すると、発行初日から次第に販売部数が減っているのがわかる。そこで、販売部数の推移自体に何らかの法則性がないかを調べてみる。

２日目以降の前日からの部数の変化を計算してみると、次の表のようになる。

	発行初日	2日目	3日目	4日目	5日目	6日目
販売部数（部）	120	95	77	65	58	?
前日からの部数の変化（部）		−25	−18	−12	−7	?

表からは前日からの部数の変化のマイナス幅が小さくなっていることが読み取れる。どの程度変化したかをみると、＋７、＋６、＋５と推移しているので、この傾向が続くとすれば、次は**＋４**になると推測することができる。６日目の前日からの部数の変化は、

−７＋**４**＝**−３（部）**

になる。

よって、６日目の販売部数は、

58 − **3** ＝ **55 部**

になる。

問題18 正解：83.7 百万円

問題 本冊 P.180

設問はＦ店についての改装後の１カ月あたりの平均売上額を求めるもの。そこで、他店が店舗を改装することで１カ月あたりの平均売上額が何倍になったかを計算してみる。計算式は、

改装後の１カ月あたりの平均売上額÷改装前の１カ月あたりの平均売上額

		A店	B店	C店	D店	E店	F店
改装前	1カ月あたりの平均来店者数（千人）	31.0	28.5	41.2	50.8	18.0	34.4
	1カ月あたりの平均売上額（百万円）	68.2	45.6	51.4	55.0	20.8	55.8
改装後	1カ月あたりの平均来店者数（千人）	37.2	34.2	49.44	60.96	21.6	41.28
	1カ月あたりの平均売上額（百万円）	102.3	68.4	77.1	82.5	31.2	?

すると、A 店から E 店まで平均売上額が、1.5 倍になっていることがわかる。F 店も同様に 1.5 倍になると推測でき、

改装前の 1 カ月あたりの平均売上額× 1.5

より、改装後の 1 カ月あたりの平均売上額が計算できる。よって、

55.8 × 1.5 ＝ 83.7 百万円

となる。

なお、1 カ月あたりの平均来店者数は改装することですべての店舗について 1.2 倍になっていることがわかるが、ここでは必要な情報ではない。

問題 19　正解：2,290 百円　問題 本冊 P.181

表のだいこんからじゃがいもの予測売上高を見ると、特売日は売上高が上昇していることがすぐにわかる。よって、ここではその上昇の仕方に何か法則性がないか調べてみる。

そこで、

特売日予測売上高÷通常時の売上高

より、特売日に売上高が何倍になっているか計算してみる。計算結果（小数点以下第 3 位四捨五入）は次の表のとおり。

	だいこん	にんじん	ごぼう	じゃがいも	さつまいも
特売日売上高の倍率（倍）	2	2.86	5	2.5	?
特売値引率（%）	50	35	20	40	35

特売値引率が高いほど特売日売上高の倍率が低い

特売値引率と照らし合わせてみると、その値引率が高ければ高いほど特売日売上高の倍率が低くなっているのがわかる。

さつまいもの特売値引率はにんじんと同じで 35%。さつまいもの特売日売上高の倍率も 2.86 倍になると推測できる。よって、

通常時の売上高× 2.86

より、「特売日予測売上高」が計算できる。

800 × 2.86 ＝ 2,288（百円）

となり、1 の位を四捨五入すれば、2,290 百円になる。

問題20 正解：538 人

問題 本冊 P.182

E 校の今年度出願者数を表にある他の情報から推測する。A 校から D 校までの今年度出願者数と昨年度出願者数を比較すると、出願者数が増加した高校もあれば減少した高校もあり、特に法則性を見出すことができない。

次に、在籍生徒数に注目してみる。今年度出願者数と比較してみると、その一定割合が在籍生徒数になっているように見える。

在籍生徒数は今年度出願者数の一定割合になっている

	A 校	B 校	C 校	D 校	E 校
在籍生徒数	1,869	1,245	982	1,637	1,312
今年度出願者数	767	511	403	672	?
昨年度出願者数	780	498	398	685	535
教員数	37	29	19	24	33
職員数	15	12	11	18	19

教員数と職員数は無視

今年度出願者数と昨年度出願者数は関係づけられない

そこで、

在籍生徒数÷今年度出願者数

により、その割合を計算してみると、A 校は、

1,869 ÷ 767 = 2.4368

B 校は、

1,245 ÷ 511 = 2.4364

C 校は、

982 ÷ 403 = 2.4367

D 校は、

1,637 ÷ 672 = 2.4360

になり（小数点以下第 5 位四捨五入）、ほぼ同じであることがわかる。

E 校についても同様であると考え、計算してみると、

1,312 ÷ 2.436 = 539（人）（小数点以下第 1 位四捨五入）

となる。これに最も近い 538 人が正解になる。

玉 手 箱 ▶ 言語テスト

GAB形式

課題文Ⅰ

問1 正解：C

問題 本冊 P.184

冒頭に、脳にとって世界の成り立ちを知ることは最も深く長続きする「欲望」の対象と書かれているが、脳が情熱をコントロールするかどうかについては**本文では触れられていない**。

問2 正解：A

問題 本冊 P.184

第２段落に「この世で難を受けるからこそ、困ったことがあるからこそ、情熱は生まれる」とある。**第２段落をまとめたもの**で、**正しい**。

問3 正解：B

問題 本冊 P.184

最終段落に「志望する大学に入ったくらいで知の探究をやめてしまうような人は、もともと情熱の総量が足りない」とある。**大学に入って知の探究をやめてしまう人がいるということは、大学に入る以前から知の探究が始まっているということがわかる**ため、**誤り**。

問4 正解：A

問題 本冊 P.184

第１段落には「知る」ことの難しさに触れながらも難しいからこそ希望が増すと書いてある。問２で見たように、困難から情熱は生まれる。また、最終段落に「**知的探求も同じだ。そう簡単にわかってしまったり、知り尽くしてしまえるのであれば、そもそも情熱は生まれない**」とあることからも、問題文は**正しい**とわかる。

課題文２

問５ 正解：C 問題 本冊 P.186

最終段落で、「日本とイギリスの共同研究で提案」とあるが、**イギリスが積極的に対応しているかどうか**については本文では**触れられていない**。

問６ 正解：C 問題 本冊 P.186

最終段落に、「低炭素社会」という概念には、社会や個人の行動や考えの改革まで含めていることが書かれている。ただし、**二酸化炭素の排出削減につながるかどうか**については**触れられていない**。

問７ 正解：A 問題 本冊 P.186

産業社会を変えようとする世界の動きに目を背けていたことが指摘されている。また、第２段落には「成長期：供給力主体の運営」から「成熟期：生活者主体の運営」に変えなければならないとある。よって**正しい**。

問８ 正解：B 問題 本冊 P.186

最終段落に、「日本とイギリスの共同研究で提案されていた『低炭素経済』」とある。その低炭素経済という表現では不十分ということで、「低炭素社会」という概念を日本が世界に発信したとある。よって、**共同研究が発展して生み出されたのではない**ため、**誤り**。

課題文３

問９ 正解：A

問題 本冊 P.188

第１段落に「マネジメントとは……その目標を達成していく『プロセス』を意味している」とある。よって**正しい**。

問10 正解：B

問題 本冊 P.188

第２段落では具体例を挙げて**「危機管理」の問題ではない**ことが書かれている。「日本人は**危機管理が苦手なのではなく管理自体が苦手なのであって、危機的状況になるとそれが『バレる』だけなのである**」と書かれている。よって**誤り**。

問11 正解：C

問題 本冊 P.188

第２段落ではマスコミが「危機管理」の問題として報じたことが書かれている。ただ、マスコミの報道の論点が違うことを指摘しているのであって、**それがマネジメントの浸透の妨げになっているか**については本文では**触れられていない**。

問12 正解：B

問題 本冊 P.188

最終段落に「マネジメントに相当する日本語がそもそも存在しない」とある。日本語にした時にニュアンスが異なってしまうが、**概念自体は存在している**。よって**誤り**。

課題文4

問13 正解：B

問題 本冊 P.190

第３段落に「こうした抽象的な表現は、本人の頭の中に具体的なイメージがあり、単に表現されていないだけならまだ救いはあるのだが」とあり、本人の頭の中で具体的なイメージがあっても、具体的な表現に至らないこともありうることが述べられている。つまり、**ものをしっかりと考えていても、抽象的な表現を使うことはありうる**ことになる。よって**誤り**。

問14 正解：B

問題 本冊 P.190

最終文に「第三者との共通認識をしっかり持つうえでも、大事なポイントは極力具体的に考え、表現したい」とあるので、**抽象的な思考ではなく具体的な思考が重要**であることがわかる。よって**誤り**。

問15 正解：C

問題 本冊 P.190

論理展開を緻密にするには具体的に考えることがポイントとなることは文脈上から読み取れるが、**問題の解決策が見つかるかどうかは述べられていない**。

問16 正解：A

問題 本冊 P.190

本文は**抽象的な表現では緻密な論理展開ができないため、具体化させることが重要**だという内容。よって**正しい**。

玉手箱 ▶言語テスト
IMAGES形式

課題文1

問1 正解：B 問題 本冊 P.192

設問文のとおり、第1段落では「フィードバック情報」を不安に悩む人に与えると、かえって不安を増大する可能性があると述べられている。しかし、本文は第1、第2段落で「フィードバック情報」について2つの意見を述べたもので、**設問文は一方の意見を述べたものにすぎず、最も主張したいことではない**。

問2 正解：B 問題 本冊 P.192

第2段落の第1文で、ある程度不安軽減の方法を持ち合わせている人の場合には「フィードバック情報」が不安軽減を促進することがあるとしている。すなわち、不安軽減の方法を持ち合わせている人にとって「フィードバック情報」は有益であることになる。しかし、ここでも問題文は**本文での2つの意見のうち一方の意見を述べたものにすぎない**。

問3 正解：C 問題 本冊 P.192

本文は、「フィードバック情報」が不安に悩んでいる人にどのような影響を与えるのかについて述べられたものなので、**設問文にあるようなことは述べられていない**。

問4 正解：A 問題 本冊 P.192

本文は2つの段落から構成されている。第2段落冒頭の「一方」ということばに注目すると、第1段落と第2段落にはそれぞれ違った意見が述べられていることが示されている。第1段落では「フィードバック情報」を不安に悩む人に与えると不安を増大しかねないと述べられ、第2段落では不安軽減の方法を持ち合わせている人に「フィードバック情報」を与えると不安軽減を促進すると述べられている。設問文はこの**2つの見方を併記したもの**になっているので、これが**本文の趣旨**となる。

課題文2

問5 正解：A 問題 本冊 P.194

「想起しやすさヒューリスティクス」についての文章。そのことばの意味は本文に書かれているように、「人間が判断するさいに、心に思い浮かびやすい類例や記憶の鮮明さに過度に依存してしまうこと」。文章の構成としては、まず、第1段落でその「想起しやすさヒューリスティクス」とはどのようなものかが述べられている。それより後では第2段落冒頭の「たとえば」という接続詞からもわかるように、「想起しやすさヒューリスティクス」についての例が示され、航空事故が取り上げられている。よって、**第1段落が主題であり、設問文はその内容に近いもの**になっている。

問6 正解：B 問題 本冊 P.194

第3段落に「事故で怖いのは、頻度からいえば、飛行機ではなく自動車のほうである」とある。しかし、これは**筆者が最も訴えたいことの事例を説明する上で挙げた事実**にすぎない。

問7 正解：C 問題 本冊 P.194

第1段落で「我々は……実際の統計的根拠とは無関係に、根拠の薄弱な経験だけに頼りすぎてはいないだろうか」としている。すなわち、設問文のような考え方に対しては**疑問を呈している**。

問8 正解：B 問題 本冊 P.194

設問文は「想起しやすさヒューリスティクス」の事例として第2、第3段落で述べられている。しかし、これも**筆者が最も訴えたいことの例として挙げたもの**にすぎない。

課題文３

問９ 正解：B 問題 本冊 P.196

本文は「標準世帯」について述べられている。文章の構成としては、第１、第２段落で「標準世帯」を説明したうえで、第３段落以降で「標準世帯」が批判的に述べられている。第２段落で「『標準世帯』は、年金制度の設計や住宅の間取りを決める基礎的前提となっていた」として、設問文にあるように「標準世帯」は年金の制度設計において基礎的前提であることが述べられている。しかし、**筆者が最も訴えたいところは「標準世帯」を批判的に述べているところ**になる。

問10 正解：B 問題 本冊 P.196

全世帯に対する「標準世帯」の割合は、第３段落で1970年に41.2%、2005年に29.9%になり、2030年には21%まで減っていく見込みであると述べられている。しかし、これは**「標準世帯」を批判的に見るための事実として挙げられたもの**にすぎない。

問11 正解：A 問題 本冊 P.196

筆者が最も訴えたいところは、**第３段落以降の「標準世帯」が批判的に述べられているところ**になる。とりわけ、第４段落最後の文で「**実態とかけ離れた『標準世帯』を、もはやモデルと呼ぶのは困難だ**」としている。**設問文はこの趣旨と同様**。

問12 正解：C 問題 本冊 P.196

第４段落で「単身世帯」は2005年に「標準世帯とほぼ同数」であり、2030年には37.4%にまで膨らむとしており、**「単身世帯」が「標準世帯」の割合を超える**ことは確か。だが、**どちらが重要か、または多い方が重要であるという論旨は本文にはない**。よって、**この長文とは関係がない**。

課題文4

問13 正解：B 問題 本冊 P.198

本文は人間の文明の発展について批判的に述べられた文章である。第1段落で「文明の発展をうながしたものは……あくなき欲望であり」として、**設問文の内容は確かに述べられている**。しかし、最終段落で「人智を傾けて到達した文明」に**疑問を呈している**。よって、**筆者が最も訴えたいことではない**。

問14 正解：C 問題 本冊 P.198

第1段落に**「文明の発展をうながしたもの」として、「あくなき欲望」が挙げられている**。よって、**設問文の内容は書かれていない**。

問15 正解：B 問題 本冊 P.198

第3段落で「人間の知恵は、豊かで快適な生活をもたらす方向において、たしかに成功を収めた」と述べられている。しかし、**最終段落でそのことについて批判的に述べられている**ので、**筆者が最も訴えたいことではない**。

問16 正解：A 問題 本冊 P.198

本文は人間の文明の発展について第1、第2、第3段落で述べた後、最終段落の冒頭に「しかしながら」とあり、最終段落の内容が筆者が最も訴えたいことになる。そこでは、「今日まで人間が営々として獲得してきた富と、人智を傾けて到達した文明が、はたして人間をほんとうに幸せにしているかどうか」と疑問を呈したうえで、「たしかに疑問なしとはしないだろう」と続いている。すなわち、**設問文の趣旨が述べられている**。

趣旨把握形式

問題 I 正解：D 問題 本冊 P.200

A　第 I 文と一致するので、内容は筆者の見解と合っている。しかし、少子化よりも子どもの教育が問題だということで、**子どもの教育のあり方に論が進んでいる**ので、Aの選択肢の内容が**最も訴えたい内容ではない**。

B　子育てをきちんとしようとしない共同体については本文の中で特に言及がない。**本文で述べられていない内容**なので、**Bは最も訴えたい内容ではない**。

C　最終段落に「子どもたちだけで遊んでいるのは、親がつきっきりで面倒をみるのに比べたら、乱暴な育て方だ。いまではそう思っている母親が多いのではないかと思う。私はそれは逆ではないかと思う」とあり、著者は母親のみが子育てをする方法を疑問視しているが、**母親のみに子育ての責任がかかっている現状に問題があるとまでは述べていない**。また仮に現状に問題があるとしても、そのことを最も訴えたいわけではなく、子どもの教育のあり方として、**子ども同士の集団の中で育つべきというのが訴えたい内容**である。したがってCも**正解ではない**。

D　**正しい**。最終文に「子どもの集団のなかで育つほうが、じつは右に述べたように、ていねいに育っているのかもしれないのである」とあり、**著者の訴えに最も近い**。

問題 2 **正解：A** 問題 本冊 P.202

A　筆者の主張であるので、これが**正しい**。

B　第１段落で「それらは個人の教養に過ぎず、教養概念の一部分でしかない」とあるが、さらに筆者は教養概念について新たな定義を述べて論を展開している。よって、**Bが最も訴えたい内容とはいえない**。

C　筆者は、人類の成立以来の伝統的な生活態度に教養の意義を見出しており、**文字のない時代における教養の存在を否定していない**。したがって、**Cの選択肢は内容として間違っている**。

D　第１段落で「『教養がある』人とは多くの書物を読み、古今の文献に通じている人を指すことが多かった」とあるが、ここでの教養は教養概念の一部分にすぎないとしており、**最も述べたい内容とはいえない**。

問題 3 **正解：B** 問題 本冊 P.204

A　「僕たちは『未来』のことも、今の延長線上にあるものだと思ってしまっている。でもそれでは単なる予定であって、本当の意味での『未来』とは言えません」と本文後半にあるので、**筆者の論旨に合致するが、これが最も訴えたい内容とはいえない**。本文最終段落にある「やはり『空白』こそが『希望』の母なのです」以降の論旨が最も訴えたい内容として適切である。

B　**筆者の主張**であるので、**これが正しい**。

C　大人になると「空白」のときがほとんどなくなることは述べられているが、これが**筆者の最も訴えたい内容ではない**。

D　第５段落に「もし、今僕たちが『希望』を持てていないとすると、それは僕たちがあまりにも『未来』を知りすぎているからかもしれません」とあるので、**筆者の論旨には合致するが、それが最も訴えたい内容ではない**。

玉手箱 ▶英語テスト GAB形式

課題文Ⅰ

【本文意訳】

最初のIQテストは、フランス人心理学者のアルフレッド・ビネーによって1905年に開発された。彼は課題をこなすことができる標準的な学生と、こなすことのできない精神障害をもった学生を観察することでこのテストを開発したのだ。その後彼は、異なる年齢ごとの学生の、標準能力がどのくらいであるかを推測した。フランス政府は特別支援学校に入れるべき生徒を振り分けるためにビネーのテストを使いたがったが、個人の知的指数をテストするということは巨大な産業になった。ビネーは当時、自身の尺度には制限があることを率直に述べていた。彼は知能が遺伝子のみに基づくものではなく、環境に影響されるであろうことを強調していた。事実、IQテストは変動性があることを前提としており、IQテストは一般化できるものではないとビネーは思っていた。ビネーは研究を重ね、精神的な尺度も開発した。今日、数多のIQテストが軍の入隊時や入学試験、就職の応募者相手にすら使われている。

【選択肢の訳文】

A：本文に記述されている情報や主張から、設問文は明らかに正しい。または論理的に導くことができる。

B：本文に記述されている情報や主張から、設問文は明らかに間違っている。または論理的に導くと反対のことが書かれている。

C：さらに情報がなければ、設問文が正しいか間違っているか、または論理的に導けるかどうかいえない。

問 1　正解：B　問題 本冊 P.206

本文中に「彼は課題をこなすことができる標準的な学生と、こなすことのできない精神障害をもった学生を観察することで」とあるので**明らかに誤り**である。

【設問文の訳文】アルフレッド・ビネーは、標準的な学生と精神障害をもった学生が同じ課題に取り組み、同じ結果を出すことができることに気づいた。

問 2　正解：B　問題 本冊 P.206

本文中に「フランス政府は特別支援学校に入れるべき生徒を振り分けるためにビネーのテストを使いたがった」とあるので**誤り**である。

【設問文の訳文】フランス政府がテストを用いたことで、標準的な生徒は特別支援学校へ行くことができた。

問 3　正解：B　問題 本冊 P.206

本文中に「今日、数多のIQテストが軍の入隊時や入学試験、就職の応募者相手にすら使われている」とあるので**明らかに誤り**である。

【設問文の訳文】IQテストが一般的になることはなかった。

課題文 2

【本文意訳】

アメリカ人はなぜ、ハロウィンにカボチャをくり抜き、コスチュームを着てキャンディーを求めるのだろうか？

アイルランドとスコットランドにおいて、ケルト人は千年以上の昔、10月31日にサムハインの休日を祝った。それは、冬のはじまりを示している。人々は巨大なたき火を灯し、こっけいなマスクや衣装を身につけてごちそうを食べ、彼らの先祖である死者のために食事を残した。それは、死んでしまった最愛の人を迎える日で、日本のお盆に似ている。

カボチャをくり抜いたりキャンディーを求めたりすることは、“けちんぼジャック”の伝説に由来する。アイルランド人男性のジャックは、悪魔にウイスキーを奢ると言ったものの、決して支払いをしなかった。

ジャックの死後、悪魔は彼に、道を照らすためのカブをくり抜いたランタンだけを頼りに、永遠に地球上をさまよい歩くよう呪いをかけた。

このことから、アイルランドの子どもたちはカブをくり抜いたランタンを作り“ジャック・オー・ランタン”と呼び、それを運びながら10月31日に“魂のケーキ”を求めて人々の家を巡り歩くようになった。アメリカでは、アイルランドからの移民によって、より入手しやすく、大きく、くり抜きやすいことから、カブがカボチャに変わったのだ。

問1　正解：C　問題 本冊 P.208

異教徒についての話は述べられていないので、本文の内容だけでは**正しいか間違っているか判断できない**。

【設問文の訳文】異教徒はキリスト教徒より後に来た。

問2　正解：A　問題 本冊 P.208

サムハインの休日については**第2段落**に書かれてあるが、第2段落の最後に「死んでしまった最愛の人を迎える日で、日本のお盆に似ている」とあるので**正しい**。

【設問文の訳文】サムハインの休日、人々は亡くなった先祖のことを思う。

問3　正解：B　問題 本冊 P.208

第3段落に「“けちんぼジャック”の伝説」とあるので**フィクション**である。よって**誤り**である。

【設問文の訳文】“けちんぼジャック”の話は本当である。

課題文3

【本文意訳】

1902年、ローズヴェルトはミシシッピ州でクマ狩りをしていた。狩猟の一団は、狩猟犬が年老いたクマを捕まえてケガをさせたとき、とても疲れて、やる気をなくしてしまった。すると、狩りの案内役は、ローズヴェルトがクマにとどめの一発を撃ちやすいよう、年老いたクマを木に括り付けた。ローズヴェルトは、これはスポーツではないと言って断ったが、クマを傷の苦しみから逃すために殺した。

政治漫画家はこの話を聞いて、新聞に漫画を掲載した。しかし年老いたクマを描く代わりに、漫画家はローズヴェルトが小さくてかわいい子グマを救う様子を描写した。

ニューヨークのおもちゃメーカーがこの漫画を見て小さなクマのぬいぐるみを作り、それを“テディベア”と呼ぶことに対しローズヴェルトに許可を求めた。ローズヴェルトは了承し、歴史上で最も人気の高いおもちゃのひとつが誕生したのだ。

問 1　正解：C　問題 本冊 P.210

ローズヴェルトが自然が好きかどうかについての話は述べられていないので、**無関係**である。

【設問文の訳文】ローズヴェルトは自然が好きではなかった。

問 2　正解：A　問題 本冊 P.210

第1段落に「狩りの案内役は、ローズヴェルトがクマにとどめの一発を撃ちやすいよう、年老いたクマを木に括り付けた」とあるので**正しい**。

【設問文の訳文】狩りの案内役はローズヴェルトの狩猟を成功させたいと思っていた。

問 3　正解：B　問題 本冊 P.210

第2段落に「漫画家はローズヴェルトが小さくてかわいい子グマを救う様子を描写した」とあるので**明らかに誤り**である。

【設問文の訳文】漫画は、年老いて傷ついたクマが木に括り付けられているようすを描いていた。

課題文4

【本文意訳】

パンケーキは世界中の多くの人々が注文する朝食の定番になったが、レストランで提供されるホットケーキに人々がかける“メープルシロップ”は、実際のところ高果糖のコーンシロップと水、カラメル色素、セルロース、安息香酸ナトリウムの混ぜ合わせである。純粋なメープルシロップは含まれていないのだ。

純粋なメープルシロップはカナダ（世界中の供給量の80％をになっている）とアメリカ北東部で生産されている。カエデの木はいたる地域に生えているが、“メープルシロップを甘くするのに最適な時期”に完璧な気候でなくてはならない。この時期は、2月後半から4月いっぱいまで続く。この時期の気候は、木から樹液を集めるために夜間は凍えるほど寒く、日中は雪が溶けるほど暖かくなくてはならない。

1ガロンのメープルシロップを作るために50ガロンにおよぶ樹液を必要とすることから、純粋なメープルシロップは値段が高い。また、生産過程に時間がかかることも一因である。樹液は一滴ずつ集められ、その後そこから水が蒸発させられる。

健康的でおいしい（栄養価の高い亜鉛とマンガンを含む）本物のメープルシロップは、パンケーキ（やその他の食事）をよりおいしくする。

問1 正解：A 問題 本冊 P.212

第2段落に「“メープルシロップを甘くするのに最適な時期”……**2月後半から4月いっぱいまで**」とあるので**正しい**。

【設問文の訳文】メープルシロップを甘くするのに最適な時期は春である。

問2 正解：A 問題 本冊 P.212

第2段落に「純粋なメープルシロップはカナダ（世界中の供給量の80％をになっている）……で生産されている」とあるので**明らかに正しい**。

【設問文の訳文】カナダは、世界における純粋なメープルシロップの生産の80％を占めている。

問3 正解：B 問題 本冊 P.212

第3段落に「1ガロンのメープルシロップを作るために50ガロンにおよぶ樹液を必要とすることから、純粋なメープルシロップは値段が高い」とあるので**明らかに誤り**である。

【設問文の訳文】純粋なメープルシロップは生産が簡単で、お金もかからない。

玉 手 箱 ▶ 英語テスト

IMAGES 形式

課題文 1

【本文意訳】

日本の福島における原子力発電所の事故後、多くの国々が自国のエネルギー政策を見直した。同時に、ヨーロッパでは石炭の消費が急激に上昇し、特にアメリカからの石炭の輸入量は激増した。

ひとつ目に、石炭はその他の資源の安価な代替品である。石炭は世界のエネルギー需要の4分の1を満たしており、世界の供給電力のおよそ40%を生成している。加えて、世界中の鋼鉄生産量の約70%が、石炭を燃やすことで発生する熱に依存している。したがって、石炭は原子力に比べてリスクが少なく、石油やガスに比べて扱いやすく安価なエネルギー源なのだ。ふたつ目に、アメリカは石炭よりさらに安いシェール油を発掘するための新たな技術を開発することができたので、それによって石油生産を拡大した。アメリカが豊富な石炭を海外へ輸出したがるのも不思議ではない。

しかしながら、それにはネガティブな側面もある。化石燃料から排出される二酸化炭素の世界中の排出量のうち、40%が石炭に起因する。さらに石炭は、石油に比べてエネルギー単位あたりおよそ3分の1も多くの二酸化炭素を排出し、天然ガスと比べても70%も多くの二酸化炭素を排出する。

問1 **正解：A** 問題 本冊 P.214

第2段落の第4文に**石炭は安価なエネルギー源である**と記されている。

【設問文の訳文】 なぜヨーロッパはアメリカから多くの石炭を輸入するようになってきたのか。

【選択肢の訳文】

A　石炭は石油や天然ガスよりも安価なので。

B　石炭は精製するのが容易なので。
C　石炭は大量の熱を産出するので。
D　石炭はヨーロッパ中で採掘されているので。
E　石炭は輸送するのが容易なので。

問２　正解：B　問題 本冊 P.214

第２段落の第２文に、およそ**４分の１**とある。
【設問文の訳文】石炭は世界のエネルギー供給の何％を担っているか。
【選択肢の訳文】
A　およそ70％
B　およそ25％
C　40％超
D　20％未満
E　およそ80％

問３　正解：E　問題 本冊 P.214

第３段落で**石炭の燃焼は、二酸化炭素の排出が多い**ことが説明されている。
【設問文の訳文】石炭の消費における問題点は何か。
【選択肢の訳文】
A　石炭は人間の健康に有害な影響を及ぼす。
B　石炭は世界的なエネルギー消費を拡大させる。
C　石炭は天然ガスとの競争になる。
D　石炭は世界の石油相場をつり上げる。
E　石炭は大量の二酸化炭素を排出する。

課題文２

【本文意訳】

『アメリカ医学会誌』の中の研究によると、肥満体型の人々にとって朗報があるらしい。研究結果によると、肥満の人は標準体重の人よりも早死にする確率が低いと述べられているのだ。医療専門家は死亡率とボディマス指数（BMI：体重÷身長^2）――肥満を測定する方法――を比較するために、290万人に及ぶ97の研究を行った。標準的もしくは健康的なBMIの数値は、18.5と25.0の間である。

しかしこの報告によって、標準より少し体重が超過している人々（BMI25～30）はBMI数値が標準の人々より６％も早死にする確率が低いことが明らかになった。さらに、肥満レベル１の人々（BMI30～35）は健康的なBMI数値の人々と同程度の寿命だといわれている。考えられるひとつの説明としては、太りすぎの人々は自身の健康を意識しており、医療を受けることに積極的であることがいえる。結果として、小さな病気を発症したとき、人々は自身の健康に、より気を配るということなのかもしれない。一方で、報告はその他の医療専門家からの激しい批判も受けた。なぜなら彼らは、肥満は明らかにさまざまな病気を招くと主張しているからである。こうした批判によると、肥満の人々は太っていることをさほど悪いことと考えていない可能性があるのだ。批判を口にした医療専門家のひとりは、これを“完全なでたらめ”と呼んだ。

問１　正解：B　問題 本冊 P.216

第１段落の最後に定義があり、**肥満を測定する指標であると書かれている**。なお、ボディマス指数は、一般的には身長と体重および体脂肪の量を考慮し、どれくらい肥満気味かを判断するひとつの目安。

【設問文の訳文】ボディマス指数（BMI）とは何か。

【選択肢の訳文】

A　寿命を予測する基準。

B　身長と体重に基づき体脂肪を測定する指標。

C　健康的な生活習慣を測定する指標。

D　最適な体重を算出する基準。

E　カロリー消費を測定する指標。

問 2　正解：D　問題 本冊 P.216

第２段落の初めに軽度の肥満の BMI 数値が括弧内に記されているので、この数値の範囲内に該当するものを選ぶ。

【設問文の訳文】「肥満レベルⅠの人々」に当たる BMI はどれか。

問 3　正解：D　問題 本冊 P.216

第２段落後半に、報告を徹底的に否定した意見が紹介されているので**賛否が分かれたということが読み取れる**。

【設問文の訳文】 他の医療研究者は、この報告にどのような反応を示したか。

【選択肢の訳文】

A　研究者は全体的に報告を肯定した。

B　BMI の定義をめぐり論争があった。

C　多くの医療研究者は結果を支持したが、統計学者は批判した。

D　報告に疑問を投げかける専門家もいた。

E　本文で与えられた情報からは結論が出せない。

課題文 3

【本文意訳】

ユネスコの世界遺産に登録されている物件数は、930件を超え、まもなく1,000に達するというところである。それぞれの登録地を説明するさまざまなガイドブックや写真集が出版されているが、これほど多くの登録数は、ユネスコ加盟国からの分担金を配分する世界遺産基金に過度の負担を強いている。

加えて、登録をめぐるあまりにも多くの申請が、その条件や世界遺産としての適性において、しばしば論争を巻き起こしている。多くの加盟国は、世界遺産に登録されることでその場所を国家の資産として売り込み、より多くの観光客を呼び寄せようとしている。これは、政府や地元の人々が大規模な登録運動を行う理由である。しかし皮肉なことに、登録数が上がるにつれて、世界遺産の威信は弱まっていくだろう。

別の批判は、ユネスコが文化的にヨーロッパと北アメリカに偏っているということを述べている。ヨーロッパと北アメリカは、全登録物件の48％を占めているのだ。イタリアは登録数がもっとも多く（47件）、次いでスペイン（43件）、中国（41件）、フランス（37件）、ドイツ（36件）となっている。対して、アフリカや中東の国々で世界遺産に登録されている物件は少ないのだ。

※本文で述べられている世界遺産登録の物件数は、執筆当時のものです。

問 1　正解：A　問題 本冊 P.218

第1段落最終部に**ユネスコ加盟国からの分担金を配分する**とある。

【設問文の訳文】ユネスコはどのように世界遺産基金を維持しているか。

【選択肢の訳文】

A　加盟国が分担金を支払う。
B　先進国が基金の大半を寄附する。
C　観光客の払った入場料が基金のために集められる。
D　個人献金と加盟国の分担金とが合わせられる。
E　国連がユネスコに特別予算を与えている。

問 2 正解：E

問題 本冊 P.218

第２段落に、**各国は多くの観光客を呼び寄せようとしている**とある。

【設問文の訳文】 なぜ多くの国が、自国の国宝を世界遺産に登録してもらいたがるのか。

【選択肢の訳文】

A　各国は歴史的に重要な建造物を保護しようとしている。

B　各国は世界遺産の登録地を開発するために投資をしようとしている。

C　各国は世界遺産への登録で国の知名度が高まるだろうと期待している。

D　各国は登録地の保全のために観光客が寄附をしてくれることを期待している。

E　各国は世界遺産を訪れるより多くの観光客を惹き付けようとしている。

問 3 正解：D

問題 本冊 P.218

第３段落から登録数の順位は明らかである。

【設問文の訳文】 世界遺産の登録数で第２位に入る国はどれか。

【選択肢の訳文】

A　フランス

B　イタリア

C　中国

D　スペイン

E　ドイツ

課題文４

【本文意訳】

およそ10年前、しわの寄らないシャツがアイロンがけの手間を省くとして、多忙なビジネスマンの間でヒットした。そして現在、中国の科学者たちは、自洗性のある綿(めん)の布地を開発した。これによって近い将来、洗濯の必要はなくなるかもしれない。

科学者たちは、二酸化チタン――有機汚染物質を分解するのに効果的な触媒として知られている化学物質――を用いた。この物質はすでに、"きれいを保つキッチン"や"臭いのしない靴下"といった商品に適用されている。しかし開発者たちは、自洗性の能力が紫外線にあたった時のみ活性化するという問題を乗り越えなくてはならなかった。そのため、彼らは、二酸化チタンの粒子を布地に浸透させるために、二酸化チタンと窒素を調合したナノ粒子を作り上げた。

ある実験において、オレンジ色のシミが付いた布地が洗剤を使わず水のみで洗われ、天日に干された。6時間太陽の下にさらされた後、シミの約99％は落ちていた。

問１　正解：D　問題 本冊 P.220

第１段落の初めに、アイロンをかける必要がないと書かれているので、**手入れが楽であることが理由**である。

【設問文の訳文】 しわの寄らないシャツはなぜ人気が出たのか。

【選択肢の訳文】

A　他のシャツより安価なので。

B　着用したとき軽いので。

C　汚れないので。

D　手入れが容易なので。

E　よい香りがするので。

問 2　正解：E　問題 本冊 P.220

　第２段落冒頭に、**汚染物質を分解するのを促進する**と書かれている。

【設問文の訳文】二酸化チタンの主な役割は何か。

【選択肢の訳文】

A　二酸化チタンは、風に反応する。

B　二酸化チタンは、大気中に新たな物質を生成する。

C　二酸化チタンは、繊維のしわを取り除く。

D　二酸化チタンは、繊維を強化する。

E　二酸化チタンは、汚れを分解するのを助ける。

問 3　正解：C　問題 本冊 P.220

　第３段落に、**６時間**干したと書かれている。

【設問文の訳文】汚れを落とすために、布地はどのくらいの間、太陽の下で干されるべきか。

【選択肢の訳文】

A　１時間未満

B　２時間

C　６時間

D　10 時間

E　約１日

WEBテスティング
能力検査①

1 正解：1.2 問題 本冊 P.222

中高生の来場者数は平成 20 年が 17,000 人で平成 30 年が 20,400 人である。

20,400 人が 17,000 人の何倍かが問われているので、計算式は、
$20,400 \div 17,000 = 1.2$

よって、正解は 1.2 倍となる。

2 正解：B 問題 本冊 P.222

各設問を順に考える。

ア：まず総利用者数をみると、

平成 20 年が、$76,000 + 17,000 + 23,500 = 116,500$（人）

平成 30 年が、$87,600 + 20,400 + 24,800 = 132,800$（人）である。

平成 30 年に対する平成 20 年の割合は、$116,500 \div 132,800 = 0.877\cdots$ より約 88% となり、80% 以下ではないので**誤り**

イ：増加率は、$\dfrac{平成30年の来場者数 - 平成20年の来場者数}{平成20年の来場者数}$

これを整理すると、増加率 $= \dfrac{平成30年の来場者数}{平成20年の来場者数} - 1$

成人と中高生の増加率を計算すると、

成人の増加率 $\dfrac{87,600}{76,000} - 1 = 0.152\cdots$

中高生の増加率 $\dfrac{20,400}{17,000} - 1 = 0.2$

小学生以下の増加率 $\dfrac{24,800}{23,500} - 1 = 0.055\cdots$

よって、中高生が最も増加率が高く、設問は**正しい**。

ウ：平成 25 年の総来場者は $83,000 + 16,500 + 22,000 = 121,500$（人）。成人は 83,000 人なのでその割合は、$83,000 \div 121,500 = 0.683\cdots$ より約

68%となる。70%以上ではないので誤り
正しいものはイだけなのでBが正解。

3 正解：A

問題 本冊 P.223

「優秀」は、優れると秀でるという意味なので、似た意味を重ねる熟語である。

4 正解：C

問題 本冊 P.223

「民営」は、民間で経営するという意味なので、主語と述語の関係の熟語である。

5 正解：B

問題 本冊 P.223

「脳波」は、脳の波という意味なので、前が後ろを修飾する熟語である。

6 正解：C

問題 本冊 P.223

「地震」は、地が震えるという意味なので、主語と述語の関係の熟語である。

7 正解：A

問題 本冊 P.223

「空虚」は、空しいと虚しいという意味なので、似た意味を重ねる熟語である。

8 正解：B

問題 本冊 P.224

「着陸」は、陸に着くという意味なので、動詞の後ろに目的語がくる熟語である。

9 正解：B 問題 本冊 P.224

「退職」は、**職を退くという意味**なので、**動詞の後ろに目的語がくる熟語**である。

10 正解：A 問題 本冊 P.224

「有無」は、**有ると無いという意味**なので、**反対の意味を重ねる熟語**である。

11 正解：C 問題 本冊 P.224

「表面」は、**表の面という意味**なので、**前が後ろを修飾する熟語**である。

12 正解：D 問題 本冊 P.224

「豊富」は、**豊かと富むという意味**なので、**似た意味を重ねる熟語**である。

13 正解：C 問題 本冊 P.225

問題文に、「通話はもちろんだが」とある。「通話」に対応する用語が後ろに続くことが推測できるので「**電子メールにも**」と書かれた**C**が正解。

14 正解：A 問題 本冊 P.225

問題文の「つながれば」に続くものを考える。つながった結果としてどうなるのかを考えると、「～になる」「～できる」といった結果を表現している**A**が正解。文章の意味もつながる。

15 正解：D 問題 本冊 P.225

主語と述語の関係を聞かれている問題。問題文の主語である「必要なのは」に注目して考える。選択肢の中で、必要なものとして説明されているのはDの「**ソフトとサーバーだけ**」のみ。

16 正解：A　問題 本冊 P.226

空欄の前が、「〜が」という**逆接の接続助詞**で終わっている。前半は「ツアー客の姿が見えなくなった」という内容。これと対応して**逆接**が成り立つ選択肢は、A「**個人や少人数グループの客足は絶えない**」。

17 正解：E　問題 本冊 P.226

文章の構造から考えるより、意味から考えたほうが解きやすい。「ツアー代金だけでは利益が出ない」を受けて、旅行会社がどこから利益を得ているかが書かれているEが正解。

18 正解：B　問題 本冊 P.226

空欄の前の「〜のみならず」に注目して考える。「のみならず」の前にはリスクが大きいという問題点が書かれている。「のみならず」の後ろにもう一つ問題点がくる必要がある。よって、問題点が書かれているBが正解。

19 正解：ア：C　イ：B　ウ：A　エ：D　問題 本冊 P.227

まず、問題文の「することはできません」とのつながりを考えてみる。

(A　正しい考え方をしようとも) することはできません……日本語としておかしい。

(B　いかに能力に恵まれ) することはできません……日本語としておかしい。

(C　熱意がなければ) することはできません……意味がとりにくい。

(D　人生を実り多きものに) することはできません……日本語として問題なく、意味もつながる。よって、[エ] にはDが入る。

次に、問題文の「そのど真剣な」とのつながりを考えてみる。

そのど真剣な (A　正しい考え方をしようとも) ……意味がつながらない。

そのど真剣な（B　いかに能力に恵まれ）……日本語としておかしい。
そのど真剣な（C　熱意がなければ）……日本語して問題なく、意味もつながる。
よって、［ア］には**C**が入る。
最後に選択肢BとAの順番を確認する。
B－A：(B　いかに能力に恵まれ)（A　正しい考え方をしようとも）
A－B：(A　正しい考え方をしようとも)（B　いかに能力に恵まれ）
となり、明らかに**B－A**の順番が正しいとわかる。
以上により、**C－B－A－D**の順になる。

【完成文】

そのど真剣な熱意がなければ、いかに能力に恵まれ、正しい考え方をしようとも、人生を実り多きものにすることはできません。
※選択肢は読点（、）を含んでいない。

20 正解：ア：D　イ：B　ウ：C　エ：A

問題 本冊 P.228

まず選択肢の中から(B　悩む人がいますが)に注目する。この中の「が」は**逆接の接続助詞**だと考えられる。そこで、Bの前後で意味の違いを分けて考えると、
（D　スキル不足で）と、(A　スキルは自然と)・(C　マインドが高ければ）の組に分けることができ、(D　スキル不足で）(B　悩む人がいますが）のつながりがわかる。
次に（A　スキルは自然と)・(C　マインドが高ければ）の順を考えると、
（A　スキルは自然と）(C　マインドが高ければ）……**意味がつながらない**。
（C　マインドが高ければ）(A　スキルは自然と）……**日本語として問題なく、意味もつながる**。問題文の「ついてきます」とのつながりを考えても**問題ない**。
以上により、**D－B－C－A**の順になる。

【完成文】

仕事において、スキル不足で悩む人がいますが、マインドが高ければスキルは自然とついてきます。
※選択肢は読点（、）を含んでいない。

21 正解：A 問題 本冊 P.229

江戸時代の「参勤交代」についての文章。本文は2つの文で構成されている。第1文では「幕府が釘をさしている」こととして、「上洛の員数は法令通りにする」ことと「公の役は石高に応じて負担する」ことの2つを挙げている。第2文は第1文を受けて、幕府は「参勤の人数」についてどのような立場をとっていたのかを表す文になる。

第1文で「幕府が釘をさしている」、すなわち、幕府が厳しく規制していることが2つ挙げられ、その2つに限定されている。それに続く文であるため「参勤の人数」については幕府はあまり厳しく規制していないと推測できる。よって、選択肢のうち、そのような意味になるのは**A**の「**あまり要求する必要はなかった**」である。

以上の理由から、選択肢のうち、Bの「さらに厳しく制限しなければならなかった」やDの「細部にわたり規定しようとした」は正しくない。また、幕府は規制する立場であって、「法令を順守する」立場ではないので、Cも正しくない。

22 正解：C 問題 本冊 P.230

挿入する文章中の「この2つ」が何かを確認しながら【a】〜【b】の前文を確認する。

【a】2つの理由とあるが、それが何かはまだ具体的に書かれていないため、意味が**つながらない**。

【b】直前に、2つの理由が書かれている。しかし、その内容と、挿入文章の「儲かるのか、勝ち目はあるのか」とでは別の話になっている。

【c】3つの要素のうちの2つの説明の後で、その2つの内容を言い換えている。事業の魅力度→**儲かるのか**、競争上の優位性→**勝ち目**。

【d】3つの要素すべてが出た後であるため、「この2つ」に**つながらない**。

23 正解：B 問題 本冊 P.230

冒頭に、「なぜ複数の事業を持つのであろうか」とある。その文を受けての説明部分であるため、「複数の事業」がポイントとなる。C　国有化、D　単一化はいずれも1つにまとまってしまうため不適切。また、A

細分化は、複数の事業になりえるが、細分化だと今あるものを細かく分けることになるため、空所部分の後の「事業領域を拡大すること」につながらない。よって、**B　多角化**が正解。

24 正解：B 問題 本冊 P.230

ア　3つの要素の説明の第2として挙げられている。よって**正解**。
イ　3つの要素の説明に、独立性がリスク軽減につながるといったことは書かれていない。よって**誤り**。

25 正解：B 問題 本冊 P.232

本文はアメリカの企業における「従業員とのコミュニケーション」について述べられたもの。本文は2つの文で構成されている。第1文はアメリカでは「従業員とのコミュニケーション」が重視されてきたことが述べられている。それを受けて第2文では、「従業員とのコミュニケーション」の効果について述べられている。

第2文の「逆に」ということばに注目すれば、それより前のところでは「従業員とのコミュニケーション」が上手くいった場合の効果、それ以降のところでは「従業員とのコミュニケーション」が上手くいかなかった場合の効果について述べられているのがわかる。よって、空欄には「従業員とのコミュニケーション」が上手くいかなかった場合の効果について述べられた文が入ることになる。

本文は「従業員とのコミュニケーション」について述べられたものなので、その効果についても従業員とかかわりのあるものになる。選択肢のAは「企業の財務状況」、Cは「顧客との信頼関係」、Dは「競争相手である他社」についてのものなので適切ではない。従業員の働きやすさについて述べた**B**の「**単に働きづらいというような問題が起きるだけでなく**」が正解となる。

26 正解：16 問題 本冊 P.233

男性の割合が36%だったので、女性の割合は100−36=64（%）。
集まった人数を100人とすると、その中の女性の数は、

$100 \times 0.64 = 64$（人）

64% = 0.64

そのうちの25%が大学生なので、大学生の数は、

$64 \times 0.25 = 16$（人）

25% = 0.25

となる。

よって、集まった人全体に占める大学生の女性の割合は、

$16 \div 100 = 0.16$

正解は16%。

27 正解：99 問題 本冊 P.233

円卓の数を x とおくと、列席者の人数は、

4人ずつ座った場合：$4 \times x + 3$（人）……①

5人ずつ座った場合：$5 \times (x - 5) + 4$（人）……②

最後の円卓も含めるため −4ではなく−5

①と②は等しいので、

$4 \times x + 3 = 5 \times (x - 5) + 4$

$4x + 3 = 5x - 25 + 4$

$x = 24$

よって、列席者の人数は、$x = 24$ を①に代入して、

$4 \times 24 + 3 = 99$（人）

28 正解：240 問題 本冊 P.233

まず、チキンバーガーの価格を x とおくと、

ポテトセットを付けたとき：$(x + 250)$ 円

サラダセットを付けたとき：$(x + 320)$ 円

ポテトセットを付けたときはサラダセットを付けたときの $\frac{7}{8}$ になるので、方程式を立てると、

$$x + 250 = \frac{7}{8} \times (x + 320)$$

となる。両辺を8倍して整理すると、

$8x + 2{,}000 = 7x + 2{,}240$

$8x - 7x = 2{,}240 - 2{,}000$
$x = 240$（円）

29 正解：9　問題 本冊 P.234

P、Q、R の得点をそれぞれ p、q、r とおく（$0 \leqq p \leqq 10$、$0 \leqq q \leqq 10$、$0 \leqq r \leqq 10$）。
ア・イの条件をそれぞれ式にすると、
ア：$p + q + r = 26$
イ：$p = q + 3$
となる。イをアに代入して p を消去すると、
$(q + 3) + q + r = 26$
これを整理すると、
$2q + r = 23$
となる。これを満たす q と r の組み合わせは、
$(q, r) = (10, 3)$、$(9, 5)$、$(8, 7)$、$(7, 9)$
の４通り。ただし、これらの中でイと $0 \leqq p \leqq 10$ を満たすものは**(7，9)**だけ（他はすべて $p \geqq 11$ となってしまう）。
よって、R の得点は**9**点。

30 正解：75　問題 本冊 P.234

設問より、A・B・C の販売価格は、
$A > B > C$……①
アより、３つの平均販売価格が 70 円なので、３つの合計は、
$A + B + C = 70 \times 3 = 210$（円）……②
A は C よりも販売価格が高いので、イより、
$A - C = 8$（円）……③
A について問われているため、B・C を A を用いて表す。
③から、$C = A - 8$……④
④を②に代入すると、
$A + B + (A - 8) = 210$
$2A + B - 8 = 210$
$B = 218 - 2A$……⑤

①に④と⑤を代入すると、

$A > 218 - 2A > A - 8$

となり、この不等式を満たす範囲がAの販売価格となる。

$A > 218 - 2A$ を解くと、

$3A > 218$

$A > 72.666\cdots\cdots$

$218 - 2A > A - 8$ を解くと、

$226 > 3A$

$75.333\cdots\cdots > A$

以上より、Aの販売価格の範囲は、

$75.333\cdots\cdots > A > 72.666\cdots\cdots$

よって、Aの販売価格は、最も高くて75円である。

なお、Aが75円の場合、Bは68円、Cは67円となる。

31 正解：40

問題 本冊 P.234

3回の目をそれぞれ小さい順にa、b、cとおく（$1 \leqq a \leqq b \leqq c \leqq 6$）。

ア・イの条件をそれぞれ式にすると、

ア：$a + b + c = 11$

イ：$c - a = 3$

ここでイの条件を満たすaとcの組み合わせは、

$(a, c) = (1, 4)$、$(2, 5)$、$(3, 6)$

の3通り。これらについて、アと$1 \leqq a \leqq b \leqq c \leqq 6$の条件を満たすかを確認すると、

① $(a, c) = (1, 4)$ のとき、

$1 + b + 4 = 11$

より、$b = 6$となり、cよりも大きくなるため不適。

② $(a, c) = (2, 5)$ のとき、

$2 + b + 5 = 11$

③ $(a, c) = (3, 6)$ のとき、

$3 + b + 6 = 11$

より、$b = 2$となり、aよりも小さくなるため不適。

よって、すべての条件を満たす(a, b, c)の値は$(2, 4, 5)$となる。

これらの積を求めると、$a \times b \times c = 2 \times 4 \times 5 = 40$

32 正解：84 問題 本冊 P.235

3つの比率は2つの比率に分解できることを利用する。

A：B：C＝5：12：22 → A：B＝5：12 / B：C＝12：22

Bがわかればよいので、A、CをBが含まれる形で表す。

A：B＝5：12、B：C＝12：22 はそれぞれ 12A＝5B、22B＝12Cとなり、

$A=\frac{5}{12}B$、$C=\frac{22}{12}B$

が得られる。これらの式をA＋B＋C＝273 に代入すると、

$\frac{5}{12}B+B+\frac{22}{12}B=273$

$(\frac{5}{12}+1+\frac{22}{12})B=273$

$\frac{5+12+22}{12}B=273$

$\frac{39}{12}B=273$

$39B=12\times273$

$B=\frac{12\times273}{39}=84$

別解

$A=5x$、$B=12x$、$C=22x$ とおき計算することもできる。

A＋B＋C＝273 より、$5x+12x+22x=273$

$39x=273$

$x=7$

よって、$B=12\times7=84$ となる。

33 正解：74 問題 本冊 P.235

まず、単位を揃えて考える。速さの単位（km/ 時）に合わせて単位を揃えると、P 駅から Q 駅までに要した時間は、

$\frac{12}{60} = 0.2$（時間）

となる。P 駅から Q 駅までの距離を距離＝速さ×時間の公式から求めると、

PQ 駅間の距離：$78 \times 0.2 = 15.6$（km）

同様に Q 駅から R 駅までに要した時間と QR 駅間の距離は、

$\frac{6}{60} = 0.1$（時間）

QR 駅間の距離：$66 \times 0.1 = 6.6$（km）

以上により、P 駅から R 駅までに要した時間と PR 駅間の距離は、

時間：$0.2 + 0.1 = 0.3$（時間）

PR 駅間の距離：$15.6 + 6.6 = 22.2$（km）

PR 駅間の平均時速を速さ＝距離÷時間の式から求めると、

$22.2 \div 0.3 = 74$（km/ 時）

34 正解：D 問題 本冊 P.236

現在の子どもの年齢を x 歳とおくと、父の年齢は $5x$ 歳。

まず、アの情報だけを考えてみる。

4 年前の父の年齢は（$5x - 4$）歳、子どもの年齢は（$x - 4$）歳。

父の年齢が子どものちょうど 9 倍であるため、方程式は、

$5x - 4 = 9 \times (x - 4)$

となる。これを整理すると、

$9x - 5x = 36 - 4$

$4x = 32$

$x = 8$（歳）

よって、子どもの現在の年齢は 8 歳とわかる。したがって父の現在の年齢は、$5 \times 8 = 40$（歳）

次に、イの情報だけを考えてみる。

8 年後の父の年齢は（$5x + 8$）歳、子どもの年齢は（$x + 8$）歳。

父の年齢が子どものちょうど3倍であるため、方程式は、

$5x + 8 = 3 \times (x + 8)$

となる。これを整理すると、

$5x - 3x = 24 - 8$

$2x = 16$

$x = 8$ (歳)

よって、子どもの現在の年齢は8歳とわかる。したがって父の現在の年齢は、$5 \times 8 = 40$ (歳)

よって、**D**の「**アだけでも、イだけでもわかる**」が正しい。

35 正解：5

問題 本冊 P.237

6学年を**数直線上**で整理して考えていく。

条件ア・イをまとめると、UはVの3学年下で、WはUの2学年下なので、3人の中ではVが一番上の学年である。Vが**6年生**の場合、Uは**3年生**で、Wは**1年生**であり、**それ以外の可能性はない**ため、3人の学年は確定する。

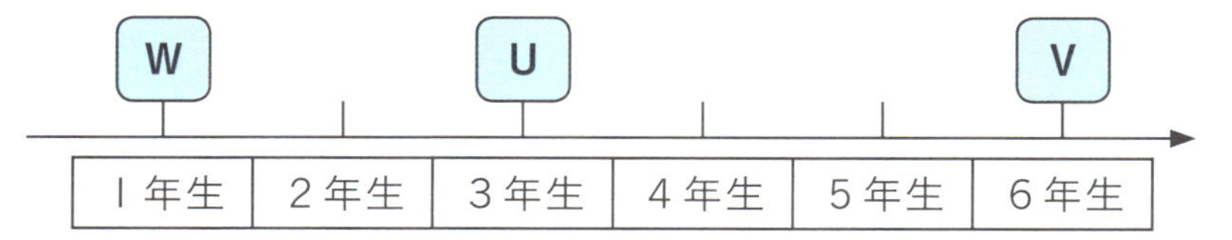

条件ウより、YはXより2学年上であるので、上記の数直線からYは**4年生**、Xは**2年生**でなければならない。

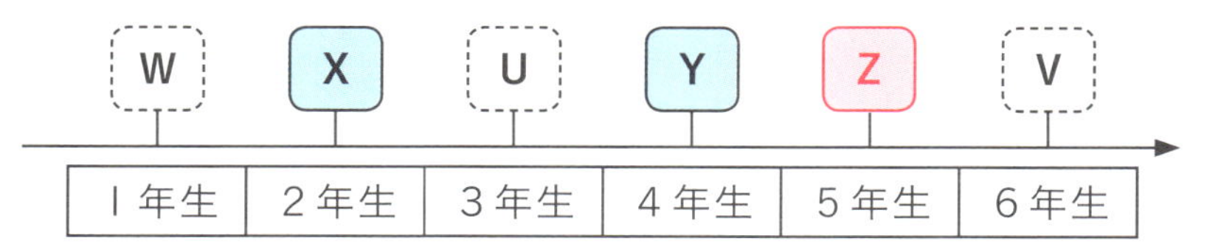

よって、残るZは**5年生**となる。

36 正解：42 問題 本冊 P.238

樹形図より、コースの選び方は、

3 × 7 × 2 = 42（通り）

別解

組み合わせの公式を使って考える。

（ⅰ）前菜3種類の中から1品選ぶ選び方は、

$_3C_1 = 3$（通り）

（ⅱ）パスタ4種類、ピッツァ3種類の合計7種類の中から1品選ぶ選び方は、

$_7C_1 = 7$（通り）

（ⅲ）デザート2種類の中から1品選ぶ選び方は、

$_2C_1 = 2$（通り）

（ⅰ）～（ⅲ）より、コースの選び方は全部で、3 × 7 × 2 = 42（通り）

37 正解：7/8 問題 本冊 P.238

出た目に偶数が１つでも含まれると積は偶数になる。すなわち、出た目の積が偶数になる場合の数を求めるには、「少なくとも１回は偶数が出る」場合の数を求めることになる。

組み合わせは、次のようになる。

（奇数）×（奇数）×（奇数）＝（奇数）
（偶数）×（奇数）×（奇数）＝（偶数）
（偶数）×（偶数）×（奇数）＝（偶数）
（偶数）×（偶数）×（偶数）＝（偶数）

（下の３つ）この部分を求めると余計な時間がかかる

「１回も偶数が出ない＝すべて奇数」となる場合の数を求めると、奇数は１、３、５の３通りなので、

３×３×３＝27（通り）

起こりうるすべての場合の数は、サイコロの目が６通りなので、

６×６×６＝216（通り）

よって、「少なくとも１回は偶数が出る」場合の数は、

216－27＝189（通り）

したがって、求める確率は、

$$\frac{189}{216}=\frac{7}{8}$$

参考

（偶数）×（奇数）×（奇数）⇒（偶数）×（奇数）⇒（偶数）
（偶数）

となり、１つでも偶数をかけると全体は偶数になる。

38 正解：1/12 問題 本冊 P.238

すべての場合の数は、6 × 8 = 48（通り）
出た目の数の和が 11 になるのは、

サイコロ A	サイコロ B
6	5
5	6
4	7
3	8

以上の 4 通り。
したがって、求める確率は、

$$\frac{4}{48} = \frac{1}{12}$$

39 正解：111 問題 本冊 P.239

条件をベン図にまとめてみる。
樹液を吸うが鳴かない昆虫はベン図中の X にあたる。

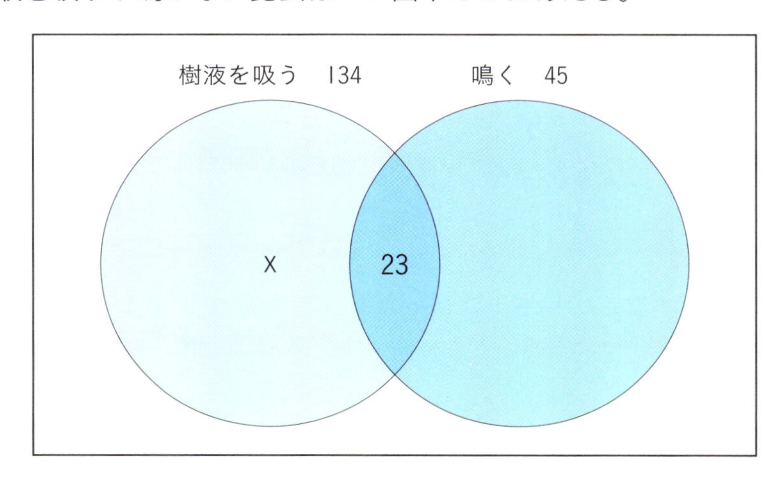

X は 134 個体中の 23 個体ではない部分となるので
X = 134 − 23 = 111（個体）

40 正解：432

問題 本冊 P.239

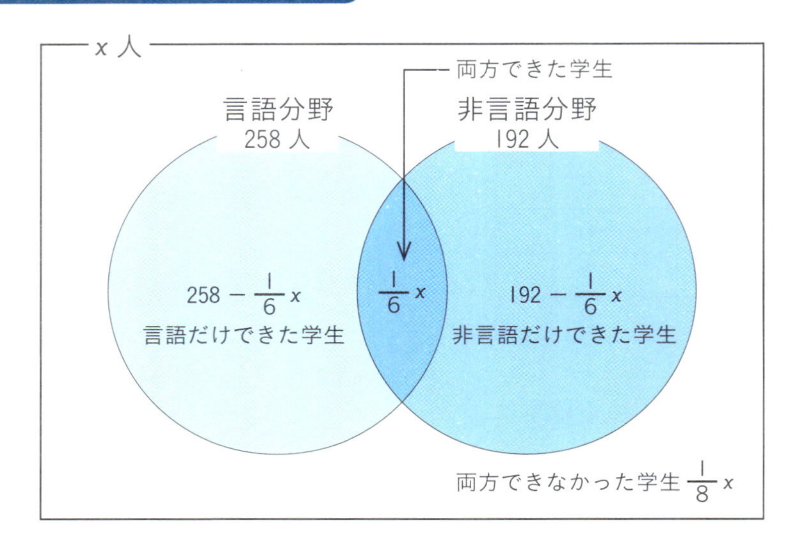

ベン図を作成して考える。

学生全体を x 人とおくと、

両方できた学生：$\frac{1}{6}x$ 人

両方できなかった学生：$\frac{1}{8}x$ 人

言語分野だけできた学生：$(258-\frac{1}{6}x)$ 人

非言語分野だけできた学生：$(192-\frac{1}{6}x)$ 人

となる。

学生全体＝

言語分野だけできた学生＋非言語だけできた学生＋両方できた学生＋両方できなかった学生

なので、

$$x=(258-\frac{1}{6}x)+(192-\frac{1}{6}x)+\frac{1}{6}x+\frac{1}{8}x$$

$$x=258+192-\frac{1}{6}x+\frac{1}{8}x=450-\frac{1}{24}x$$

$$\frac{25}{24}x=450$$

$x=432$（人）

41 正解：99

問題 本冊 P.239

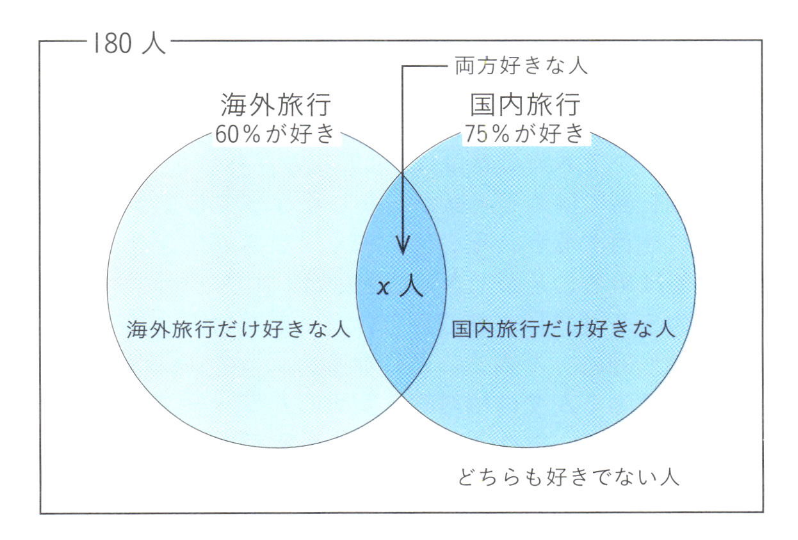

ベン図を作成して考える。

まず、海外旅行が好きな人は全体の 60% なので、実際の人数を出すと、

$180 \times 0.6 = 108$（人）

同様に、国内旅行が好きな人は全体の 75% なので、

$180 \times 0.75 = 135$（人）

また、海外旅行が好きでない人の人数を次の式で出すと、

海外旅行が好きでない人＝全体－海外旅行が好きな人

$180 - 108 = 72$（人）

このうちの 50% は国内旅行も好きではない、すなわち「どちらも好きでない」ということ。その人数は、

$72 \times 0.5 = 36$（人）

両方好きな人を x 人とおくと、海外旅行だけ好きな人は（$108 - x$）人、国内旅行だけ好きな人は（$135 - x$）人とおくことができる。

全体＝海外旅行だけ好きな人＋国内旅行だけ好きな人＋両方好きな人＋どちらも好きでない人　なので、

$180 = (108 - x) + (135 - x) + x + 36$

$180 = 108 + 135 - x + 36$

$x = 99$（人）

42 正解：ア：C　イ：B　ウ：A

問題 本冊 P.240

選択肢からすぐにわかるとおり、**修飾語を選ぶ問題**になっている。よって、**後に続く文・ことばとの関係**を見ていく必要がある。

ここで最も解答を得やすいのは［イ］。「探し求めている」の前に適切に当てはめることができることばは、選択肢のうちBの「**絶えず**」のみ。その他の選択肢を当てはめると文がおかしくなってしまう。

次に［ウ］に注目すると、その後に続く「空きができたとしても」の前に適切に当てはめることができることばは、Aの「**仮りに**」のみ。

３つの空欄のうち［ア］が最も見分けがつかないところだが、消去法によりCの「**相対的に**」が入ることになる。よって、本文は、インフォーマル・セクターで働く人々は相対的に安定したフォーマル・セクターでの仕事を求めているが、それは難しいという趣旨の文章になる。

WEBテスティング
能力検査②

1 正解：o 問題 本冊 P.241

「o」が正解。まず、先頭の「g」から1つおきにアルファベット順に並んでいることに注目する。さらに、それらのアルファベットを除くと、「j」からアルファベット順に並んでいることがわかる。

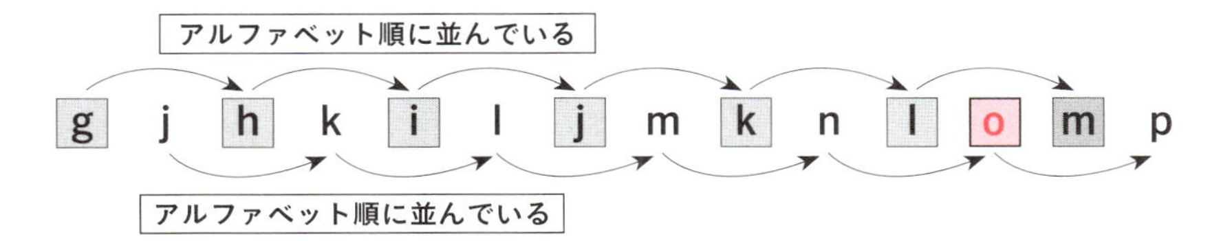

2 正解：8 問題 本冊 P.241

2つ進んで1つとばした数字が並んでいる。「8」が正解。

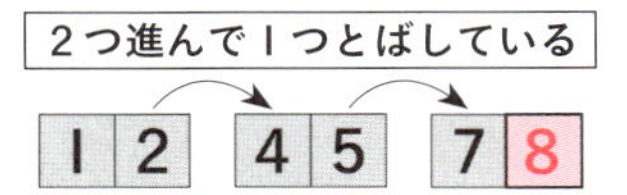

3 正解：s 問題 本冊 P.241

「s」が正解。まず、2文字を単位として1つおきに「g」からアルファベット順に並んでいることに注目する。さらに、それらのアルファベットを除くと、「m」から1文字とばしでアルファベット順に並んでいることがわかる。

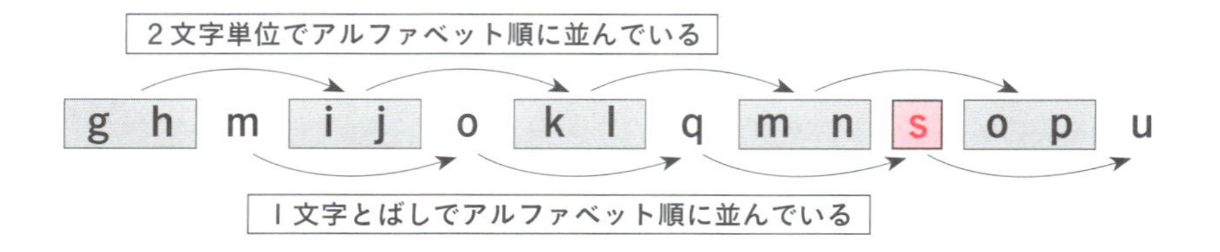

4 正解：ね

問題 本冊 P.241

2文字単位でひらがなの変化に注目。「ま」行からあいうえお順とは逆向きで、各行の5段目と4段目のひらがなが並んでいる。「**ね**」が正解。

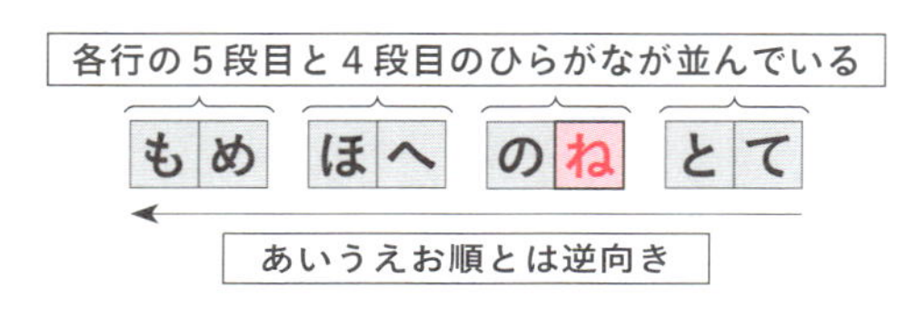

5 正解：q

問題 本冊 P.241

「**q**」が正解。まず、「e」から2文字を単位として1つおきに1文字とばしでアルファベット順に並んでいることに注目する。さらに、それらのアルファベットを除くと、「d」から2文字とばしでアルファベット順に並んでいることがわかる。

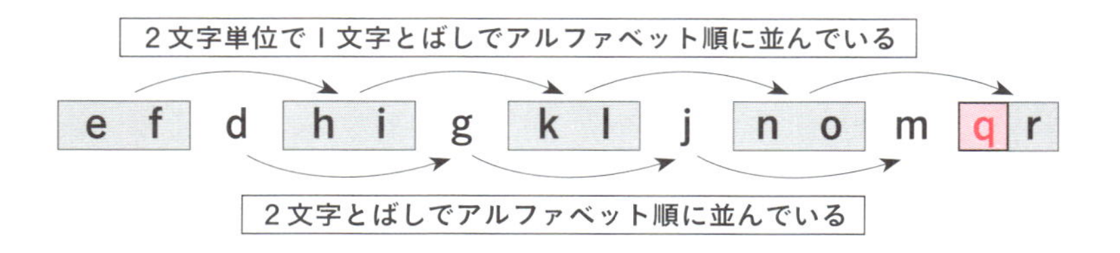

6 正解：C

問題 本冊 P.242

「執筆」は、**筆を執るという意味**であるので、**動詞の後ろに目的語がくる熟語**である。

7 正解：C
問題 本冊 P.242

「遺言」は、**言葉を遺すという意味**であるので、**動詞の後ろに目的語がくる熟語**である。

8 正解：B
問題 本冊 P.242

「親疎」は、**親しいと疎いという意味**であるので、**反対の意味を重ねる熟語**である。

9 正解：A
問題 本冊 P.242

「尊敬」は、**尊ぶと敬うという意味**であるので、**似た意味を重ねる熟語**である。

10 正解：D
問題 本冊 P.242

「誠意」は、**誠の意という意味**であるので、**前が後ろを修飾する熟語**である。

11 正解：C
問題 本冊 P.243

「巧拙」は、**巧みなことと拙いことという意味**を持つので、**反対の意味を重ねる熟語**である。

12 正解：B
問題 本冊 P.243

「偏食」は、**偏った食事という意味**であるので、**前が後ろを修飾する熟語**である。

13 正解：D
問題 本冊 P.243

「消灯」は、**灯を消すという意味**であるので、**動詞の後ろに目的語がくる熟語**である。

14 正解：A　問題 本冊 P.243

「包囲」は、**包むと囲うという意味**であるので、**似た意味を重ねた熟語**である。

15 正解：C　問題 本冊 P.243

「禍福」は、**災難と幸福という意味**であるので、**反対の意味を重ねる熟語**である。

16 正解：E　問題 本冊 P.244

「無降水日数の頻度も」の「も」に着目すると、無降水日数の頻度と対比される何かが空欄に入ることが推測できる。そうすると、「**短時間強雨の頻度**」や「**一方**」という表現のある選択肢が最もつながりがよいことがわかる。よって、**E**が正解。

17 正解：A　問題 本冊 P.244

「従来の対策で……通用しなくなる」という内容に着目すると、「**想定を上回る**」という表現のある選択肢**A**の内容が適合する。これにより文の前半が**原因**、文の後半が**結果**という構造になり、**因果関係**を表した文であることがわかる。

18 正解：B　問題 本冊 P.244

選択肢**B**の「**受ける被害は**」に着目する。そうすると、「**受ける被害**」について文の前半で「**外力の強さのみに依存するものではなく**」と否定的に説明され、文の後半で「『脆弱性』の変化を考慮する必要がある」と強調したいことが説明されているので、文の構造として適切な流れになることがわかる。

19 正解：ア：C　イ：B　ウ：A

問題 本冊 P.245

住民による「まちづくり運動」についての文章。ここで最も解答を導きやすいのは［イ］。Aの「参加」やCの「意向」を入れた場合、だれの「参加」や「意向」なのかが文脈からはっきりしない。一方、Bの「注意」であれば読者に対する注意喚起と解釈できるので問題ない。

アとウにはA、Cいずれも当てはめることができるように見える。その場合は、**前後の文脈から判断**することになる。

ウが含まれる文はどのようにすれば「住民主体のまちづくり運動」に発展できるかを表したもの。単に住民の「意向」が保証されるより、住民の「参加」が保証されるほうが、より「住民主体のまちづくり運動」に発展することが期待できるので、［ウ］にはAのほうがより適切。

一方、［ア］については残るCが入ることになるが、Aでも当てはまるようにも思える。しかし、大企業が直接「参加」すると「住民主体のまちづくり運動」でなくなってしまうので適切とはいえない。

20 正解：ア：A　イ：C　ウ：B

問題 本冊 P.246

敗戦直後の一般庶民の衛生状態についての文章。本文は4つの文で構成されている。第1文が主題文となり、第2文以降で主題文をサポートする形をとっている。

ここで最も解答を得やすいのは［イ］。それが先頭となる第4文は、主題文を畳みかけるように説明している最後の文なので、選択肢のうちCの「**しかも**」が適切。

さらに、第4文は「食べるものもろくに食べていない」ことが原因となって「体の抵抗力が極端に落ちていた」という結果になっていると推測できる。よって、［ウ］はBの「**当然ながら**」が適切。

［ア］にはA、Bどちらでも当てはめることができるように見える。しかし、消去法により、Aの「**これもまた**」が入ることになる。

21 正解：ア：C　イ：A　ウ：D　エ：B

問題 本冊 P.247

まず、選択肢の中で文のつながりを考えてみると、(C　誰かが決めた規範を)(A　真面目に守るだけでは)のつながりが見つかる。

(C　誰かが決めた規範を)の後ろに、他の選択肢や、問題文の「高めることはできない」がくると、**日本語としておかしい**。

次に(D　国際競争で優位に立ち)とのつながりを考えてみる。

(D　国際競争で優位に立ち)(C　誰かが決めた規範を)……**意味がつながらない**。

(D　国際競争で優位に立ち)(B　日本の国力を)……**日本語として問題なく、意味もつながる**。

(D　国際競争で優位に立ち)高めることはできない……**日本語としておかしい**。

以上より**C－A**、**D－B**のつながりが確定できる。

最後にC－AとD－Bの順番を考える。それぞれ並べて考えてみると、

C－A－D－B：

世界のどこかで(C　誰かが決めた規範を)(A　真面目に守るだけでは)(D　国際競争で優位に立ち)(B　日本の国力を)高めることはできない。

D－B－C－A：

世界のどこかで(D　国際競争で優位に立ち)(B　日本の国力を)(C　誰かが決めた規範を)(A　真面目に守るだけでは)高めることはできない。

以上より**C－A－D－B**が正解とわかる。

【完成文】

世界のどこかで誰かが決めた規範を真面目に守るだけでは、国際競争で優位に立ち、日本の国力を高めることはできない。

※選択肢は読点(、)を含んでいない。

22 正解：ア：B　イ：D　ウ：A　エ：C

問題 本冊 P.248

まず、選択肢の中の（A　グローバルに一元管理された）に注目してみる。「一元管理された」が修飾するものを探すと、（A　グローバルに一元管理された）（C　人事システムが）のつながりが見つかる。他のつながりは日本語としておかしい。

次に（B　適材適所で）に注目し、つながりを確認してみる。

（B　適材適所で）（A　グローバルに一元管理された）（C　人事システムが）……意味が**つながらない**。

（B　適材適所で）（D　活用するためには）……日本語として**問題なく**、意味も**つながる**。

（B　適材適所で）不可欠だ……意味が**つながらない**。

よって、（B　適材適所で）（D　活用するためには）のつながりがわかる。

最後にA－CとB－Dの順番を確認する。

貴重な人的資源を（A　グローバルに一元管理された）（C　人事システムが）（B　適材適所で）（D　活用するためには）不可欠だ……意味が**つながらない**。

貴重な人的資源を（B　適材適所で）（D　活用するためには）（A　グローバルに一元管理された）（C　人事システムが）不可欠だ……日本語として**問題なく**、意味も**つながる**。

以上より、**B－D－A－C**の順番になる。

【完成文】

貴重な人的資源を適材適所で活用するためには、グローバルに一元管理された人事システムが不可欠だ。

※選択肢は読点（、）を含んでいない。

23 正解：D

問題 本冊 P.249

「プロスポーツ」について**逆説的**に述べられたもの。本文は４つの文で構成されている。第１、２文では「プロスポーツ」を観戦することのどこに楽しさがあるのかを説明している。第３文冒頭の「つまり」ということばからもわかるように、第３文以降は、第１、２文をまとめている。

第３文で「プロスポーツにおいては対戦相手がいないとスポーツ観戦

というサービスを売ることができない」と述べられている。つまり、本文の要旨は「プロスポーツ」において対戦相手が必要であること。この点はライバル企業をできれば排除したいと考える通常の企業と異なるところである。空欄のある第4文はこのような趣旨の文が適切であり、Dが正解となる。

本文ではプロスポーツのチームが「利益最大化」を目的としているようなことについては述べられていないので、Aは適切ではない。経営状態のことについても述べられていないのでBも適切ではない。

Cについても、本文ではプロスポーツの「勝利至上主義」については述べられていないので、**正しくない**。

24 正解：A

問題 本冊 P.250

いわゆる「シェア」の広がりが与える影響について述べられたもの。本文は3つの文で構成されている。第1文では「シェア」の説明として、「『情報共有』の進化の新局面をよく捉えている」としている。

第2文では「情報共有」により消費者同士の貸し借り、売り買いが促進されると述べている。第3文では空欄の前が「たとえば……たり、……たり」となっており、その例が2つ挙げられている。選択肢から判断して、空欄には前半部分のまとめとなるような文が適切であると考えられる。

第3文前半の「使わなくなった子供のおもちゃを遠くにいる必要な誰かに売ったり」や「余っている部屋や家を空ける一定の間、ホテルの代わりに安く泊まりたいと思っている人に貸したり」は、Aの文にある「見知らぬ人同士のマッチング」のこと。よって、Aが正解となる。

Bのネット取引の拡大は予想できることだが、本文には対面取引を凌駕するとまでは書かれていない。Cについてはインターネットで消費生活が行えるようになったことは事実だが、消費生活すべてが行えるようになったとまでは本文に書かれていない。Dのことは本文では一切触れられていない。

25 正解：D
問題 本冊 P.251

「古代」「中世」「近代」「現代」という時代の分け方について述べられたもの。本文は３つの文で構成されている。第１文では世界の歴史はそのような時代の分け方をするのが常識になっていると述べている。これが本文の主題文となる。後の２つの文でその主題文をサポートする形をとっている。

第２文では上記の時代の分け方が「学問的モデル」としてヨーロッパのみならずそれ以外の国や地域の歴史を見る場合でも使われるようになったと述べている。空欄のある第３文の冒頭に「また」ということばがきているので、第３文では第２文を受けてさらにその時代の分け方の説明が続いていると推測できる。また、「いまさら問い返してみる気を起させないほどに潜在化している」という文に注目すると、その時代の分け方がより広く浸透しているという趣旨の文になると推測できる。

選択肢のうち、空欄にそのような意味で当てはめることができるのはDになる。第３文は学問上のモデルとしてだけでなく、それ以外の場合でも、上記の時代の分け方が使われているという意味になる。

Aのように学問上のモデルに限定されたり、Cのように学問上のモデルにおいて広く応用されたりというふうになると、論理展開としておかしな文になってしまう。また、Bのように学問上のモデルとしてはもはや使われていないという趣旨のことは、本文には書かれていない。

26 正解：D
問題 本冊 P.252

「自然治癒」について述べられた文章。本文は２つの文で構成されている。第１文ではヒポクラテスの「治癒」の方法論、すなわち「自然治癒」が「自然こそが最良の医師である」として簡潔に述べられ、第２文ではその方法論がより詳細に述べられている。

空欄のある第２文では医師の主たる役割は「身体が持つ自然に治癒しようとする性質を助けること」であるとしており、「自然治癒」の説明が続いている。空欄にも「自然治癒」を表す文が入ることになる。選択肢の中で最も適切なものはDの「**身体はそれ自体で健康を取り戻す**」。

本文ではAやBのことについては言及されていない。また、Cは本文の趣旨を否定するものなので、正しくない。

27 正解：3 問題 本冊 P.253

条件アより、A が出した目は B が出した目の 2 倍であるため、A、B それぞれの出した目は、

(A, B) ＝（2，1）、（4，2）、（6，3）

の 3 通りが考えられる。

また、条件イより、A、B、C の出した目の積が 24 になるため、

(A, B) ＝（2，1）のとき

$2 \times 1 \times C = 24$

$C = 12$

となり、不適（サイコロの目は 6 まで）。

(A, B) ＝（4，2）のとき

$4 \times 2 \times C = 24$

$C = 3$

となる。

(A, B) ＝（6，3）のとき

$6 \times 3 \times C = 24$

$C = 1.333\cdots\cdots$

となり、不適（C は整数）。

以上により、C が出した目は 3 である。

28 正解：15
問題 本冊 P.253

条件アで、Aの2枚のカードの差が4とあるので、Aの2枚のカードの組み合わせは具体的に場合分けをすることができ、（1，5）（2，6）（3，7）（4，8）となる。しかし、Aのカードの和はBの持つ2枚のカードのうち大きい数と等しいので、和は8以下。したがって、Aの2枚は（1，5）（2，6）の場合に絞られる。

（1）Aの2枚が（1，5）の場合

Bは Aの2枚の和となる6のカードを持ち、Cは7のカードを持つので、BとCのもう1枚は2、3、4、8のいずれかとなる。

1	2	3	4	5	6	7	8
A				A	B	C	

条件イで、Cの残りのカードはBの2枚のカードの和より2小さいので、Bの6以外のカードの数をb、Cの7以外のカードの数をcとすると、$c = 6 + b - 2$と立式できる。これにより、$c = b + 4$。cは5以上なので、$c = 8$、$b = 4$のみ条件を満たすことになる。したがって、Cの2枚は7と8となるので、和は15となる。

（2）Aの2枚が（2，6）の場合

1	2	3	4	5	6	7	8
	A				A	C	B

Bは8のカードを持ち、Cは7のカードを持つので、BとCのもう1枚は1、3、4、5のいずれかとなる。条件イを立式すると、$c = 8 + b - 2$。$c = 6 + b$となるが、$b \geqq 1$なので、cは必ず7以上になる。したがって、この条件を満たす数字の組み合わせはない。

以上により、Aが1、5、Bが4、6、Cが7、8の1通りだけ成り立ち、Cの和は15に決まる。

29 正解：3 問題 本冊 P.254

　父の年齢が2人の子どもの年齢の和の1.5倍になるのをx年後とおくと、父の年齢は（$45+x$）歳になる。

　また、子どもは2人がそれぞれx歳ずつ年齢が上がるので、（$26+2x$）歳になる。

xではなく$2x$になることに注意

　これらを用いて方程式を立てると、

$$1.5\times(26+2x)=45+x$$

x年後の2人の子どもの年齢の和　　x年後の父親の年齢

となる。これを解くと、

$$39+3x=45+x$$
$$3x-x=45-39$$
$$2x=6$$
$$x=3\text{（年後）}$$

分配法則
（　）の中に1つ1つかけて計算する。

$$1.5\times(26+2x)=1.5\times26+1.5\times2x$$

30 正解：5,600 問題 本冊 P.254

　A小学校のグラウンドの面積をx、B小学校のグラウンドの面積をyとすると、

$$\frac{1}{4}x=\frac{2}{5}y$$
$$y=\frac{1}{4}x\times\frac{5}{2}=\frac{5}{8}x\cdots\cdots①$$

　A小学校とB小学校のグラウンドの大きさを足すと、9,100㎡なので、

$$x+y=9{,}100\cdots\cdots②$$

となる。①と②より、

$$x+\frac{5}{8}x=9{,}100$$
$$\frac{13}{8}x=9{,}100$$
$$x=5{,}600\text{（㎡）}$$

31 正解：25 問題 本冊 P.255

2017年の大人の来場者数は24,229 −（8,524 ＋ 9,733）＝ 5,972人。したがって、その割合は

5,972 ÷ 24,229 ＝ 0.246…

これにより、24.6…％となるので四捨五入して25％となる。

32 正解：E 問題 本冊 P.255

2016年の来場者数を基準とした2018年の来場者数の増加率は、

$$\frac{2018\text{年の来場者数}-2016\text{年の来場者数}}{2016\text{年の来場者数}}=\frac{2018\text{年の来場者数}}{2016\text{年の来場者数}}-1$$

増加率の大小を比較すればよいので、「$\frac{2018\text{年の来場者数}}{2016\text{年の来場者数}}$」を分類ごとに計算すればよい。

大人：6,621 ÷ 5,487 ＝ 1.20…

中高生：8,831 ÷ 8,341 ＝ 1.05…

小学生以下：10,378 ÷ 9,468 ＝ 1.09…

したがって、増加率の大きい順に「大人」「小学生以下」「中高生」となる。

33 正解：Z

問題 本冊 P.256

Wの位置を固定して条件アを図にすると、

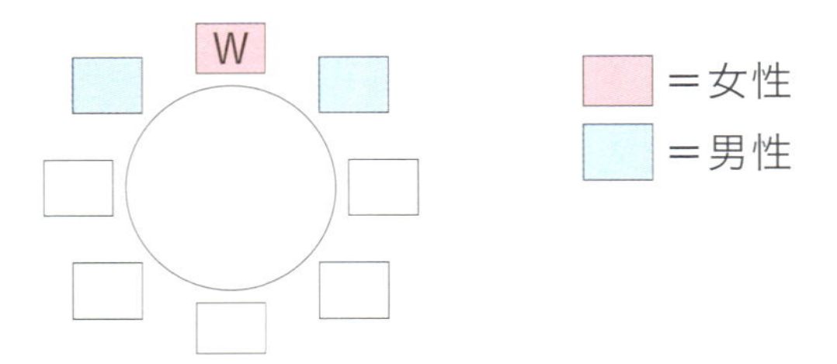

となる。次に条件イより、BとX、CとYの位置を考えると、

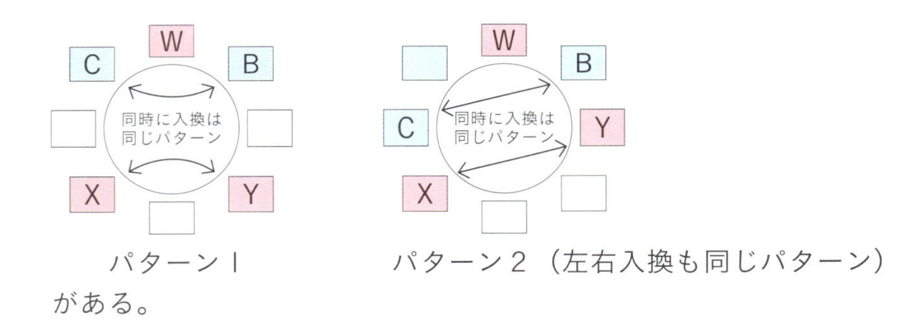

がある。

【パターン１の場合】

Wの真向かいに男性が入ると、残りは男性１人と女性１人で、XかYの両隣には必ず男性が座るので、アの条件より不適。したがって、Wの真向かいには女性が座る。残っている女性は**Z**のみ。

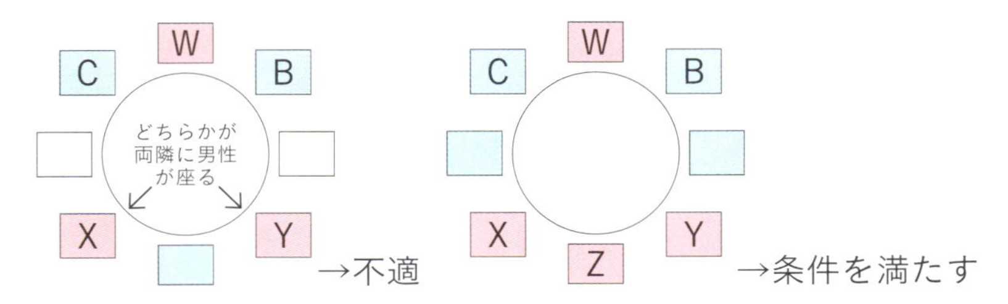

【パターン２の場合】
　Ｗの真向かいに男性が座ると、Ｘの両隣に男性が座ることになるので不適。Ｗの真向かいに女性が座った場合も、Ｙの両隣に男性が座ることになるので不適。したがって、パターン２は成立しない。

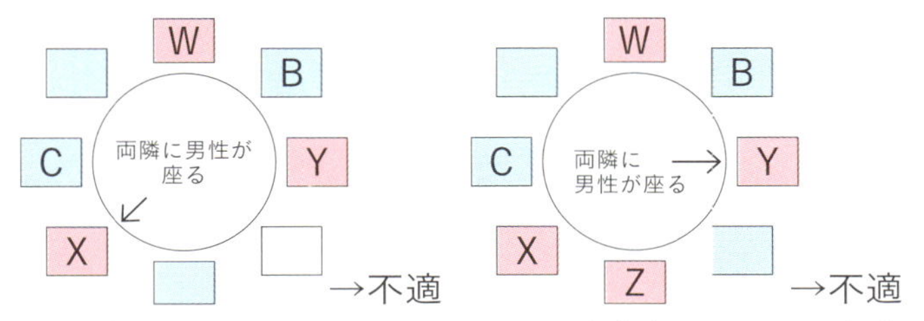

　以上により、パターン１のみが成立し、Ｗの真向かいにはＺが座る。

34 正解：E

問題 本冊 P.257

　A、B、Cが食べた皿数をそれぞれa、b、cとおくと、３人の合計が40皿なので、

　$a + b + c = 40$……①

となる。
　アの情報だけ考えて、式にしてみると、

　$a = b + 4$……②

となり、②を①に代入してみると、

　$b + 4 + b + c = 40$

　整理すると、

　$2b + c = 36$……③

となる。これを満たす条件は複数あるため、アの情報だけでは個数を確定させることができない。
　次にイの情報だけ考えてみると、Cが一番少なかったことがわかるが、それだけでは個数を確定させることができない。
　最後にアとイの両方の情報を使って考えると、

　食べた量は、$a > b > c$……④

の順になることがわかる。ここで③④を満たすa、b、cの値を書き出してみると、次の５通りになり、個数を確定することはできない。

a	b	c
21	17	2
20	16	4
19	15	6
18	14	8
17	13	10

よって、Eの「**アとイの両方があってもわからない**」が正解。

35 正解：C

問題 本冊 P.258

まずは、アの情報だけで考えてみる。

仕入れ値をxとおくと、定価＝仕入れ値×（1＋利益率）の式より、

定価＝$x \times (1 + 0.4)$

＝$1.4x$

4割＝0.4

また、売価＝定価×（1－値引率）の式より、

売価＝$1.4x \times (1 - 0.2)$

＝$1.12x$

20%＝0.2

利益＝売価－仕入れ値の式を用いて、利益を求めると、

利益＝$1.12x - x = 0.12x$

となり、利益の額を確定することができない。

次にイの情報だけで考えてみる。

仕入れ値をy、定価をzとおくと、売価＝定価×（1－値引率）の式より、

売価＝$z \times (1 - 0.2) = 0.8z$

また、定価で売ったとき、売価で売ったとき、それぞれの利益を表すと、

定価で売ったときの利益：$z - y$

売価で売ったときの利益：$0.8z - y$

となる。

定価で売ったときに比べて利益が420円減るため、方程式は、

$(z - y) - (0.8z - y) = 420$

これを整理すると、

$0.2z = 420$

$z = $ **2,100**（円）

となり、定価は**2,100**円と求められる。また、売価は、

$0.8z = 0.8 \times 2,100 = $ **1,680**（円）

ただし、仕入れ値がわからないので、これだけでは利益を求めることはできない。

最後に、アとイの両方の情報を使って考える。

アより、仕入れ値 x とおいたときの定価が $1.4x$。イより、定価は2,100円。

よって、

$1.4x = 2,100$

$x = $ **1,500**（円）

仕入れ値は1,500円と求められる。

したがって、売価で売ったときの利益は、

1,680 − **1,500** = **180**（円）

よって、**C**の「**アとイの両方でわかるが、片方だけではわからない**」が正解。

36 正解：E　問題 本冊 P.259

アとイについて、各式は次のとおりに変えることができる。

ア：3Y − X ＝ 0

X を移項すると、X ＝ 3Y

イ：X ／ Y ＝ 3

両辺に Y をかけると、X ＝ 3Y

よって、アとイの式は**等しい**ことがわかる。

そして、X ＝ 3Y を満たす組み合わせとしては、（X，Y）＝（3，1）、（6，2）、（9，3）、……があり、X と Y を特定することができない。

以上により、**E**の「**アとイの両方があってもわからない**」が正解。

37 正解：E　問題 本冊 P.260

まず、それぞれの条件を考えてみる。

ア：2勝1敗のチームが2チームあった場合、残りの2チームは1勝2敗となる。

したがって、この条件だけでは、Y が2勝1敗なのか、1勝2敗なのかは確定できない。

イ：X が W と Y に勝った場合を表で考えると、

＼	W	X	Y	Z
W	＼	●		
X	○	＼	○	
Y		●	＼	
Z				＼

○：勝ち　●：負け

しかし、この条件だけでは、YがWに勝ったか負けたか、YがZに勝ったか負けたかは確定できない。したがって、条件ア・イについて単独でYが何勝何敗かは確定できない。

次にアとイの条件を合わせて考える。条件イよりXが2勝しているので、条件アにある2勝1敗のチームの1つはXであることがわかる。また、Xは1敗しているので、XはZに負けたことがわかる。ここまでを表にまとめると、

	W	X	Y	Z
W	＼	●		
X	○	＼	○	●
Y		●	＼	
Z		○		＼

となる。しかし、Yが2勝1敗になるのか、1勝2敗になるのかはわからない。

ア・イの条件を合わせて考えるとYの勝敗については次のようなパターンが考えられる。

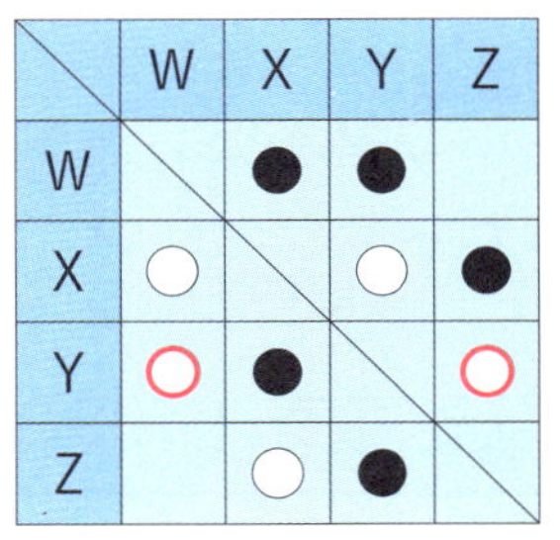

	W	X	Y	Z
W	＼	●	●	
X	○	＼	○	●
Y	○	●	＼	○
Z		○	●	＼

Y：2勝1敗

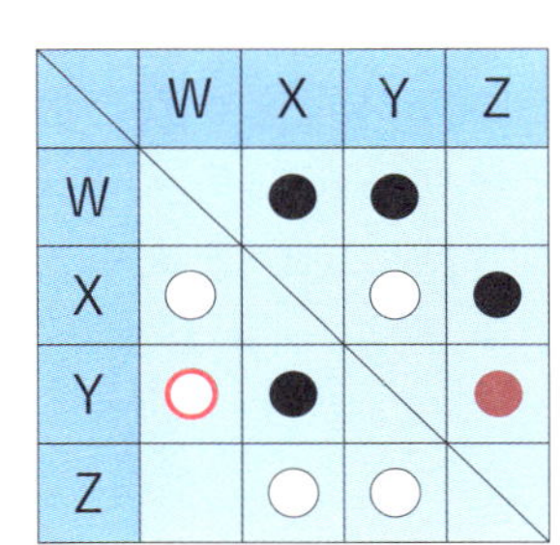

	W	X	Y	Z
W	＼	●	●	
X	○	＼	○	●
Y	○	●	＼	●
Z		○	○	＼

Y：1勝2敗

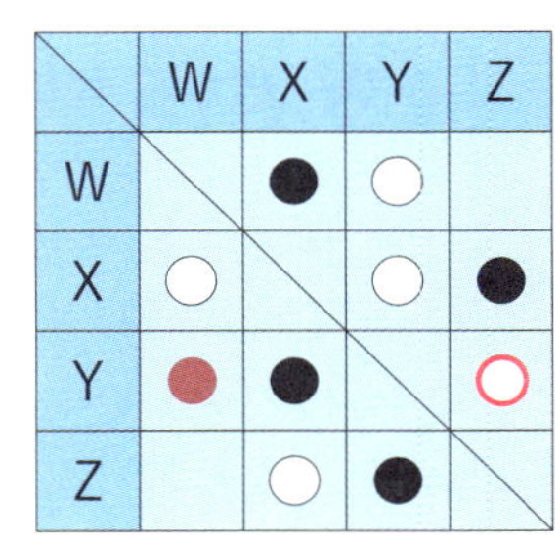

	W	X	Y	Z
W	＼	●	○	
X	○	＼	○	●
Y	●	●	＼	○
Z		○	●	＼

Y：1勝2敗

したがって、Eの「**アとイの両方があってもわからない**」が正解。

38　正解：22　問題 本冊 P.261

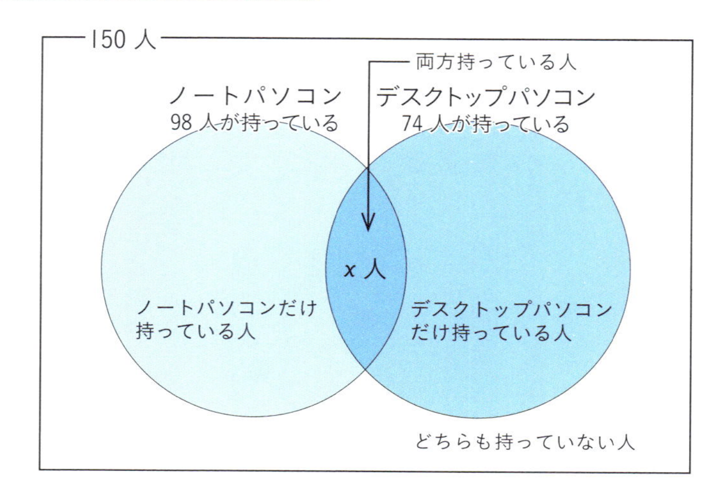

ベン図を作成して考える。

まず、両方持っている人を x 人とおくと、

ノートパソコンだけ持っている人：$(98-x)$ 人

デスクトップパソコンだけ持っている人：$(74-x)$ 人

となる。

ここで、どちらも持っていない人を0人と仮定すると、

全体＝ノートパソコンだけ持っている人＋デスクトップパソコンだけ持っている人＋両方持っている人＋どちらも持っていない人

$150=(98-x)+(74-x)+x+\underline{0}$

$150=172-x$

$x=22$（人）

どちらも持っていない人

次に、どちらも持っていない人を1人と仮定すると、

$150=(98-x)+(74-x)+x+\underline{1}$

$x=23$（人）

このようにどちらも持っていない人が増えるほど、両方持っている人も増えていく。

よって、両方持っている人が最も少ないのはどちらも持っていない人が0人のとき。以上により、両方持っている人は最も少なくて22人。

39 正解：39 問題 本冊 P.261

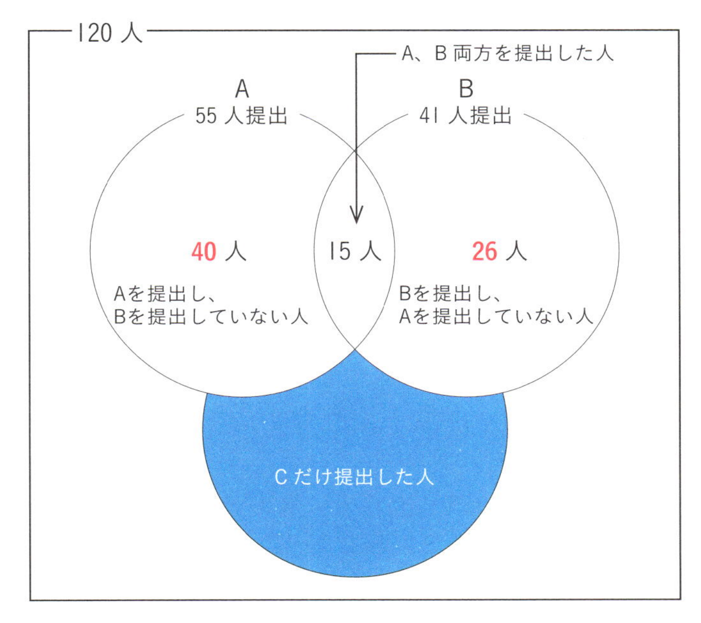

ベン図を作成して考える。

課題 A、B 両方を提出した人が 15 人なので、

課題 A を提出し、課題 B を提出していない人：55 − 15 = 40(人)……①

課題 B を提出し、課題 A を提出していない人：41 − 15 = 26(人)……②

課題 A、B、C のうち 1 つ以上は提出する必要があるため、

生徒全体＝①＋②＋課題 A、B 両方を提出した人＋課題 C だけ提出した人

となる。

ここから課題 C だけ提出した人（図の青色の部分）を求めると、

課題 C だけ提出した人＝生徒全体−①−②−課題 A、B 両方を提出した人

= 120 − 40 − 26 − 15

= 39（人）

40 正解：960 問題 本冊 P.261

まず、C の値段を x とおくと、B は C の値段の 0.8 倍なので、$0.8x$。

また、A は B の値段の 1.5 倍なので、

$1.5 \times 0.8x = 1.2x$

A、B、C の合計金額が 3,600 円なので、方程式を立てると、

$1.2x + 0.8x + x = 3,600$

$3.0x = 3,600$

$x =$ **1,200**（円）

よって、C の値段が 1,200 円とわかる。B の値段はその 0.8 倍なので、

$1,200 \times 0.8 =$ **960**（円）

41　正解：4 /27　問題 本冊 P.262

まず、青玉を取り出す確率は$\frac{3}{9} = \frac{1}{3}$

青玉以外を取り出す確率は$\frac{6}{9} = \frac{2}{3}$

４回目に２度目の青玉を取り出すのは次の３通りが考えられる。

①１回目に青玉、２回目・３回目に青玉以外、４回目に青玉

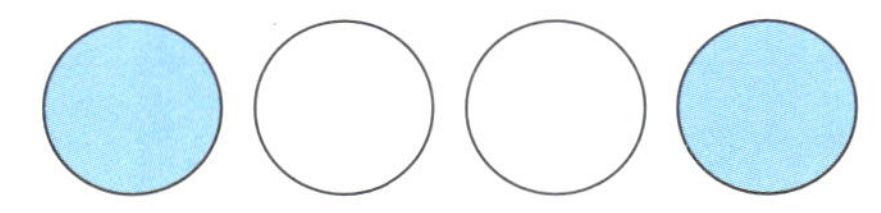

この時の確率は$\frac{1}{3} \times \frac{2}{3} \times \frac{2}{3} \times \frac{1}{3} = \frac{4}{81}$

②１回目に青玉以外、２回目に青玉、３回目に青玉以外、４回目に青玉

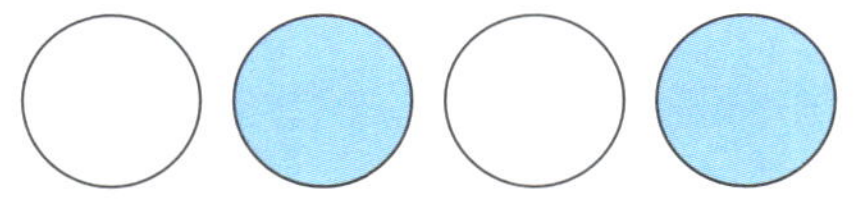

この時の確率は$\frac{2}{3} \times \frac{1}{3} \times \frac{2}{3} \times \frac{1}{3} = \frac{4}{81}$

③１回目・２回目に青玉以外、３回目・４回目に青玉

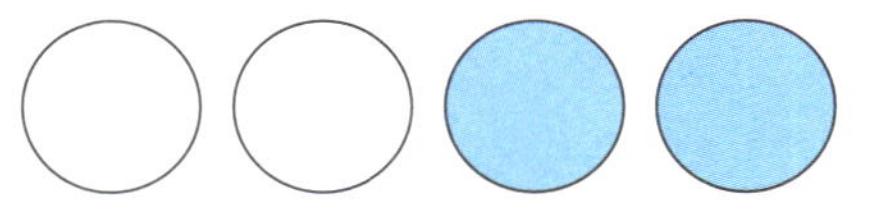

この時の確率は$\frac{2}{3} \times \frac{2}{3} \times \frac{1}{3} \times \frac{1}{3} = \frac{4}{81}$

よって、求める確率は

$$\frac{4}{81} + \frac{4}{81} + \frac{4}{81} = \frac{12}{81} = \frac{4}{27}$$

42 正解：9 問題 本冊 P.262

400円になる組み合わせを書き出してみると、次の9通りとなる。

100円玉	50円玉	10円玉
3	1	5
2	3	5
2	2	10
2	1	15
1	5	5
1	4	10
1	3	15
1	2	20
1	1	25

参考

金額の大きい硬貨から順に減らして考えると整理しやすい。

400円にするためには100円玉は最大4枚だが、それだと他の硬貨が0枚になってしまう。よって、100円玉は3枚以下。

100円玉3枚（300円）のとき、400円まで残り100円。50円玉2枚で100円になるが、これだと10円玉が0枚なので、50円玉は1枚。残りは50円なので10円玉は5枚。

以降、100円玉2枚のとき、1枚のときも同様に考え、書き出していく。

43 正解：35 問題 本冊 P.262

まず、7人の中からPに乗る3人を選ぶと、

$$_7C_3 = \frac{7 \times 6 \times 5}{3 \times 2 \times 1} = 35 \text{（通り）}$$

残りの4人からQに乗る4人を選ぶと、

$_4C_4 = 1$（通り）

Pに乗る3人の選び方に対してQに乗る4人の選び方が決まるので、積の法則より、

$35 \times 1 = 35$（通り）

44 正解：18

問題 本冊 P.263

　男女比が5：3より、女子学生は全体の$\frac{3}{8}$である。

全体が80人なので、女子学生数は、$80 \times \frac{3}{8} = 30$（人）。

他大学ではない女子学生が最も少なくなるのは、他大学の学生がすべて女子学生のときである。したがって、$30 - 12 = 18$（人）。

参考
以下のような図で考えることもできる。
他大学の女子学生の人数をxとすると、他大学以外の女子学生は（$30 - x$）となる。
$30 - x$が最小になるのは、xが最大のときである。したがって、$x = 12$となり、$30 - x = 30 - 12 = 18$（人）。

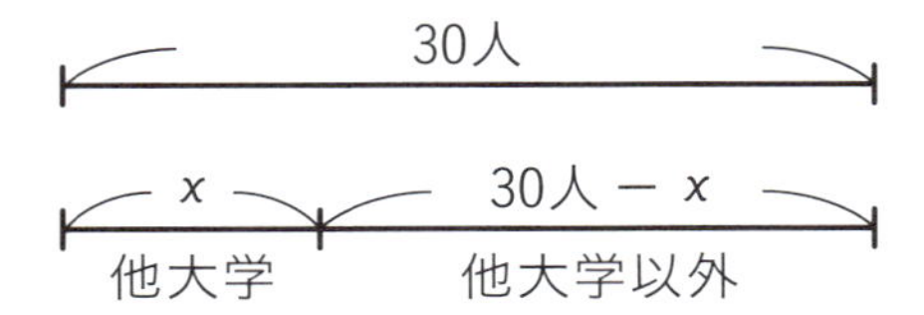

45 正解：2

問題 本冊 P.263

　条件アを式にすると、$A \times B \times C = 24$

これを変形すると、$C = \frac{24}{A \times B}$となる。

Cは整数なので、A × Bは24以下の数値になり、かつ、24を割って割りきれる数であることがわかる。
次に、条件イより、Aの個数はBの個数より4多いので、Aは5以上の数になる。Aが5以上で、A × Bが24以下になるのは、AとBが、（5，1）（6，2）（7，3）のとき。このうち、Cが整数になるのは、（6，2）のときのみである。
よって、A = 6、B = 2、C = 2のときのみ条件を満たすので、Cの個数は2と決まる。